새 미국사 제2권

남북전쟁의 시대

19세기

남북전쟁의 시대

19세기

기도 요시유키 지음

이용빈 옮김

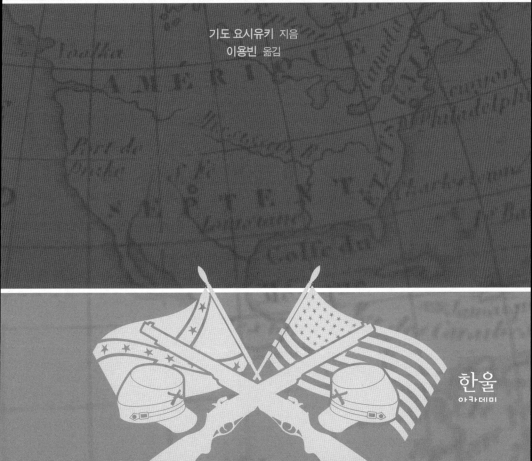

한울
아카데미

SERIES AMERICA GASSHUKOKUSHI
2 NAMBOKU SENSO NO JIDAI 19 SEIKI
by Yoshiyuki Kido
ⓒ 2019 by Yoshiyuki Kido
Originally published in 2019 by Iwanami Shoten, Publishers, Tokyo.
This Korean edition published 2024
by HanulMPlus Inc., Paju-si
by arrangement with Iwanami Shoten, Publishers, Tokyo

간행사

　19세기 중엽, 페리 제독이 이끄는 흑선(黑船)이 일본을 내항한 이래 21세기의 현재에 이르기까지 일본인들은 미합중국(美合衆國)을 특별한 시선으로 바라봐 왔다. 일본어로 '합중국(合衆國)'이라고 부르는 명칭은 1840년대에 만들어진 것으로 추정되는데, 이 명칭이 오늘날까지 이르고 있다. 이 명칭은 1844년에 미국과 청나라 간에 체결된 왕샤조약에서 유래되었다. 왕샤조약에서 채택된 번역어를 페리 제독이 에도 막부의 역인(공무원)에게 전했던 데서 이 명칭이 비롯되었으며, 미일 화친조약(1854)에서도 공식 국명으로 이용되었던 것으로 알려져 있다.

　일본이 개국해서 근대화를 시작한 기점을 미국 함대가 우라가항에 상륙한 시기로 삼는다는 것은 잘 알려진 사실이다. 일본이 근대화의 모델로 삼았던 서양 문명은 어디까지나 영국, 독일 등 유서 깊은 유럽 국가들이었다. 하지만 근대 일본은 신흥의 미합중국에도 일관되게 관심을 기울였다.

　1860년에 간린마루호를 타고 미국으로 건너갔던 후쿠자와 유키치는 귀국 이후에 『서양 사정(西洋事情)』을 집필했다. 유키치는 해당 책의 제2권(1866)에서 독립선언과 미합중국 헌법을 번역해 싣고 '자유와 평등의 국가', '모든 국민이 동등한 권리를 지닌 국가' 등의 미국상을 널리 전파했다. 또한 이와쿠라 사절단(1871~1873)이 서양 문명을 흡수하고 조약을 개정하려는 열강의 의향을 탐색할 목적으로 바다를 건넜을 때 특히 관심을 보였던 것도 미합중국이었다. 당시 일본은 무진전쟁(1868~1869)이라는 내전을 경험하고 근대 국가를 형성해 가는 중이었다. 20세기 들어 다이쇼 시대가 열리자 영화와 음악, 야구 등 미국의 문화와 풍속은 일본 사회에 더욱 정착했다. 아시아·태평양 전쟁에서 일본이 패전한 이후 미일 관계는 '세계에서 가장 중요한 양국 관계'라고까지 일컬어졌다. 전후에도 미군 점령하의 일본 민주화 정책과 냉전 시기의 역사 경험이 남아 친미 및 대미 의존 정신이 일본인들에게 스며들어 있다. 일본인들은 제2차 세계대전 이전보다 더 미국 문화에 친숙해졌으며 미국적 생활양식에 익숙해졌다.

그러나 그렇다고 해서 일본인들이 미합중국이 걸어왔던 역사를 확실히 이해하고 있는 것은 결코 아니다. 오히려 친미라는 정치적 무의식이 때로 사람들의 눈을 흐리게 만들어온 것도 사실이다. 예를 들면 전후 일본은 평화국가로서의 발걸음을 구축할 때 군사적 안전보장을 미국에 위임했는데 미군 기지를 본토가 아닌 오키나와에 강제당했다. 일본인들은 전쟁국가로서의 미국의 폭력성에 대해 어디까지 이해하고 있는 것일까? 그리고 미국의 국내 사회에 대해서는 어디까지 이해하고 있는 것일까? 자유의 국가 미국에서는 왜 총기 범죄가 많이 발생하고 인종이나 종족 집단 간에 폭력이 빈번하게 일어나는 것일까? 자유 사회의 건설과 유지라는 이상을 추구하기 위해 현실에서는 폭력이라는 수단을 끌어들여야만 했던 미국의 딜레마를 일본인들은 어디까지 이해하고 있을까? 미국을 특별한 시선으로 바라봐 왔고 미국과 특별한 관계를 맺고 있다고 규정해 왔기 때문에 미국의 진면목을 제대로 보지 못하는 것은 아닐까?

이러한 문제의식에 입각해 '새 미국사' 시리즈는 미국이 현대 세계에 던지는 과제를 규명하는 한편, 전례 없는 통사(通史)의 가능성을 탐색하고자 했다. 이를 위한 축으로 크게 다음 세 가지를 들 수 있다.

첫째, 미합중국의 역사를 일국의 닫힌 역사로 이해하는 것이 아니라 더욱 커다란 공간적 문맥에 위치지우고 이해하는 것이다. 미국이 전 세계로부터 온 이민, 흑인 노예 등 사람의 이동으로 형성된 근대 국가라는 점만 보더라도 초국가적 시각을 제쳐두고서는 미국을 논할 수 없다. 또한 미합중국의 국제적 지위는 영국 제국의 일부라는 태생에서 시작했고, 건국 시기부터 오늘날에 이르기까지 환대서양, 환태평양, 서반구 세계와 연계함으로써 더욱 글로벌한 제국으로 전개되어 왔다는 점도 주목해야 한다.

둘째, 미국사를 관통하는 통합과 분열의 역동성을 이해하는 것이다. '여럿이 모여 하나(E Pluribus Unum)'라는 말을 정치적 좌우명으로 삼으며 탄생한 미합중국은 자유를 통합의 핵심으로 삼았다. 그렇다면 자유를 밑받침하는 가치관과 제도는 어떻게 생겨났을까? 또한 분열은 왜 끊임없이 일어났던 것일까? 이러한 상황을 이해하는 것은 트럼프 대통령 당선 같은 미국 정치에서의 이변을 이해하는 데 일조할 것이다.

셋째, 미국이 전쟁에 의해 사회적으로 변화되어 온 국가라는 사실을 이해하는 것이다. 독립전쟁에서부터 미국-영국 전쟁(1812년 전쟁), 남북전쟁, 미국-스페인 전쟁, 제1차 세계대전, 제2차 세계대전, 냉전, 베트남 전쟁, 걸프 전쟁, 테러와의 전쟁 등 항상 전쟁은 미국에서 역사의 리듬을 새겨왔다. 그렇다면 전쟁은 국민사회를 어떻게 규정해 왔는지, 또한 전쟁 자체가 지닌 의미는 어떻게 변화되어 왔는지를 이해하는 것도 결정적으로 중요하다.

즉, 이 책은 미합중국의 역사를 통사로서 전체상을 묘사하는 데 주력하면서 미국에 대한 독자들의 궁금증을 충족시키고자 한다.

'새 미국사' 시리즈는 전체 네 권으로 구성되어 있다.

제1권 와다 미쓰히로, 『미합중국의 탄생: 19세기 초까지』
제2권 기도 요시유키, 『남북전쟁의 시대: 19세기』
제3권 나카노 고타로, 『20세기 아메리칸 드림: 전환기부터 1970년대까지』
제4권 후루야 준, 『글로벌 시대의 미국: 냉전 시대부터 21세기까지』

제1권에서는 원주민의 세계부터 시작해서 17세기 초에 영국인의 식민지가 북미 대륙에 최초로 건설된 이후부터 독립에 이르기까지의 식민지 시대, 그리고 미국 독립혁명, 새로운 공화국 건설의 시기를 다룬다. 또한 근세 대서양 세계의 상호 관련성을 고찰하는 서양사의 시각을 취하면서 초기 미국의 역사를 역동적으로 묘사하는 동시에, 기념비와 건국 신화에 관한 연구 성과를 도입해 이 시대의 역사가 후세에 어떻게 이미지화되었고 미국을 형성했는지에 대해서도 초점을 맞춘다.

제2권에서는 1812년 미국-영국 전쟁이 일어난 이후부터 19세기 말까지를 다룬다. 이제까지는 미국의 19세기 역사가 영토 확대, 서부 개척, 대륙 국가로의 발전 같은 프런티어 학설에 기초한 일국사(一國史) 모델로 묘사되어 왔으나, 이 책에서는 제국사의 시각, 노예와 면화 같은 세계상품을 둘러싼 글로벌 역사, 자본주의사 같은 최신의 연구 성과를 받아들이고자 시도한다. 따라서 19세기를 '남북전쟁의 세기'로 파악하고 전례 없는 내전이 가져온 미국 사회의 통합과 분열, 노예국가에서 이민국가로의 대전환을 묘사한다.

제3권에서는 20세기 전환기부터 1970년대 전반에 이르는 시기를 다루면서, 미국이 사회국가(복지국가) 또는 총력전 체제를 통해 국민통합을 지향했던 과정을 거시적으로 파악한다. 19세기의 미국과 결별하고 20세기 미국의 국민질서를 형성했던 혁신주의 시대는 어떤 형태였을까? 공업화, 거대 도시 출현 등 커다란 근대사의 물결에 대응해 새롭게 탄생한 사회적인 민족주의는 대중을 두 차례의 세계대전에 총동원했으며, 동시에 인종 격리와 이민 배척 등 복잡한 분열을 내포한 국민사회를 만들었다. 제3권에서는 20세기 미국의 국민국가 체제를 재검토하는 한편, 1970년대의 탈공업화와 정부에 대한 불신으로 인해 그 제도가 맥없이 와해된 것이 어떤 의미를 지니는지 현재 미국이 안고 있는 어려움에 입각해 재검토한다.

제4권에서는 1970년대 후반 이래의 미국 사회를 장기적인 '통합 위기의 시대'라는 관점에서 살펴본다. 베트남 전쟁과 워터게이트 사건 이후, 전후 4반세기에 걸쳐 별다른 동요 없이 강하고 견고하게 보였던 미국의 국민통합은 당시 급격하게 동요했다. 분열의 위기를 수차례 극복해 온 미국에 1970년대 이래 일어난 국가통합 위기는 어떤 위상을 가질까? 다면적·복합적·장기적 성격을 지닌 분열과 단편화의 여러 형태를 살펴보면서 현재까지의 미국사를 관통한다.

집필자를 대표하여

기도 요시유키

차 례

19세기 남북 아메리카 대륙 여러 국가의 독립과 노예해방

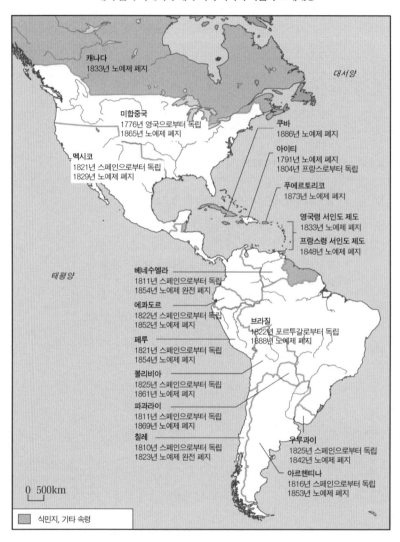

캐나다
1833년 노예제 폐지

대서양

미합중국
1776년 영국으로부터 독립
1865년 노예제 폐지

쿠바
1886년 노예제 폐지

아이티
1791년 노예제 폐지
1804년 프랑스로부터 독립

멕시코
1821년 스페인으로부터 독립
1829년 노예제 폐지

푸에르토리코
1873년 노예제 폐지

영국령 서인도 제도
1833년 노예제 폐지

프랑스령 서인도 제도
1848년 노예제 폐지

태평양

베네수엘라
1811년 스페인으로부터 독립
1854년 노예제 완전 폐지

에콰도르
1822년 스페인으로부터 독립
1852년 노예제 폐지

브라질
1822년 포르투갈로부터 독립
1888년 노예제 폐지

페루
1821년 스페인으로부터 독립
1854년 노예제 폐지

볼리비아
1825년 스페인으로부터 독립
1861년 노예제 폐지

파라과이
1811년 스페인으로부터 독립
1869년 노예제 폐지

칠레
1810년 스페인으로부터 독립
1823년 노예제 완전 폐지

우루과이
1825년 스페인으로부터 독립
1842년 노예제 폐지

아르헨티나
1816년 스페인으로부터 독립
1853년 노예제 폐지

0 500km

식민지, 기타 속령

머리말

이 책의 시대 구분과 역사 공간

이 책은 전체 네 권으로 구성된 '새 미국사' 시리즈의 제2권으로, 주로 1812년 전쟁 이후의 19세기 역사를 다룬다. 시대 구분에 입각해서 설명하자면, ① 1820~1830년대: 시장 혁명의 시대, 앤드루 잭슨(Andrew Jackson) 대통령의 시대, ② 1840~1860년대: 남북전쟁 전기, ③ 1861~1865년: 남북전쟁 시기, ④ 1865년 이후: 남북전쟁 후기(재건의 시대, 도금 시대)이다.

대통령 임기에 입각해서 설명하자면, 제5대 제임스 먼로(James Monroe, 1817~1825년 재임)부터 제25대 윌리엄 매킨리(William McKinley, 1897~1901년 재임)까지 21대 20명을 다룬다. 정치사에서는 연방파와 공화파를 축으로 하는 제1차 정당체제(1792~1824)가 종언을 맞았고, 서민 출신의 대통령 앤드루 잭슨이 당선되면서 민주당과 휘그당이라는 양대 정당에 의한 제2차 정당체제 (1828~1854)가 시작된 시기이다. 나아가 노예제 문제로 인한 혼란이 심화되는 가운데 19세기 중반에는 정당이 재편되어 공화당이 탄생했고 그 이후 공화당과 민주당 양대 정당에 의한 제3차 정당체제(1854~현재)가 전개되었다.

이러한 시기 구분에서 알 수 있듯이, 남북전쟁은 합중국 역사에서 최대의 분수령으로 규정된다. 건국 이래 합중국의 역사는 남북전쟁을 향해 흘러들어가서 남북전쟁에서 모든 것이 흘러나왔다고 이야기되어 왔다. 이 책에서는 19세기를 새롭게 남북전쟁의 세기로 파악하고 전례 없는 내전이 가져온 미국 사회의 통합과 분열, 노예국가에서 이민국가로의 대전환을 묘사한다.

지금까지는 19세기의 합중국이라고 하면 대서양이라는 광대한 안전보장 덕분에 고립주의를 향유하고 국내의 서부 개척과 경제 개발을 추진하면서 대륙국가로의 발전을 추구하는, 이른바 프런티어 학설에 기초한 일국사 모델로 묘사되어 왔다.

하지만 제1권에서 연구 시각의 축이었던 대서양사(Atlantic history, 대서양을 매개로 하는 북미, 남미, 유럽, 아프리카 4개 대륙의 상호 연동에 주목한 역사)의 접근법과 마찬가지로, 19세기의 역사 또한 세계사적인 맥락에서 새롭게 묘사되고 있다. 노예, 면화 등의 세계상품을 둘러싼 글로벌 역사 및 글로벌 자본주의 역사는 남부와 북부, 그리고 영국의 면공업과의 긴밀한 국제 분업 체제를 밝히고 미국 내 남부의 완결형의 노예사로 수정하는 흐름을 보이고 있다.

또한 사람의 이동을 둘러싼 역사학에서는 대서양뿐만 아니라 태평양 세계의 인적 흐름까지 감안해 부자유로운 인적 흐름(노예, 쿨리[1] 등)과 자유로운 인적 흐름(이민)의 상호 연관을 검증함으로써 사람의 이동에 대한 글로벌 역사도 살펴본다. 이 책에서 제시된 노예국가에서 이민국가로라는 역사 전환을 더욱 상세하게 알고 싶다면 필자의 『이민국가 미국의 역사(移民國家アメリカの歴史)』(岩波新書, 2018)를 함께 읽을 것을 추천한다.

루이지애나 구입으로 국토를 2배로 증가시키고 그 이후에도 영토 구입을 통해 국토를 계속 확대해 왔던 미국은 프런티어를 소유자가 없는 무주지로 규정함으로써 영토 확대를 자유와 민주주의의 확대로 보았다. 하지만 황제 또는 국왕이 없는 자유의 제국을 형성하는 과정은 대륙국가로서의 근대 국민국가를 형

---

[1] 영어로는 coolie라고 한다. 중국 사람, 인도 사람 위주의 아시아계 외국인을 지칭하는 말로, 고된 일을 뜻하는 중국어 쿠리(苦力)에서 나온 말이다._옮긴이

성하는(nation-state building) 과정인 동시에, 숨길 수 없는 제국으로서의 미국을 형성하는(empire-building) 과정이었음을 잊어서는 안 된다. 전쟁을 통해 영토를 빼앗는 유럽형의 팽창과 달리, 미국은 '명백한 운명(Manifesto Destiny)'에 의해 전쟁 없는 정복이 정해졌다고 보았다. 하지만 국토 팽창 과정에서 살해되거나 생활공간을 빼앗긴 원주민 입장에서 본다면, 그것은 폭력이자 이주민의 식민지주의와 다름없었다.

19세기 합중국 역사를 이해하는 데 요구되는 또 다른 과제는 작은 신흥 공화국이 영토가 확대되면서 광대한 대륙국가로 변모해 가는 공간적 확대를 파악하는 것이다.

제1장에서 상세하게 설명하는 바와 같이, 19세기 전반의 미국 사회는 도로, 운하, 철도 등의 교통 운수 수단이 극적으로 발달하는 교통 혁명을 경험했다. 또한 골드러시를 계기로 이 같은 움직임이 가속화되자 교통망을 새로 개척하거나 확장했는데, 이는 파나마 지협철도(나중에 운하로 바뀌었다), 대륙 횡단 철도와 함께 전 세계의 사람, 물자, 자금의 유통을 변화시켰다. 대륙 횡단 철도와 같은 해에 수에즈 운하가 개통되었는데, 이러한 수단은 전근대적인 공간을 말살시키고 유럽, 아메리카, 아시아의 공간을 시간 감각마다 새롭게 만들었다. 1873년에 프랑스인 작가 쥘 베른(Jules Verne)이 쓴 『80일간의 세계 일주(Le Tour du monde en quatre-vingts jours)』는 이러한 교통수단이 없었더라면 출간되지 못했을 것이다. 영국의 토머스 쿡(Thomas Cook) 회사가 세계 일주 관광 투어를 기획할 수 있는 시대가 시작되었던 것이다. 미국에서도 1880년대에는 동부의 사람들이 서부의 대자연을 방문했으며, 샌프란시스코에서는 차이나타운을 방문하는 슬러밍 관광(슬럼, 즉 빈민가를 방문하는 투어)이 본격화되었다.

본론으로 들어가기 전에 동시대를 살아간 다른 나라 사람들은 19세기의 미국을 어떤 시선으로 보았는지 개관할 것이며, 세계사에서 미국 사회가 차지한 위상을 어떠했는지 확인할 것이다. 다른 나라 사람들이 분석한 미국의 다양한 측면, 즉 민주주의 실천, 남북전쟁과 노예해방의 세계사적 의의, 근대화와 교통 혁명은

본문에서도 중요한 논점이다. 여기서는 일종의 안
내자로 알렉시 드 토크빌(Alexis de Tocqueville,
1805~1859), 카를 마르크스(Karl Marx, 1818~1883),
일본의 이와쿠라 사절단(1871~1872년 미국을 시찰
한 사절단)을 차례로 제시한다.

토크빌이 본 미국: 민주주의의 실험장

최초의 동시대인은 1831년에 프랑스에서 와서
9개월 동안 미국에 체류한 경험을 토대로 『미국
의 민주주의(De la démocratie en Amérique)』(제

〈그림 1〉 토크빌, 『미국의 민
주주의』 제1권(1835)

1권 1835년; 제2권 1840년)를 집필한 베르사유의 판사 수습생 알렉시 드 토크빌
이다. 토크빌은 친구 2명과 마차와 증기선으로 당시 24개 주 가운데 17개 주를
방문해 수백 명이나 되는 미국인과 대화를 나누었고 이야기를 전해 들었다. 순
식간에 고전 명저가 된 이 책의 서문은 "합중국에 머무는 동안 나의 관심을 끈
생소한 것들 중에서 조건의 평등만큼 나의 눈길을 잡아끈 것은 없었다"라는 글
로 시작한다.

토크빌이 방문했을 당시 미국은 건국한 지 반세기 정도 지나 있었고, 백인 남
자의 보통선거가 실시되기 시작해 최초의 서부 출신 대통령 앤드루 잭슨이 선
출된 시기였다. 토크빌은 에이브러햄 링컨(Abraham Lincoln)이 게티즈버그에
서 말한 "국민의, 국민에 의한, 국민을 위한 정치", 즉 민주주의가 만들어지고 있
는 과정의 미국을 미시적인 눈으로 관찰하고 그 놀라운 모습을 기술했다.

다수 대중의 의사를 지배 원리로 삼는 민주주의는 당시 유럽에서는 과격하고
위험한 용어였다. 혁명 이후의 프랑스에서도 민주주의는 폭도 지배를 연상시키
는 것으로 악평을 샀다. 귀족 출신인 토크빌의 친족 다수는 혁명으로 단두대에
서 참수되었는데, 그 이후 프랑스에서는 세습 왕제, 민주제, 독재제로 불안정한
정치 정세가 계속되었다.

토크빌은 모국인 프랑스와의 비교를 통해 미국과 프랑스가 거의 동시기에 시민혁명을 경험했음에도 미국은 비교적 안정된 사회를 유지하는 데 반해 프랑스는 혁명과 반혁명의 격동을 거듭하는 근본적인 이유를 규명하고자 했다. 인류 최초의 민주주의 실험장에 해당하는 미국의 정치를 관찰해서 단점을 찾아내면서도 토크빌은 민주주의의 진전(지위의 평등화)을 시대의 추세로 인정했으며, 국민이 국가를 통치하는 것이 가능하다고 생각하기 시작했다. 결국 이 민주주의의 실험에 매료된 토크빌은 타운십에서 이루어지는 자치와 국가에 의존하지 않는 독립 정신을 칭송하면서 일반 시민이 재판에 참가하는 배심 제도를 평가했다.

그 이후 미국 정치에서는 정치를 엘리트인 명망가가 담당해야 하는가, 또는 서민에 의해 밑받침되는 직업 정치가가 담당해야 하는가에 대한 논쟁이 세기말까지 반복되었다. 어쨌든 유럽의 시각에서 보면 미국은 완전히 새로운 국가였으며 최첨단의 평등주의와 개인주의가 뿌리내린 국가였다. 민주주의가 미국 사회에 긍정적으로 수용되기 시작했다고 판단하고 지금의 민주당이 당명을 변경한 것은 토크빌이 미국으로 건너간 이듬해인 1832년의 일이었다.

카를 마르크스가 본 미국: 세계가 주목한 남북전쟁

둘째로 등장하는 동시대 인물은 독일 프로이센 출신의 철학자이자 사상가 카를 마르크스이다. 마르크스가 1845년에 북미, 구체적으로는 텍사스로 이주할 것을 진지하게 고려해 프로이센 국적을 버리고 무국적자가 되었다는 사실은 별로 알려져 있지 않다. 그 이후 마르크스는 19세기 미국과 기묘한 관계를 장기간 맺었다. 48년 세대(Forty-Eighters)라고 불리는 독일계 이민이 미국으로 대량 유입한 사건은 마르크스가 국적을 버리고 나서 수년 후에 일어났다. 48년 세대가 이주한 미시건, 일리노이, 위스콘신 등의 중서부는, 제4장에서 상세하게 다루는 바와 같이, 세기말에 노동 운동의 일대 거점이 되었다.

나중에 런던으로 이주한 마르크스가 미국을 지지했던 가장 큰 이유는 유럽계

<그림 2> 카를 마르크스
(1818~1883)

이민 노동자를 수용하는 장려책 가운데 하나인 '홈스테드 법(Homestead Act)'[2] 때문이었다. 새로 만든 공화당 강령에 있던 "자유로운 토지, 자유로운 노동, 자유로운 인간"이라는 슬로건은 노예제 확대에 반대하는 테제였지만, 마르크스에게도 노동자 계급이 해방되기 위한 올바른 첫걸음으로 받아들여졌다.

자국민끼리 싸운 피비린내 나는 내전인 남북전쟁은 미국사에 말할 수 없이 큰 영향을 초래했다. 남북전쟁을 특별한 전쟁으로 간주하는 것은 미국인뿐만이 아니었다. 전 세계가 이 전쟁에 주목했으며, 대서양을 놓고 마주보는 유럽에서도 뜨거운 관심을 가지고 지켜보았다. 이 가운데는 남부 면화의 글로벌 공급망에서 한 축을 구성하는 리버풀의 면화 상인과 제조업자가 포함되어 있었다. 이처럼 전쟁의 승패는 글로벌 경제의 미래를 결정하는 중대한 사안이었다.

그러나 마르크스는 전혀 다른 시각에서 남북전쟁의 전황을 지켜보았다. 그는 이 전쟁으로 노예해방이 달성될지 여부가 유럽에서 열악한 노동 환경에서 일하는 노동자 계급의 지위를 개선하는 문제와 결부되어 있다고 파악했다. 동시대적으로는 1861년 러시아에서는 농노 해방이 있었고, 영국에서는 1867년과 1884년의 선거법 개정으로 단계적으로 노동자에게 선거권이 부여되었다.

세계사에 있어 남북전쟁은 흑인 노예의 전 세계적인 해방과 연결되는 것 외에, 유럽 노동자 계급의 해방과도 연결된다는 것도 지적해 두려 한다. 다음은 노예해방선언을 포고한 이후 재선에 성공한 링컨 대통령에게 마르크스가 보낸 축하 메시지이다.

---

2   1862년 미국에서 제정된 법률로, 5년간 거주하면서 미국 서부의 미개발 토지를 개척한 자(이민 포함)에게 한 구역당 160에이커(약 20만 평)를 무상으로 제공한다는 내용이다. 일명 '자영농지법'이라고도 불린다. _옮긴이

삼가 아룁니다.

우리는 당신께서 다수의 득표로 재선에 성공한 것에 대해 미국 국민에게 경축을 보내드립니다. '노예 소유자가 지닌 권력에 대한 저항'이 당신의 최초의 선거를 앞둔 슬로건이었다면, '노예제에 죽음을'은 당신께서 재선에서 승리를 거두게 된 빛나는 표어일 것입니다.

미국에서 거대한 투쟁이 일어나던 처음부터 유럽의 노동자들은 자신들 계급의 운명이 성조기에 의탁되어 있다는 것을 본능적으로 느꼈습니다. 처참하기 이를 데 없는 대서사시의 시작이 된 제준주(諸準州)를 둘러싼 투쟁은 드넓고 막막한 처녀지를 이주민의 노동과 결합시킬 것인가, 아니면 노예 감독의 족쇄하에 둘 것인가를 결정해야 하는 것이 아니었을까 합니다.

노예 소유자 30만 명의 과두 지배가 세계의 역사상에서 처음으로 무장 반란의 깃발에 '노예제'라는 용어를 굳이 적었을 때, 아직 한 세기도 지나지 않은 시점에 위대한 민주공화국의 사상이 처음으로 생겨난 땅, 최초의 인권선언[독립선언을 지칭한다]이 공표되고 18세기 유럽의 혁명에 최초의 충격을 가했던 그 땅에서 구헌법이 수립된 시기에 지배했던 사상을 폐기한다고 득의양양하게 선전했을 때, 그리고 노예제 자체가 유익한 제도일 뿐만 아니라 노동과 자본의 관계라는 문제의 유일한 해결책이라고 주장하면서 후안무치하게도 인간을 소유하는 권리가 새로운 건물의 초석이라고 선언했을 때, 유럽의 노동자 계급은 남부 연합과의 향신(鄕紳, gentry)에 대한 상류 계급의 열광적인 지지에 의해 불길한 경고를 받기보다도 일찍이 노예 소유자의 반란이 노동에 대한 소유의 전반적인 신성한 십자군에게 황급한 경종을 울리는 것임을, 또한 노동하는 사람들에게 있어서는 미래에 대한 희망뿐만 아니라 그들이 과거에 쟁취했던 것까지도 대서양의 피안에서 일어나는 이 거대한 투쟁에 의해 위태로워지고 있음을 이해했습니다. 이 때문에 유럽의 노동자 계급은 면화 산업의 공황으로 인한 고난을 모질게 견뎌냈고, 그들의 윗사람들이 노예제를 지지하도록 집요하게 압박하는 간섭에 대해 열광적으로 반대했으며, 유럽 대부분의 지역에서 이 훌륭한 사업을 위해 응분의 혈세를 지불했던 것입니다.

북부에서 지정한 정치적 권력자인 노동자들은 노예제가 자신들의 공화국에서 상처를 입도록 내버려두는 한, 또는 자신들은 자신의 주인을 스스로 선택할 수 있으므로 본인의 동의 없이 주인에게 소유되거나 팔려간 흑인에 비해 특권을 지니고 있다고 득의양양하는 한, 진정한 노동의 자유를 획득하는 것이 불가능했으며, 유럽의 형제들이 벌이는 해방 투쟁을 원조하는 것도 불가능했습니다. 하지만 진보로 나아가는 것을 방해했던 이 장애물은 내전으로 인한 피바다에 의해 떠내려갔습니다.

유럽의 노동자들은, 미국의 독립전쟁이 중간계급(부르주아)의 권력을 신장시키는 새로운 시대를 연 것처럼, 미국의 노예제 반대 전쟁이 노동자 계급의 권력을 신장시키는 새로운 시대를 열 것이라고 확신하고 있습니다. 유럽의 노동자들은 노동자 계급의 성실한 아들인 에이브러햄 링컨이 족쇄가 채워졌던 종족을 구출하고 사회적 세계를 개조하는 전례 없는 투쟁을 통해 조국을 이끌어나가는 운명을 짊어진 것 자체가 훗날 도래할 시대의 징후라고 여기고 있습니다.

국제노동자협회 중앙평의회를 대표하여
독일 담당 통신서기 카를 마르크스
1864년 11월 22~29일 집필[3]

이와쿠라 사절단이 본 미국: 근대화 모델

마지막으로 일본의 시선에 대해서도 다룰 것이다.

간행사에서 다룬 바와 같이, 19세기 중엽 흑선이 일본을 내항한 이후 21세기의 현재에 이르기까지 일본인들은 미합중국의 동정에 특별히 주목해 왔다. 일

---

3   *Bee-Hive*(1865.1.7); Karl Marx and Friedrich Engels, *Collected Works*, Vol. 19(New York: International Publishers, 2009).

본어의 합중국이라는 명칭은 1840년대에 만들어진 것으로 추정되는데, 그 유래는 1844년에 미국과 청나라 양국 간에 체결된 왕샤조약인 것으로 간주된다. 번역어 '합중(合衆)'에는 '공화'와 '민주'라는 함의가 포함되어 있었다. '남북전쟁'이라는 표현도 중국과 일본만의 독특한 명칭인데, 이것은 양국 모두 남북의 왕권으로 분열되어 2개의 조정이 병존했던 정치 상황을 경험한 데 따른 것으로 추정된다.

에도 시대 말기에는 요코하마와 고베 등의 개항지에 유럽과 미국 사람들이 들어왔으며, 쇄국하에 금지되었던 해외 도항은 1866년에 해제되어 일본인이 해외로 이주하는 길도 열렸다. 하와이로 건너갔던 사람들과 미국 본토로 건너갔던 와카마쓰 콜로니⁴ 일행이 최초 시기의 이민이다.

에도 시대 말기의 유신 시기에는 막부와 메이지 정부의 관계자도 미국으로 대거 건너갔다. 예를 들면, 에도 막부가 미일 수호통상조약의 비준서를 교환하기 위해 파견했던 1860년 방미사절단은 샌프란시스코에서 파나마로 건너가 파나마 지협철도를 경유해서 워싱턴으로 향했다.

이와쿠라 도모미를 특명전권 대사로 삼고 기도 다카요시, 오쿠보 도시미치, 이토 히로부미 등 메이지 신정부를 담당하는 대신들로 구성해 구미를 견문하고 돌아왔던 이와쿠라 사절단도 남북전쟁 이후의 미국 사회를 자세히 견학했다. 그들은 미국의 교통 혁명, 산업화와 공업화에 놀랐고, 미국을 일본 근대화의 모델로 고려해 상세한 정보를 기록으로 남겼다. 사절단의 일지인 『미구회람실기(米歐回覽實記)』(구메 구니타케 엮음)는 남북전쟁 이후 시기의 미국 사회를 기록한 귀중한 역사자료이다. 미국과 일본의 근대 국민국가는 거의 동시기에 메이지 유신과 남북전쟁을 계기로 본격적으로 형성되었다. 따라서 이와쿠라 사절단이 남북전쟁 이후의 미국 정치 및 사회의 모습을 보고 무엇을 학습하고 무엇을 반면교사로 삼았는지 살펴보는 것은 일본의 근대화를 고려하는 데서도, 19세기

---

4   영문 명칭은 Wakamatsu Tea and Silk Colony이다. _옮긴이

〈그림 3〉 『미구회람실기』에 수록된 리 장군의 옛 주거지(오른쪽)와 알링턴 국립묘지(왼쪽)

미국 사회를 이해하는 데서도 중요하다.

이와쿠라 사절단은 메이지 원년(1871) 11월 12일(음력)에 태평양 우편기선인 아메리카호에 탑승해서 요코하마를 출항했으며 같은 해 12월 6일 샌프란시스코에 입항했다. 그들은 그곳에서 2주 남짓 체류하면서 방적 공업, 조선소, 광산 시설, 여자 교육기관, 경마장, 맹아·농아 학교 등을 열정적으로 견학했다. 그 이후에는 완성된 대륙 횡단 철도로 여행을 시작해 네바다와 유타를 경유해서 시카고로 들어왔다. 토크빌이 합중국에 체재하던 시기와 마찬가지로, 이와쿠라 사절단도 교통 혁명 이후 미국의 수로 교통과 도로망에 관해 상세한 관찰 기록을 남겼다.

시카고에서 수도 워싱턴으로 들어와 조폐국, 우정부, 농업부, 특허국 등 관청 조직을 시찰하기 위해 순회하는 한편, 알링턴 국립묘지를 방문하거나 흑인 학교를 방문해 노예 제도의 존폐와 관련된 역사를 학습했다. 이후 사절단은 수도 워싱턴을 뒤로 하고 북부 여행에 나서 필라델피아, 뉴욕, 보스턴을 방문했다. 이와쿠라 사절단은 9개월이나 되는 장기간에 걸쳐 미국에 대해 학습한 뒤 다음 목적지인 영국으로 향했다.

제1장

서부 개척 시대
서반구의 제국을 꿈꾸며

미시시피주의 면화 농장. 남북전쟁 이후의 작품(1884)으로, 흑인 노예가 존재했던 농촌의 풍경을 향수에 젖어 묘사하고 있다.

1. 서부 개척 시대와 시장 혁명

전환으로서의 1812년 전쟁

1812년 전쟁은 평화교섭 끝에 1814년 12월 헨트 조약(Treaty of Ghent)이 체결됨으로써 종결되었다. 전쟁은 호전파의 의도대로 진전되지 않았고 영국령 캐나다에 대한 침공은 성공하지 못했다. 오히려 수도 워싱턴의 대통령 관저와 연방의회가 영국군에 의해 불타는 등 큰 피해를 낳았다.

하지만 1812년 전쟁은 이후의 미국의 정치와 사회에 큰 영향을 미쳤으며, 19세기 합중국 역사에 커다란 전환을 가져왔다. 합중국은 결국 전쟁에 의해 역사의 이름이 새겨진 국가이다.

1812년 전쟁의 중요한 영향 가운데 하나는 새로운 공화국 미국이 독립을 재차 확인받는 가운데 미국인으로서의 민족주의가 고양되었다는 점이다. '새 미국사' 시리즈 제1권에서 논한 바와 같이, 프랜시스 스콧 키(Francis Scott Key)가 작사한 「성조기」가 인기를 거두었다는 것은 그 증거이다. 1812년 전쟁이 제2차 독립전쟁이라고 불리는 것은 그 때문이다. 전쟁은 영국 제품의 수입이 중단되고 섬유 등 국내의 제조업이 성장하며 대서양 연안의 북부에서 산업 혁명이 일어나는 계기가 되기도 했다.

정치사에서는 뉴잉글랜드의 여러 주가 민병의 파견을 미루는 등 전쟁 협력을 거부하는 입장을 취했는데, 이것이 전후에 반발을 초래해 그 지역을 세력 기반으로 삼았던 연방파가 힘을 상실했다. 이에 따라 연방파와 공화파의 대립을 축으로 하는 제1차 정당체제가 막을 내렸고, 민족주의 기류에 편승한 공화파의 정권하에서는 두드러진 당파 대립 없는 호감의 시대(Era of Good Feelings)가 출현했다.

노예국가 미국과 환대서양 세계

1812년 전쟁이 미친 영향을 국제정치와 세계사의 관점에서 보면, 결정적으로 중요했던 것은 미국이 이 시기에 국제적인 노예무역 폐지 캠페인에 나서기 시작한 영국과 일전을 벌여 거리를 둠으로써 미국의 남북전쟁에 이르기까지 연방정치가 노예제를 온존시키는 방향으로 길을 정했다는 점이다.

영국 상인은 15세기 말부터 19세기 초까지 300년간 대서양을 건넌 노예 전체의 1/3에 해당하는 375만 명 남짓의 노예 거래에 관여했던 것으로 추정된다. 즉, 노예무역의 주역이었던 것이다. 하지만 미국 13개 식민지를 상실하는 역사 경험을 거치면서 영국 제국은 크게 변모했다. 19세기 초에 수립된 제2차 제국에서는 서인도제도에서 인도와 중국으로 식민지 지배의 중심을 이동했고, 노예를 구출하고 해방하는 자비심 깊은 제국이라는 새로운 정체성을 키웠는데, 노예무역을 단속하는 활동을 통해 전 세계에 이를 보여주었다. 자유를 옹호하는 영국의 입장이 제국을 형성하는 데서 도덕적 우위를 연출했다. 이는 프랑스 혁명과 나폴레옹 전쟁으로 발생한 혼란을 수습하는 데 도움이 되었다. 또한 유럽에 새로운 정치 질서를 세우기 위한 비엔나 회의(1814~1815)에서도 영국은 인도주의와 보편적인 도덕에 반하는 노예무역 폐지 조항을 의정서에 넣을 것을 주장했다.

근대 국민국가가 형성된 긴 19세기(프랑스혁명이 시작된 1789년부터 제1차 세계대전까지)의 환태평양 세계에서는 자유와 부자유가 공존했다. 근대 세계라고 하면 자유로 채색된 세계를 떠올리기 쉽지만, 이민이라는 자유로운 사람의 흐름과 함께 흑인 노예도 여전히 왕성하게 거래되었다. 흑인 노예무역 통계에 따르면, 1776년부터 1875년의 기간 동안 노예가 거래된 수는 588만 명으로, 노예 거래 총수의 47%를 차지했다. 노예 거래의 약 절반은 19세기, 즉 근대의 산물이었던 것이다.

책 첫머리의 지도에서 보는 바와 같이, 미국 독립혁명과 프랑스 혁명의 영향으로 19세기 전반에 라틴 아메리카 제국은 차례로 독립을 달성했다. 하지만 이러한 합중국의 자매 공화국도 독립과 함께 노예제를 폐지하는 것에는 이르지 못했고(지도에서 독립 연도 아래 표기된 것이 노예제가 폐지된 연도이다), 남북 아메리카 대륙에서는 1888년에 브라질에서 마지막으로 노예제가 폐지될 때까지 노예제를 유지했다. 남북 아메리카 지역에서의 노예해방은 유상 방식의 점진적인 해방을 지향했다. 따라서 각국 정부는 세계상품의 생산을 지속하고 노예제 폐지에 따른 노동력 부족을 보전하기 위해 아시아로부터 계약 노동자, 즉 중국인 쿨리를 도입했다.

한편 〈그림 1-1〉에서처럼, 18세기 말 노예 반란이 일어나고 1804년에 세계 최초의 흑인 공화국으로 아이티가 독립한 이래, 합중국 남부, 카리브해역, 남미에서는 노예 반란이 빈발했다. 이처럼 19세기의 남북 아메리카 대륙은 노예제 존폐를 둘러싼 과도기였으므로 이 같은 국제적 긴박감을 간과하면 19세기 합중국 역사를 이해하기 어렵다. 남북 아메리카에서는 노예무역이 폐지되고 노예해방이 점진적으로 달성되는 가운데 부자유노동에서 자유노동으로 이행하는 시대가 근대인 것이다.

남북전쟁 이전의 합중국 정치는 북부, 남부, 서부 등 3개 지역 간 대립으로 묘사되는 일이 많다. 이 책에서는 이 기본 구도는 인정하면서 이 시대의 미국 역사상을 노예국가로 규정한다. 최근의 연구사에서 남북전쟁 이전 시기의 합중국을 노예주 국가, 노예 소유 공화국으로 부르는 연구가 등장하고 있는데, 이 책에서는 이를 더욱 간결하게 노예국가라 일컫기로 한다.

노예국가에서는 남부 노예주의 정치가들이 친노예제인 연방정치를 수행했다. 그들은 남북전쟁이 발발할 때까지 권력의 중추에 있었다. 건국 이후 반세기 동안의 대통령을 보면 제2대 존 애덤스(John Adams)와 그의 아들 제6대 존 퀸시 애덤스(John Quincy Adams)를 제외하고는 모두 노예 소유자였다. 애덤스의 아들 퀸시 애덤스만 1기 4년으로 재선에 성공하지 못했을 뿐, 제1대 조지 워싱턴(George Washington), 제3대 토머스 제퍼슨, 제4대 제임스 매디슨(James Madison), 제5대 제임스 먼로, 제7대 앤드루 잭슨은 모두 2기 8년의 임기를 성취했다. 그 이후에도 제10대 존 타일러(John Tyler), 제11대 제임스 포크(James Polk), 제12대 자카리 테일러(Zachary Taylor)까지 노예를 소유한 대통령이 계

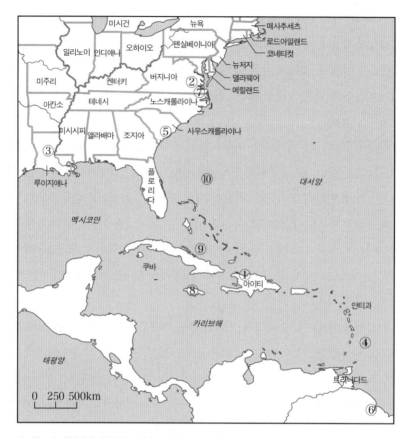

〈그림 1-1〉환태평양 세계에서 일어난 노예 반란(19세기)

① 1791년 프랑스령 생도맹그에서 반란, 1804년 독립(아이티 혁명)

② 1800년 가브리엘 반란(버지니아주 리치몬드)

③ 1811년 저먼 코스트 폭동(루이지애나)

④ 1816년 영국령 바르바도스에서 일어난 부사의 반란

⑤ 1822년 덴마크 베시의 반란 계획(사우스캐롤라이나주 찰스턴)

⑥ 1823년 영국령 가이아나에서 일어난 데메라라 반란

⑦ 1831년 냇 터너의 반란(버지니아주 사우샘프턴)

⑧ 1831년 영국령 자메이카에서의 반란(일명 뱁티스트 전쟁)

⑨ 1839년 아미스타드호의 노예 반란, 1841년 미국 연방대법원 판결에 의해 노예가 해방됨(일명 아미스타드호 사건)

⑩ 1841년 크레올호의 노예 반란, 1842년 영국령 파나마 제도에서 노예가 해방됨(일명 크레올호 사건)

속되었다.

행정부뿐만 아니라 사법부에서도 합중국 헌법이 비준된 때부터 남북전쟁까지의 기간 동안 연방대법원에서 노예주 판사가 다수파를 구성했다. 그리고 노예주인 대법원장 존 마셜(John Marshall, 1801~1835년 재임)과 로저 태니(Roger Taney, 1836~1864년 재임)가 그 다수파를 통솔했다.

노예국가라는 용어를 사용해서 이 책에서 탐구하는 역사적 내용을 질문한다면, 노예제라는 부자유를 안고 출범한 노예국가 미국은 어떻게 자유노동자로 구성된 이민국가로 변모했는가 하는 것이다. 이를 이행하는 과정에서 합중국은 남북전쟁이라는 전례 없는 내전을 겪어야 했다.

서부 개척 개시: 시장 혁명과 교통 혁명의 진전

영국과의 전쟁 이후 미국 내에서 일어난 가장 중요한 변화는 애팔래치아산맥 서쪽으로 대규모 이주가 개시되어 본격적인 서부 개척이 시작되었다는 점이다. 실제로 1800년에는 애팔래치아산맥 서쪽의 인구가 39만 명(전체 국민의 7%)에 불과했지만, 1820년에는 242만 명(전체 국민의 25%)으로 급성장했다. 남북전쟁 이전에는 미국인들의 거주지가 뉴잉글랜드, 중부, 남부 등 대서양 연안 지역으로 한정되었다. 하지만 서부 개척이 전개되면서 북부와 남부에 더해 서부라는 고유의 지역이 생겨나 3개의 새로운 지역으로 재편되었다.

미국사에서는 19세기 전반에 미국 사회가 경험한 사회경제적 변화, 구체적으로는 북부의 산업화와 기계제 공장의 출현, 남부의 면화 생산과 서부의 농산물 생산에 따른 자본주의적 농업 침투 등을 1990년대 이후 시장 혁명이라는 키워드로 파악한다. 시장 혁명이라는 말은 근대적 기계를 도입하면서 유래된 기존의 산업 혁명보다도 범위가 넓은 용어이다.

교통 혁명이라고 불리는 도로, 운하, 철도 등의 발달도 동시대의 특징이다. 1812년 전쟁 중에 영국 해군은 미국 대서양 연안의 교통을 차단했는데, 당시 경험한 물류 대란으로 내륙 교통로의 필요성을 통감하게 되었다. 남북으로 뻗어 있는 애팔래치아산맥이 동서 교통을 차단하는 지리적 난점을 극복하고 동서를 연결하는 경로를 개발한 교통수단의 발전을 교통 혁명이라고 부른다.

교통 혁명은 ① 육상 교통로 확충의 시대(1810년대), ② 운하 건설의 시대(1820~1830년대), ③ 철도 건설의 시대(1840년대 이래)로 단계적으로 진전되었다. 교통 혁명 이전에는 남쪽으로 흐르는 오하이오강과 미시시피강이 담배, 목재, 면화 등의 생산물을 수송하는 데서 대동맥 역할을 해왔다. 하지만 남부로 흐르던 그러한 물류의 흐름은 1820년대의 운하 열풍과 1840년대 이래의 철도 열풍에 의해 크게 바뀌었고, 뉴잉글랜드와 중부 대서양 연안이 미국 경제의 중심지가 되어갔다.

육상 교통로는 부순 돌을 노면에 깔아 굳힌 석괴 포장도로와 두꺼운 판재(널빤지)를 깐 판재도로 가운데 하나의 공법으로 만들어졌고, 대서양 연안의 동부 도시는 유료도로(turnpike)로 이어졌다. 연방정부의 사업으로는 포토맥강 강변의 컴벌랜드(메릴랜드주)부터 오하이오강 강변의 휠링(버지니아주, 나중에 웨스트버지니아주)까지 잇는 1대 간선도로 컴벌랜드 국도(공사 기간은 1811~1818년)가 유명하다. 이 국도는 나중에 서부의 3개 주를 횡단하는 형태로 일리노이주의 반달리아까지 연장되었다.

이러한 도로망 확충으로 짐마차에 의한 운송량이 증대했다. 하지만 도로 확충 이상으로 시장 혁명의 견인차 역할을 한 것은 운하의 건설이었다. 그때까지도 미시시피강과 오하이오강은 초기 서부 개척자의 생명선이었으며, 농산물은 이 두 하천을 경유해서 멕시코만에서 대서양 연안과 유럽으로 운송되었다. 1807년에 로버트 풀턴(Robert Fulton)이 증기선의 실용화에 성공하자 1810년대 이후로는 증기선이 미시시피강에서 대활약했다.

뉴욕주 주지사 클린턴[1]은 남북 방향의 하천 교통과 달리 북부와 서부를 잇는 동서 방향의 물류를 담당하는 대동맥으로 이리 운하를 제안했다. 뉴욕은 700만

---

1   드윗 클린턴(DeWitt Clinton)을 일컫는다._옮긴이

달러의 거액을 모두 주채(州債)로 조달해서 허드슨강 상류의 올버니와 이리 호반의 버펄로를 잇는 전체 길이 584km의 거대한 운하를 1825년에 완성했다. 그 결과 대서양 연안의 대도시 뉴욕과 서부를 잇는 대동맥(운송 일수가 20일에서 6일로 단축되었다)이 완성되었고, 뉴욕은 보스턴과 필라델피아 등 동부 연안의 경쟁상대였던 여러 도시를 제치고 일약 상업의 중심지로서의 지위를 획득했다. 이리 운하가 성공한 이후 운하의 건설 붐은 1830년대 이후로도 계속되었다. 하지만 이리 운하처럼 높은 수익을 올리지는 못했고, 1850년대에는 운하의 시대가 종언을 맞이했다.

마지막으로 교통 혁명을 견인한 것은 운하처럼 건설비가 들지 않는 교통수단인 철도였다. 미국 철도의 역사는 1830년에 볼티모어·오하이오 철도의 기관차가 21km의 구간을 달린 것을 계기로 철도 건설 붐이 시작되었는데, 1850년에는 총연장이 약 1만 5000km에 달해 운하를 능가했다. 이처럼 교통수단 혁명으로 개척된 프런티어는 시장 경제로 편입되었고 내륙 개발이 한층 추진되었다.

동시기의 기술 혁명에서 결정적으로 중요했던 것은 새뮤얼 모스(Samuel Morse)가 발명한 모스 전신이다. 1840년대 중반 이후로는 전선이 미국 전역을 그물망처럼 덮기 시작해 원격지 간의 통신 속도가 대폭 단축되었다. 1853년에는 3만 7000km의 전선이 보급되었고, 1860년에는 8만km에 이르렀다. 모스 전신의 발명은 철도와 증기선이 운행하는 방식, 상거래와 금융 거래의 방식을 바꾸었다. 그리고 남북전쟁 시기에는 링컨이 군사전보국에 체류하면서 부대에 대한 이동 명령을 내리고 부대로부터 얻는 전황 정보에 일희일비했던 것처럼, 모스 전신은 전쟁 방식도 근본적으로 바꾸었다.

2. 민족주의와 호감의 시대의 정치

헨리 클레이의 미국 시스템

영국과의 전쟁 이후 연방회의에서는 호전파인 헨리 클레이(Henry Clay), 존 칼훈(John Calhoun) 등 젊은 세대가 지도자로 두각을 나타내면서 민족주의를 기조로 하는 정책을 차례로 제기했다.

전후의 경제적 민족주의는 1815년 12월 발표한 매디슨 정권의 연차 교서에 전형적으로 나타났다. 교통 혁명을 추진하기 위해 도로와 운하망을 정비·확충하는 데 필요한 예산 조치, 제조업을 보호하기 위한 높은 관세, 제2합중국은행(The Second Bank of the United States) 구상 등 과거의 정적이던 연방파가 제언했던 일련의 정책을 공화파의 대통령이 호소했다.

헨리 클레이가 1824년 3월에 제창한 정책 구상, 이른바 미국 시스템도 매디슨 정권의 경제적 민족주의를 계승한 것이었다. 그 골자는 첫째, 고율의 보호 관세로 제조업의 육성을 도모하고 관세 수입을 국내 교통망의 정비 확충에 활용해 농산물과 공업 제품의 상호 교류를 촉진하는 것, 둘째, 전국적 통화와 건전한 신용을 공급하는 중앙은행을 설립해 국내 상거래를 원활하게 하는 것이었다. 요컨대 북부의 제조업과 서부의 농업을 육성해서 미국 내의 분업 체제를 확립함으로써 유럽 시장에 대한 의존을 끊어내고 국내 경제의 자립을 도모하려 했던 것이다.

공화파의 경제 정책은 전국 각지에서 지지를 받았다. 매디슨 대통령의 후계자를 선출하는 1816년 대통령선거에서는 공화파의 제임스 먼로가 183표 대 34표라는 큰 차이로 제5대 대통령(1817~1825년 재임)에 선출되었다. 선거 결과에 따라 연방파의 아성인 보스턴에서 발행되던 《컬럼비안 센티널(Columbian Centinel)》[2]은 먼로 정권의 발족으로 정당 대립이 끝나고 호감의 시대가 열렸다

---

2 1790년 6월 16일 창간되어 1840년 5월 23일까지 발행되었다. _옮긴이

고 평가하면서 새로운 정권을 지지했다.

먼로 독트린과 서반구의 제국

먼로 정권의 외교 정책은 국무장관 존 퀸시 애덤스에게 위임되었다. 존 퀸시 애덤스는 제2대 대통령 존 애덤스의 아들로, 헨트 조약의 교섭에 참가하는 등 경험이 풍부하고 6개 국어를 구사할 줄 아는 외교관이었다.

열렬한 확장주의자였던 애덤스가 최초로 취한 조치는 이제까지 확정되지 않았던 국경선을 획정하는 작업이었다. 우선 캐나다 국경에서는 1817년 4월에 러시-배갓 조약(Rush-Bagot Treaty)을 체결해 5대호에서 양국의 해군력을 감소시키는 데 동의했고, 미국-캐나다 국경을 비무장화했다. 그런 다음 1818년 영국-미국 간 조약[3]에 따라 우즈호에서 서쪽으로 북위 49도선을 따라 경계선을 긋고 영국령 캐나다와의 국경을 명확히 했다. 또한 로키산맥 서쪽의 오리건 지역에 대해서는 10년간 영국과 미국 양국이 공동 영유지로 삼는 것에 합의했다(1827년에 추가로 10년을 연장했다).

애덤스의 그다음 업무는 장기간 현안이 되어온 스페인과의 항쟁을 해결하는 것이었다. 1812년 전쟁 중에 미국은 모빌(지금의 앨라배마주)과 서플로리다를 점령했는데, 동플로리다를 획득하기 위해 1818년에 스페인과 회담을 가졌다. 하지만 그 와중에 앤드루 잭슨 장군의 군대가 원주민인 세미놀족의 반란을 진압한다는 명목으로 진군해 플로리다 거의 전역을 점령해 버렸다. 이듬해에 주미 스페인 공사 루이스 드 오니스(Luis de Onís)는 미국에 플로리다를 양도하는 것에 동의하고 애덤스-오니스 조약(Adams-Onís treaty)을 체결했다. 플로리다를 획득한 대가로 미국은 미국 시민이 스페인에 청구했던 500만 달러의 배상금

---

3   린던 회담, 1818년 영미 회담, 1818년 조약으로 불리기도 하며 공식 명칭은 '미국과 영국 간의 어업과 국경 그리고 노예의 복귀에 관한 회담(The Convention respecting fisheries, boundary and the restoration of slaves between the United States and the United Kingdom)'이다. _옮긴이

을 대신 부담했다. 동시에 제퍼슨 대통령이 구입했던 루이지애나령(1803)의 남서 방면의 경계를 확정했는데, 이 경계선은 멕시코만으로 흘러 들어가는 사빈강 하구에서 로키산맥을 향해 계단 형태로 북상해 북위 42도선을 따라 태평양 연안으로 도달하는 획정선이었다. 이러한 외교 교섭에 따라 미국은 태평양 연안까지 차지함으로써 대륙국가가 되는 포석을 깔아놓았다.

그 결과 미국과 유럽 국가들 간의 분쟁은 일시적으로 해결되었지만, 중남미의 정세는 섣불리 예측할 수 없었다. 미국과 서반구를 유럽의 분쟁으로부터 멀리하려는 애덤스의 외교 정책은 결국 먼로주의 선언으로 결실을 맺었다.

1808년부터 1823년에 걸쳐 라틴 아메리카에서는 스페인 본국의 정치적 혼란을 틈타 라플라타 연방,[4] 칠레, 페루, 콜롬비아, 멕시코의 스페인 식민지가 연이어 독립을 선언했다(책 첫머리 지도 참조). 미국 국민들은 미국의 혁명 전통을 계승하고 있다는 이유로 이들 국가의 독립을 강하게 지지하기도 했다. 먼로 대통령은 1822년 3월, 라틴 아메리카 5개국의 독립 승인을 촉구하는 교서를 연방의회에 보냈다. 그 결과 미국은 라틴 아메리카 외의 지역에서 이러한 신생 국가들을 승인한 최초의 국가가 되었다.

그러나 나폴레옹이 패퇴하고 정통주의라는 이름 아래 비엔나 회의가 구체제의 복고에 성공하자 신대륙의 독립국들은 불안에 빠졌다. 1822년의 베로나 회의(Congress of Verona)에서는 스페인에서 발발한 혁명을 진압하기 위해 프랑스군의 출병을 허가하는 결정이 내려졌고, 라틴 아메리카를 재정복하기 위한 군대를 보내려는 움직임이 생겨났다. 또한 이 시기에 제정 러시아의 알렉산드르 1세는 1821년에 포고를 발동해 태평양 연안의 북위 51도까지의 영유권을 주장했으며, 알래스카에서 남하할 기회를 엿보고 있었다.

이러한 정세하에 1823년 8월, 영국의 외교장관 조지 캐닝(George Canning)이 미국에 중요한 제안을 해왔다. 그것은 신성동맹 국가들이 라틴 아메리카에

---

4   United Provinces of the Río de la Plata를 일컫는다._옮긴이

간섭하는 것에 대해 영국과 미국이 공동으로 반대 성명을 내자는 것이었다. 하지만 애덤스는 이러한 영국 제안의 배후에 미국의 손을 묶어놓고 향후 쿠바, 텍사스, 캘리포니아 등의 스페인 식민지에 미국이 진출하는 것을 저지하려는 의도가 깔려 있음을 감지했다. 따라서 애덤스는 영국 군함 뒤에 붙어 따라다니는 작은 배처럼 행동하기보다 미국 단독으로 러시아와 프랑스에 경고를 내는 것이 낫겠다고 판단해 단독 선언하는 안을 제창했다. 결국 애덤스의 이러한 제안을 받아들여 대통령 교서에서 미국의 입장을 표명했다.

1823년 12월 2일, 먼로 대통령은 연방의회에서 발표한 제7차 연차 교서에서 먼로주의라고 불리는 외교 방침을 표명했다. 그 주장의 핵심은 두 가지였다. 첫째는 비식민지주의 사상을 표명한 것이었다. "자유롭고 독립적인 입장을 유지해 온 남북 아메리카 대륙은 향후 유럽의 어떤 국가에 의해서도 식민지 대상으로 간주되어서는 안 된다." 둘째는 상호 불간섭 사상을 표명한 것이었다. 이것은 라틴 아메리카의 자매 공화국에 대한 유럽 여러 열강의 간섭을 배제하는 것을 목표로 한 것으로, 여기서는 신성동맹 국가들의 정치 체제가 자유와 독립을 내세운 서반구 국가들의 정치 체제와 본질적으로 다르다는 견해를 제시했다.

상호 불간섭 주장은 워싱턴 대통령의 고별 연설과 제퍼슨 대통령의 취임 연설에서 표명된 비간섭·비동맹의 이념을 계승한 것이었는데, 먼로주의는 기존의 고립주의 노선만 답습한 것은 아니었다. 남북 아메리카 대륙을 중심으로 하는 서반구를 하나의 독자적인 블록으로 상정하고 이 반구(半球)적 사고를 토대로 유럽 세력을 배제하면서 미국의 세력을 신장하려는 팽창주의 발상은 제국을 형성하려는 의도를 내재하고 있었다. 상술한 미국 시스템의 제창자 헨리 클레이는 미국을 모델로 하는 정치 원리와 제도가 남미 전역으로 확대될 것을 기대했으며, 미국을 서반구의 제국으로 삼는 비전을 다음과 같이 표명했다. "우리는 구세계의 모든 전제주의와 대비해 인간의 자유를 결집시키는 체제의 중심이 되어야 할 것이다."

지역 이해의 대립과 미주리 타협

먼로 정권은 외교 면에서 커다란 성과를 올렸지만, 내정 면에서는 지역 이해의 대립으로 어려움을 겪었다. 전후의 미국 경제 성장은 유럽으로 수출하는 농산물에 의해 밑받침되었다. 그런데 서부에서는 토지 투기 붐이 일어나 농민과 농장주는 공유지를 신용 매입하는 데 분주했다. 하지만 1818년에 시작된 제조업의 불황이 심각해지자 이 붐은 돌연 끝났다. 남부의 농장주, 서부의 농민, 북부의 제조업자가 각기 자신들 지역의 이해를 주장하기 시작했고 호감의 시대라는 민족주의 사조에 어두운 그림자가 점차 드리워졌다.

지역 간 불화와 대립을 가속시킨 것은 노예제를 유지하고 있는 미주리의 연방 가입 문제를 둘러싸고 연방회의에서 벌어진 대립이었다. 합중국 헌법이 제정된 이래 의원들은 기본적으로 노예제 문제를 의회에서 설명하는 것을 피해왔다. 합중국 헌법 제1조 제9항이 정했던 노예무역의 폐지 시기와 관련해 1808년 1월 이후 노예무역을 금지하는 1807년의 연방법을 심의할 때에도 남부 의원이 반대하는 일 없이 법안이 통과되었다.

남부 의원이 노예무역 금지에 찬성했던 배경에는 나폴레옹 전쟁의 영향으로 당시 카리브해역에서 노예 반란이 잇따라 발생했던 국제 정세가 작용했다(<그림 1-1> 참조). 노예 반란을 진압할 때 귀중한 재산인 노예가 전원 처형되거나 처분되는 일은 희박했으며, 반란 분자는 다른 지역의 노예주에게 매각되거나 수출되었다. 이러한 관행이 횡행하는 가운데 국제적인 노예무역을 지속하는 것은 위험하다는 인식이 생겨났다. 또한 후술하는 바와 같이, 이 시기에는 버지니아 등에서 면화 재배의 중심지인 최남부로 노예가 대규모 이동했는데, 이것을 금지하는 방안을 북부 의원들이 검토하기 시작했기 때문에 문제가 되지 않도록 국제 노예무역 금지에 대해 찬성했던 것이다.

하지만 1819년 2월, 노예주인 미주리 주민들이 의회에 연방 가입을 청원하자 결국 노예제가 연방정치의 문제로 부상했다. 이후 2년 반 정도 이 문제가 연방의회를 장악했다.

계기는 뉴욕주에서 선출된 제임스 톨매지(James Tallmadge) 하원의원이 미주리에서 노예를 점차 해방할 것을 요구하는 수정안을 제안한 것이었다. 미주리를 포함한 옛 루이지애나 영지에는 노예제에 관한 남북의 경계가 아직 그어져 있지 않기도 했지만, 미주리 정주자의 대다수는 켄터키주와 테네시주 출신으로 노예제와 함께 자라왔던 사람들이어서 미주리가 노예주가 되는 것은 그들의 관점에서 보면 당연한 일이었다. 하지만 후술하는 바와 같이, 제2차 각성 운동의 영향을 받아 노예제 폐지를 포함한 다양한 개혁 운동이 북부에서 활발해지기 시작했는데, 이것이 노예제를 새로운 감정적·도덕적 문제로 초점화시켰다.

그러나 1819년 12월 매사추세츠주에서 메인이 분리 독립해 자유주로 연방 가입을 신청하자 타협을 만들어낼 구실이 제공되었다. 이듬해 3월, 하원 의장인 헨리 클레이의 조정으로 메인을 자유주, 미주리를 노예주로 하여 연방에 가입시키고 옛 루이지애나 영토에서 북위 36도 30분(미주리주의 남쪽 경계선) 이북에서는 노예주가 인정되지 않는다는 미주리 타협을 체결했다. 이로써 자유주와 노예주는 양쪽 모두 12개 주가 되었는데, 그 이후로도 새로운 주가 연방에 가입할 때에는 가능한 한 동수로 만들어 연방 상원에서 수적 균형을 유지하도록 주의를 기울였다.

공화파 해체와 정당 재편

정당 대립이 없는 호감의 시대였던 먼로 정권 말기에 촉발된 미주리 논쟁은 지역 이해의 대립을 표면화시켜 공화파의 결속에 균열을 초래하는 한편 버지니아 왕조의 지배를 끊어지게 만들었다.

1824년 대통령선거에서는 각기 다른 지역적 이해를 대표하는 5명의 후보가 등장했다. 매사추세츠주 출신의 존 퀸시 애덤스 국무장관, 조지아주 출신의 윌리엄 크로퍼드(William Crawford) 재무장관, 사우스캐롤라이나주 출신의 존 칼훈 육군장관(나중에 입후보 사퇴), 켄터키주 출신의 헨리 클레이 연방 하원의장,

테네시주 출신으로 1812년 전쟁의 영웅이던 앤드루 잭슨까지 5명의 후보였다.

선거의 일반 투표에서 1위를 얻은 것은 잭슨이었지만, 대통령선거인 표의 과반수를 확보하지 못했기 때문에(99표, 전체의 38%), 최종 결정은 수정헌법 제12조의 규정에 따라 연방 하원의 결선 투표에 위임되었다. 그 결과 선거인 표에서 2위를 차지한 애덤스가 클레이의 지지를 얻어 제6대 대통령으로 선출되었다.

후보가 난립했던 1824년의 혼란스러운 선거는 공화파 일당 지배의 종언과 민족주의 기운의 쇠락을 상징했다. 애덤스 정권은 국무장관 클레이가 제창하는 미국 시스템에 따라 도로, 운하 건설 등의 정책을 추진했고 국립은행 설립, 태평양 연안에 학술 탐험대 파견을 호소했다. 한편 외교 방면에서는 시몬 볼리바르(Simón Bolívar)[5]가 제창한 파나마 회의(Congress of Panama)에 합중국 대표를 파견할 것을 연방의회에 요청했다.

애덤스의 임기 중에 지나치게 거대해진 공화파는 분열되었고, 사실상 당이 2개로 나뉘어 정당 재편이 진행되었다. 연방주의적인 정책을 내세운 애덤스와 클레이의 지지자는 합류해서 국민공화당(National Republican Party, 1834년 휘그당으로 개칭한다)을 발족시켰고, 주권론(州權論)을 내세우는 칼훈파 등은 앤드루 잭슨을 옹립해 민주공화당(Democratic-Republican Party, 나중의 민주당)을 결성했다. 정치사에서 1828년부터 1854년(공화당이 탄생한)까지를 휘그당과 민주당 2개의 당에 의해 운영된 제2차 정당체제라고 부른다.

1828년 대통령선거에서는 애덤스가 재선을 지향했지만 민주공화당의 대통령 후보 잭슨에게 패배했다. 잭슨은 선거인 표에서 압승해(178표 대 83표) 제7대 대통령으로 선출되었다.

---

5 베네수엘라 출신의 독립운동가이자 군인으로, 스페인의 식민지였던 콜롬비아, 에콰도르, 파나마, 베네수엘라를 그란콜롬비아로 독립시켰다._옮긴이

3. 잭슨 정치와 민주주의

잭슨의 시대와 정치의 민주화

잭슨이 당선되기 이전까지의 대통령은 엘리트층이거나 명망가 출신이었고 존 애덤스, 존 퀸시 애덤스 부자를 제외하면 전부 버지니아주 출신이었다. 이러한 전통에서 본다면 잭슨은 완전히 이질적인 대통령이었다. 연로했던 토머스 제퍼슨이 "내가 아는 한 (대통령으로) 가장 부적절한 남자"라고 평가했던 잭슨은 과연 어떤 인물이었을까?

잭슨은 부모가 스코틀랜드에서 사우스캐롤라이나로 이민 온 지 2년 후인 1767년에 통나무 오두막집에서 태어났다고 알려져 있다. 부친은 잭슨이 태어나기 전에 사망했다. 어려운 환경에서 교육도 충분히 받지 못했지만, 독립전쟁이 시작되자 13세의 나이에 급사(急使)로 대륙군에 참가했으며, 포로로 억류된 중에 영국군 장교의 칼에 찔렸다는 일화[6]가 남아 있다. 그 이후 테네시가 주로 승격하자 하원의원에 선출되어 정치가로서의 기반을 굳히는 한편, 농장주로서도 성공을 거두어 내슈빌 부근에 광대한 면화 농장을 소유(흑인 노예가 100명을 넘었다)하는 남부 농장주의 면모도 함께 지니고 있었다. 1812년 전쟁 당시 뉴올리언스 전투에서 승리해 잭슨이 국민적 영웅으로 떠오른 것은 '새 미국사' 시리즈 제1권에서 다룬 바 있다.

이처럼 거칠고 촌스러우며 자수성가한 사람이 대통령으로 선출된 배경에는 백인 남자 보통선거를 제도화하고 대통령선거 방식을 민주화한 것이 크게 작용했다. 1812년 전쟁 이후에는 선거 자격에서 재산상 제한을 두는 조항을 철폐하도록 요구하는 운동이 일어났다. 이 운동은 북부 여러 주를 시작으로 승리를 거두었고, 그 결과 일정한 연령(대략 21세)에 이르면 모든 백인 남자에게 선거권이

---

6   당시 영국군 장교가 자신의 군화를 광택이 나도록 닦으라고 잭슨에게 요구했는데, 잭슨이 이를 거부하자 칼로 찔렀다고 한다._옮긴이

부여되었다. 영국은 19세기부터 수차례나 선거법 개정 운동을 전개하다가 20세기가 되어서야 이를 실현했는데, 미국은 19세기 초에 이미 선거법 개정을 실현했던 것이다(영국에서는 1832년의 선거법 개정으로 투표권을 갖게 된 사람은 5명 중 1명이었으며, 1885년의 개혁 이후에도 5명 중 3명뿐이었다). 유럽에서는 19세기 후반에 참정권을 갖지 못했던 노동자들에 의해 참정권 운동과 사회주의 운동이 전개되었으나 미국에서는 사회주의가 뿌리 깊지 않았는데, 이러한 차이가 나타난 것은 아마도 미국이 백인 남성에게 선거권을 부여한 것과 관련되었을 것으로 추정된다.

대통령선거를 실시하는 방식도 바뀌어 그때까지 주의회가 선출했던 선거인을 점차 일반 유권자가 직접 선발했고, 대통령선거는 실질적으로 국민에 의한 직접 투표가 되었다. 이처럼 국가원수를 보통선거와 직접선거로 선출하는 국가는 동시대에는 거의 존재하지 않았다.

이러한 제도 개혁은 서민들의 정치적 관심을 높여 대통령선거의 투표수는 1824년에는 36만 표였으나 잭슨이 당선되던 1838년에는 110만 표로 급증했다. 후보들은 선거전에서 가문을 내세우기보다 서민을 대변하는 통나무 오두막집에서 태어난 자수성가한 사람이라는 점을 강조했다. 통나무 오두막집을 강조하는 붐은 필자가 아는 바에 따르면 에이브러햄 링컨의 대통령선거까지 계속되었다. 대통령이 국민의 직접적인 대표자로 자리매김하는 것은 대통령 권한이 강화되는 것과도 연결되었다. 이는 대통령과 연방의회의 관계에도 영향을 미쳤다. 잭슨이 임기 중에 거부권을 행사한 횟수(12회)는 그때까지의 6명의 역대 대통령이 거부권을 행사했던 총 횟수 9회를 상회했다. 반대파는 "국왕 앤드루 1세"라고 비아냥거리며 과도한 거부권 행사를 비난하면서 국민을 대표하는 입법부의 권한을 지키려 했다.

한편 잭슨은 스포일스 시스템(spoils system)을 도입한 대통령이기도 했다. 스포일스 시스템은 엘리트층이 세습적으로 관직을 독점하는 악습에 종지부를 찍고 정당이 표를 얻는 데 헌신한 당원들에게 논공행상 차원에서 관직을 나누어주는 제도로, 정치적 민주화의 움직임 가운데 하나였다.

혐오스러운 관세와 은행 전쟁

다음으로는 잭슨 정권에서 쟁점화된 관세 문제와 제2합중국은행의 존폐 문제를 살펴볼 것이다. 이러한 문제의 원인은 잭슨을 옹립했던 민주당이 크게 3개의 파벌로 구성되어 있었다는 데 있었다. 즉, 북부 실업계의 이익대표(도로·운하 건설업, 운반업, 중소 제조업, 은행업), 남부 농장주의 이익대표, 서부 농민의 이익대표 등 3개의 파였다. 이익이 대립되는 3개의 파가 민주당 내에 동거했던 이유는 지방 중심적인 제퍼슨의 주권론 사상(연방 권한 강화 반대, 관민 제휴 부정, 자유무역 추진)을 거점으로 간신히 결속될 수 있었기 때문이다.

그러나 1828년 제정된 '관세법'은 일찍이 파벌의 이해대립을 표면화시켰다. 평균 세율 40%라는 높은 관세를 부과한 이 법은 기반이 약한 제조업을 지키는 보호관세로 북부에서는 환영을 받았지만 유럽에서 많은 제품을 수입하던 남부에서는 받아들이기 어려워 "혐오스러운 관세(Tariff of Abominations)"라고 불리며 비난을 받았다.

잭슨 정권이 발족한 이후 관세율이 다소 인하되어 남부 주의 일부도 이 타협안을 받아들였다. 하지만 칼훈은 남부 이익을 대표해 사우스캐롤라이나에서 특별 회의를 소집했으며 '관세법'이 헌법 위반이기 때문에 주 내에서는 무효라는 주 법안을 가결시켰다. 사우스캐롤라이나의 무효화 선언은 강한 주권론적 입장의 주장이었는데, 잭슨 대통령은 "주가 국가의 법률에 대해 무효를 선언할 수 있다는 주장은 연방의 존재와 양립되지 않으며, 헌법의 정신에 반하는 것이다"라며 이를 전면 부정했다. 대통령과 사우스캐롤라이나주의 관계는 긴장감이 더해졌고 연방군 파견이 준비되었다. 그런데 연방의회가 세율을 점차 인하하는 수정법을 제정했기 때문에 무력 충돌의 위기는 피했다.

또 하나의 현안은 제2합중국은행을 둘러싼 문제였다. 재무장관 알렉산더 해밀턴(Alexander Hamilton)의 제안으로 설립된 합중국은행(즉, 제1합중국은행)은

20년 후의 특허장 갱신이 인정되지 않아 1811년에 효력을 잃었다. 이것을 대신하는 제2합중국은행(본점은 필라델피아 소재) 설립이 1816년 4월에 인가되어 마찬가지로 20년의 특허장이 부여되었다. 20년의 특허장이 부여된 이유는 전쟁으로 심각한 인플레이션을 경험한 이후 전후의 재정 악화와 신용 불안을 타개하는 역할이 은행에 요구되었기 때문이다.

제2합중국은행은 민간 은행이면서 연방정부의 예금 보관소 역할을 수행했으며, 통화량을 조정하는 등 중앙은행과 유사한 기능도 수행했다. 또한 한편으로는 전후에 정부 주도로 내륙을 개발할 때 자금을 대량으로 공급하는 등 19세기 전반의 시장 혁명을 견인하는 역할을 수행하면서, 다른 한편으로는 북부의 신흥 기업가와 중소 제조업자에 대해 신용과 관련된 단속을 실시해 방만한 경영을 억제했다. 이 때문에 신흥 업자 사이에서는 제2합중국은행에 대해 적대시하는 마음이 들끓었다.

헨리 클레이는 제2합중국은행의 존폐 문제를 1832년 대통령선거의 쟁점으로 삼을 계획이었다. 합중국은행 총재 니콜라스 비돌(Nicolas Bidol)은 헨리 클레이로부터 촉구를 받아 1836년으로 설정된 은행의 특허 만료를 기다리지 않고 연방의회에 특허 갱신을 신청했고, 1832년 6월에 기간 연장이 상원·하원 양원에서 가결되었다.

그러나 잭슨 대통령은 그다음 달에 이 법안을 거부한다는 취지의 교서를 제출하고 법안을 의회로 다시 돌려보냈다. 잭슨은 교서에서 평등주의의 이념을 내세우면서 노동을 하지 않는 비생산자인 은행이 미국을 뒷받침하는 생산자인 농민과 직공에게서 부당하게 이익을 취하고 있다고 비난했다. 결국 1832년 대통령선거는 잭슨 219표, 클레이 49표로 잭슨이 재선에 성공했고, 제2합중국은행은 1836년 특허 만료로 특권적 지위를 상실해 1841년에 폐쇄되었다.

원주민에 대한 강제 이주 정책

잭슨이 이끄는 민주당 정권의 또 하나의 중요한 과제는 원주민 토벌과 강제

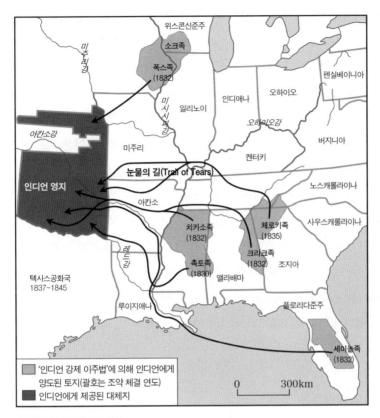

위스콘신준주

소크족

폭스족
(1832)

미주리강

미시시피강

일리노이

인디애나

오하이오

펜실베이니아

오하이오강

아칸소강

미주리

버지니아

인디언 영지

눈물의 길(Trail of Tears)

켄터키

노스캐롤라이나

아칸소

체로키족
(1835)

사우스캐롤라이나

처카소족
(1832)

크리크족
(1832)

조지아

텍사스공화국
1837~1845

레드강

촉토족
(1830)

앨라배마

루이지애나

플로리다준주

세미놀족
(1832)

'인디언 강제 이주법'에 의해 인디언에게
양도된 토지(괄호는 조약 체결 연도)

인디언에게 제공된 대체지

0   300km

〈그림 1-2〉 인디언 강제 이주

이주였다. 잭슨은 1829년 12월 발표한 제1차 연차 교서에서 조지아와 앨라배마의 원주민을 미시시피강 서쪽으로 이주시킬 의향이 있음을 표명했다. 연방의회는 이에 따라 이듬해 5월에 '인디언 강제 이주법'[7]을 제정하고 50만 달러의 특별 지출을 승인했다.

루이지애나를 구입한 이래 원주민을 미시시피강 서쪽으로 이주시키려는 구상은 이미 있었지만, 이는 어디까지나 설득을 통해 자발적으로 진행하려 했기

---

7   'Indian Removal Act'를 일컫는다. _옮긴이

때문에 지체되어 진전되지 못했다. 하지만 서부 여러 주에서도 남부 노예주에서도 원주민의 토지를 갈망하는 목소리가 컸다. 국민적 염원에 부응하기 위해 자발적 이주의 원칙을 강제 이주로 전환한 것은 1812년 전쟁 당시 앨라배마의 크리크족 토벌에서 명성을 떨쳤던 잭슨이었다. 강제 이주 계획은 그다음의 마틴 밴 뷰런(Martin Van Buren) 정권(1837~1841년 재임)에서도 계속되었다.

'인디언 강제 이주법'에 따라 연방정부는 각 부족에게 이주 조약을 체결하도록 압박하고 1840년대 중반까지 10만 명의 원주민을 인디언 영지(지금의 오클라호마) 등의 대체지로 강제 이주했다. 이 정책에 대해 세미놀족이 제2차 세미놀 전쟁(1835~1842)을 일으켜 무력 투쟁을 시도했고 체로키족은 법정 투쟁을 통해 저항하려 했지만, 정책은 번복되지 않았다. 체로키족은 강제 이주 과정에서 인구의 3/4에 해당하는 약 4000명을 잃었고 크리크족은 3500명이 목숨을 잃었다. 이른바 '눈물의 길(Trail of Tears)'이라고 불리는 강제 이주의 비극은 서부 개척의 역사와 미국 민주주의의 역사에 깊은 그림자를 드리우고 있다.

4. 북부 개혁운동

제2차 각성 운동과 사회개혁 운동

잭슨의 시대는 시장 혁명으로 공업화와 도시화가 진전되고 옛 공화국이 급격하게 변모하면서 사람들의 전통적인 유대가 단절된 시대였지만, 그러한 변화에 위기감을 느낀 사람들이 다양한 사회개혁 운동을 실천한 시대이기도 했다. 개혁 운동은 안식일 준수, 교육 개혁(공교육 정비), 금주 운동, 여성해방운동, 유토피아 공동체 건설, 노예제 즉시 금지 운동, 결투 금지, 형무소와 정신병원 개혁, 채무자 투옥 금지 등 다양한 영역에 걸쳐 있었다.

이러한 개혁 운동의 원동력이 된 것은 종교의 힘이었다. 1790년대 후반부터 시작되었고 제2차 각성 운동이라고도 불리는 신앙 부흥 운동은 1820년대에는 뉴욕주 서부로 확대되어 1840년대 후반까지 계속되었다. 특히 찰스 피니(Charles Finney)와 존 노이스(John Noyes)가 제창했던 기독교 완전주의의 설교를 계기로 개혁 운동이 추진되었는데, 이리 운하 부근의 뉴욕 서부는 종교적 화염에 불타버린 지구라고 불릴 정도였다. 그런데 사회개혁 운동가는 휘그당 아래에 집결했고, 개혁 반대파는 앤드루 잭슨을 자신들의 대변자로 간주하면서 민주당을 정치적으로 의지할 곳으로 삼았다.

개혁의 실제 사례를 살펴보자. 가장 성공을 거둔 개혁 운동은 개혁자들이 빈곤, 범죄, 가족 불화의 원인으로 간주했던 알코올을 단속하는 성전이었다. 당시 미국인의 음주벽은 유럽인의 눈에 이상하게 비춰졌으며, 토크빌이 합중국에 체재하던 시기에는 음주벽이 원주민에게까지 만연하고 있음을 한탄하는 기록을 남기기도 했다. 당시 위스키가 대량으로 나돌았던 이유는 물류가 발달하지 않았던 당시 서부의 오지에 거주하는 농민들이 잉여 곡물을 시장에 출하할 때 증류주로 가공해 시장에 출하함으로써 수송비용을 절약했기 때문이다.

1830년대 이래 일어난 금주 운동에는 여성들이 적극적으로 참가해 전국적인 규모로 전개되었다. 1833년에는 전미 24개 주 중에 21개 주의 대표가 필라델피아에 모였고 합중국 금주연합이 조직되었다. 또한 금주를 법률로 규정하는 움직임도 생겨나 메인주가 1851년에 주 내에서 알코올 제조와 판매를 금지하는 법률을 제정하자 1855년까지 12개 주 및 준주에서 이와 동일한 금주법이 제정되었다.

여성해방운동

사회개혁 운동이 일어난 시대는 여성이 자신의 권리 의식을 자각한 시기이기도 했다.

시장 혁명으로 도시 지역에 공장이 출현하고 새로운 중산계급이 형성되기 시작하자 가정과 생산 활동의 장이 나뉘어, 직장에서 일하는 남성과 가정에서 가사와 육아에 전념하는 여성이라는 성별 간 역할 분업이 생겨났다. 1830년대부터 1850년대에 걸쳐 간행된 일반인을 위한 서적에는, 가정은 사리사욕이 횡행하는 사회로부터 도피할 수 있는 안락한 장소이므로 여성은 가정적이어야 한다는 내용이 설파되었다.

하지만 도시의 일부 여성을 제외하면 이 가정 숭배의 이데올로기는 현실감이 없었다. 실제로 농가나 기술자 가정의 여성들이 임금노동에 종사하는 사례는 거의 없었다. 따라서 여성들은 뉴잉글랜드의 로웰 방직공장처럼 농가의 딸들이 일하기에 이상적으로 간주되었던 직장에서마저도 노동 운동에 참가했다. 공업화 사회를 살아가는 여성과 사회개혁의 관계가 심화되었던 것이다. 그 결과 여성 개혁자를 비판하는 창끝은 순종, 정절, 경건 등의 미덕을 여성에게 강요하는 시대의 통속적인 도덕에 겨누어졌다.

여성해방운동의 기점도 사회개혁 운동에서 찾아볼 수 있다. 1848년 7월, 여성 활동가 엘리자베스 케이디 스탠턴(Elizabeth Cady Stanton)과 루크레시아 모트(Lucretia Mott)의 주도하에 뉴욕의 세네카 폴스에서 미국 역사상 최초로 여성의 권리를 호소하는 대회가 개최되었다. 스탠턴이 기초한 '권리 및 소감 선언문(Declaration of Rights and Sentiments)'에는 "우리는 다음과 같은 진리를 자명한 것으로 여긴다. 즉, 모든 남녀는 평등하게 창조되었으며, 조물주에 의해 일정하게 양도할 수 없는 권리를 수여받았다. 이러한 권리에는 생명, 자유, 행복 추구가 포함되어 있다. …… 인류의 역사는 여성을 마음대로 다루는 것을 직접적인 목적으로 삼아 남성이 거듭해서 여성의 권리를 침해하고 찬탈해 온 역사이다"라고 했다. 300명 이상의 참가자 가운데 남성 참가자는 40명이었으며, 그중에는 노예제 폐지 운동을 벌였던 프레더릭 더글러스(Frederick Douglass)도 있었다.

〈그림 1-3〉 프레더릭 더글러스 (1870년)

그림케 자매(Grimké sisters)[8] 등 여성 활동

가 중에는 노예의 사회적 지위와 여성의 지위가 가진 공통점에 대한 관심 때문에 노예제 반대 운동에 참가한 사람도 많았는데, 이러한 문제의식은 여성의 투표권, 재산 소유권 등 사회적 권리를 요구하는 운동으로 연결되었다.

유토피아 공동체의 건설

공업화 사회가 만들어낸 경쟁과 이기주의에 대항하면서 평등과 협동에 입각한 이상 사회를 건설하는 유토피아 공동체 실험이 시도된 것도 이 시대였다. 이러한 공동체로는 영국의 실업가 로버트 오언(Robert Owen)이 건설했던 인디애나주의 뉴하모니(New Harmony, 1825~1827), 랠프 월도 에머슨(Ralph Waldo Emerson) 등 동시대의 초월주의자들이 지원했던 것으로 유명한 브룩 팜(Brook Farm) 공동농장(1841~1846)[9] 등이 있지만, 이들은 모두 단명으로 끝났다.

그러나 몰몬교[10]이면서 완전주의자인 존 노이스가 만든 오네이다 커뮤니티(Oneida Community) 등 종교적 지향이 강한 공동체는 성공했다. 몰몬교(예수 그리스도 후기성도 교회)란 1830년 조셉 스미스(Joseph Smith, Jr.)가 '모두 불타버린 지구'의 마을 팔미라에서 창설한 새로운 종교였다. 서부의 프런티어에서 시온(지상의 왕국)을 건설하고 원주민을 개종하는 것을 사명으로 하는 몰몬교도들은 1839년 당시 프런티어의 최전선이었던 일리노이주 남부로 이주해 거대한 신전을 짓고 일리노이주 굴지의 도시로 만들어냈다. 하지만 1834년 몰몬교를 만든 교조 조셉 스미스는 일부다처제를 제창한 것이 반감을 사 이듬해에 폭도의 손에 살해되었다. 브리검 영(Brigham Young)을 새로운 지도자로 선출한 몰몬교도들은 미국의 영역 바깥으로 탈출하고자 기도하면서 이른바 몰몬 트레일(Mormon Trail)이라고 불리는 길을 개척했다. 그 결과 1847년 지금의 유타주

---

8   사라 그림케(Sarah Grimké)와 안젤리나 그림케(Angelina Grimké)를 일컫는다._옮긴이
9   브룩 팜 공동농장은 Brook Farm Institute of Agriculture and Education 또는 Brook Farm Association for Industry and Education으로 불리기도 했다._옮긴이
10   모르몬교라고 불리기도 한다._옮긴이

그레이트솔트호(당시에는 멕시코령이었다)에서 이른바 약속의 땅을 발견해 냈다. 그들은 공동 작업으로 이 땅에 관개 용수로를 건설했으며 유타의 황야를 오아시스로 변모시키는 데 성공했다.

한편 오네이다 커뮤니티란 완전주의를 제창한 존 노이스가 신도들을 데려와 뉴욕주 오네이다 카운티에 1848년 창설한 종교 공동체를 말한다. 존 노이스는 인간은 그 누구라도 죄로부터 해방될 수 있고 도덕적 완전을 달성할 수 있다면서 전통적인 칼뱅주의 가르침을 부정했다. 이 공동체에서는 사유 재산제가 부정되었고 재산을 공동 소유했다. 그뿐만 아니라 일부일처제도 인간을 소유욕의 노예로 만들어버린다고 여겨 결혼 상대를 정기적으로 바꾸는 복합 결혼이라는 성 관련 제도를 실시했다. 또한 아이들은 모두 공동체의 탁아소에서 양육되었다.

5. 노예제도와 남부 사회

미국식민협회 창설과 라이베리아

미국 내에서는 1808년 노예무역이 금지되는 한편, 국제적으로는 19세기 전반에 영국의 주도로 노예무역 폐지 캠페인이 전개되었다. 이에 합중국 정부는 흑인 노예제와 관련해 자유주인 북부와 노예주인 남부의 이해를 초월한 대처 방법을 강구해야 했다. 그 결과 1816년 12월 말, 미국식민협회(American Colonization Society: ACS)[11]라는 조직이 창설되어 자유 흑인을 아프리카로 송환하는 사업에 착수했다.

자유 흑인은 식민지 시대부터 있었던 법적 지위로, 노예 신분이 아닌 흑인을 지칭한다. 대서양 연안 중부의 상황을 보면, 1799년에 뉴욕이 점차적인 노예해

---

11   정식 명칭은 'The Society for the Colonization of Free People of Color of America'이다. _
     옮긴이

방령을 제정하자 1804년에는 뉴저지가 그 뒤를 이었고, 1803년에 주로 승격된 오하이오에서도 북서부조례에 기초해 노예제 도입이 금지되었다. 중남부에서도 노예주 대다수가 노예해방을 실시했기 때문에 자유 흑인은 전체 흑인 인구의 13% 정도로까지 증가했다.

미국식민협회가 노예해방 이후의 구상으로 흑인의 식민화를 제안했다면 남북 간에 격렬한 논의가 일어났을 것이다. 하지만 노예제 확대나 폐지론과는 무관하게 10% 남짓까지 증가한 골칫덩어리 같은 존재였던 자유 흑인만을 대상으로 아프리카로 송환하는 사업에 착수한 것은 이 시대다운 발상이었다. 중남부의 자유 흑인은 주변의 노예들에게 권리 의식을 싹트게 만들었으며 노예를 길들이는 데서도 나쁜 사례로 간주되었다.

미국식민협회의 초대 회장에는 조지 워싱턴의 조카로 연방대법원 판사였던 부시로드 워싱턴(Bushrod Washington)이 취임했고, 제2대에는 독립선언의 서명자 중 한 명인 찰스 캐럴(Charles Carroll), 제3대에는 제임스 매디슨, 제4대에는 헨리 클레이가 취임했다.

1819년 3월에는 연방의회가 자유 흑인을 송환하는 장소를 확보하기 위한 예산을 마련했고, 1821년 12월 먼로 대통령은 해군 대위 로버트 스톡턴(Robert Stockton)을 아프리카 서해안에 파견해서 현지의 족장[12]으로부터 순조롭게 식민지를 획득했다. 이 토지는 라틴어의 자유인(liber)이라는 명칭을 따서 라이베리아(Liberia)라고 명명되었고, 수도는 먼로 대통령의 이름을 따서 몬로비아(Monrovia)라고 이름 붙였다.

라이베리아 식민지를 건설한 배경에는 당시의 국제적인 노예무역 폐지 캠페인이 관련되어 있다는 사실에 주목해야 한다. 당시 영국은 노예무역을 금지했을 뿐만 아니라 강력한 해군력으로 해상을 순찰하면서 노예선을 나포했다. 영국은 자신들이 보호하는 노예를 인도의 고아 지역에서 기독교로 개종시킨 뒤

---

12 졸루 두마(Zolu Duma)를 지칭하며, King Peter로 일컬어지기도 한다. _옮긴이

해방노예로 아프리카로 송환하는 활동을 전개했다. 영국인들이 그때 만들었던 마을은 프리타운(자유 마을)이라고 불리는 인공도시였다. 지금의 시에라리온의 수도를 비롯해 아프리카에는 이때 무수히 많은 프리타운이 출현했다.

아프리카 사회에서 노예무역이 금지되고 노예제가 해체되는 커다란 역사적 전환의 과정에서 라이베리아 식민지도 탄생했다. 미국식민협회는 1830년까지 합계 1421명, 1831년부터 1840년까지 10년간 합계 2403명의 흑인을 라이베리아로 송환했다.

그런데 라이베리아 식민지는 1847년에 미국으로부터 독립해 라이베리아 공화국이 되었는데, 이는 아이티에 이어 세계 역사상 두 번째의 흑인 공화국이었다. 건국 당시에는 미국에서 이주해 온 흑인이 약 2만 명까지 증가했는데, 그들은 경건한 기독교도로 영어를 자유롭게 구사했다. 미국식 생활양식을 체득한 그들은 라이베리아의 새로운 지배층이 되어 현지의 아프리카인들을 사실상 식민지 형태로 지배했다.

노예제 폐지 운동

한편 북부 사회에서는 앞에서 언급한 제2차 각성 운동의 영향을 받은 개혁운동으로 노예제 폐지 운동이 개시되었다. 영국이 세계적인 노예무역 폐지 운동을 전개하기 시작해 영국령 식민지에서 실시되는 노예제를 위법으로 간주하는 '노예제 폐지법'(1833)이 제정되었을 무렵, 윌리엄 개리슨(William Garrison)은 1831년《리버레이터(The Liberator)》라는 신문을 창간했으며, 1833년에는 미국노예제반대협회(American Anti-Slavery Society: AASS)를 설립했다. 이른바 노예제 즉시 폐지 운동이 시동을 건 것이었다.

〈그림 1-4〉 윌리엄 개리슨 (1870년 무렵)

이 운동은 기존의 단계적인 유상 해방, 해방

노예의 식민이라는 방법과 달리, 노예에 대해 즉시적이고 전면적이고 무상인 국내 해방을 제창했다는 점이 특징이다. 미주리 논쟁이 일어난 1820년 무렵까지 노예제는 조부 세대부터 계승되어 온 제도였으며, 현세대 노예주는 책임을 추궁당하지 않는 자연악 같은 것으로 간주되었다. 하지만 노예제 즉시 폐지론자들은 노예제는 노예주 개개인이 책임져야 하는 도덕적 악이므로 즉시 회개를 통해 노예해방을 실천해야 한다고 주장했다.

남부 사람들을 윤리적으로 단죄하는 노예제 폐지론자들이 등장하면서 남부에서는 노예제 옹호론자들이 급부상했다. 옹호론자들은 노예제를 필요악으로 변호하는 것이 아니라 적극적인 선으로 정면에서 정당화했다. 그때 아리스토텔레스의 선천적 노예인설과 신약성서의 내용이 자주 언급되었다. 또한 인종학적 옹호론에 입각해 흑인과 백인 간에는 초월하기 힘든 우열이 있다고 강조하면서, 강력한 인종 차별 의식을 토대로 노예를 소유하지 않은 계층에 속한 백인과 단결하는 일도 있었다.

미국노예제반대협회는 각지에서 강연회를 개최하고 과거 노예들의 경험을 책으로 출판하면서 여론을 환기시켰다. 1838년에 도망치는 데 성공해서 나중에 흑인 지도자가 되는 프레더릭 더글러스도 이 협회에서 강연자로 심도 있는 연구를 축적했으며, 최초의 자서전『미국인 노예, 프레더릭 더글러스의 인생 이야기(Narrative of the Life of Frederick Douglass, an American Slave)』(1845)를 간행했다. 그런데 노예제 폐지론자들은 강연 장소에서 린치나 박해를 당하는 일도 자주 있었다. 엘리야 러브조이(Elijah Lovejoy)는 일리노이주에서 노예제 반대를 표방하는 신문《옵저버(Observer)》[13]를 발행했는데 폭도들은 인쇄기를 여러 차례 파괴한 후 결국 러브조이를 살해했다.

한편 북부의 노예제 폐지 운동도 내부에 대립의 불씨를 안고 있었다. 존 노이스의 완전주의를 지지하는 보스턴의 개리슨파는 신만이 유일한 심판자이자 통

---

13   정식 명칭은《앨턴 옵저버(The Alton Observer)》이다._옮긴이

치자라는 입장이었는데 노예제에 손을 대는 미국 정부로부터 탈퇴한다고 선언하면서 무정부주의적인 입장으로 바뀌었다. 한편 개리슨파가 지향하는 바와는 반대로 찰스 피니를 지지하는 뉴욕파는 정치 활동으로 점차 이동하면서 1839년에는 최초의 노예제 반대 정당인 자유당을 결성하기에 이르렀다. 잭슨 시대의 정치가들이 함구령(Gag rule, 연방의회에 송부되는 노예제 즉시 폐지론자의 청원서를 취합하지 않고 미루기로 한 법령)을 통해 노예제 문제를 적극 저지하고자 하던 가운데, 노예제 문제에 대한 관심을 높이고 정당 재편의 계기를 만듦으로써 자유토지당이 탄생하는 구실을 제공한 것은 이 뉴욕파의 운동이었다. 즉, 1854년에 결성되는 공화당의 원류를 따라가다 보면 노예제 폐지운동과 관련된 개혁운동이 하나의 기원이 되었음을 알 수 있다.

면화 왕국의 발전

시장 혁명으로 북부 사회가 크게 변모하고 노예제 폐지 운동이 본격적으로 전개되기 시작하던 시기에 남부의 노예제 사회에서는 어떤 일이 일어나고 있었을까?

최초의 영구적 식민지인 제임스타운이 건설되던 때부터 1808년 노예무역 금지를 거쳐 남북전쟁까지의 기간 동안 합중국에 수입되거나 밀수입된 흑인 노예는 50만 명 남짓에 불과했다. 하지만 1770년대 무렵까지 자연 증가로 인해 노예를 새로 수입하지 않더라도 변통할 수 있을 정도로 노예 인구는 꾸준히 신장세를 보였다. 이것은 남미와 카리브해의 노예제가 대량의 노예를 사용하고 버리는 상품으로 소비해 항상 신규 흑인 노예 수입을 필요로 했던 것과는 다른 점이다. 지주가 부재하는 경우가 많았던 카리브해의 농장에서는 남성 노예가 압도적으로 많아 자연 증가를 바랄 수 없었지만, 합중국에서는 흑인 여성이 아이를 낳는 성으로 착취되면서 높은 출생률이 유지되었다.

건국 이후 정치를 담당했던 버지니아의 노예주들에게는 노예제의 미래가 결코 밝지 않았다. 담배 가격 폭락에 더해 연작으로 토지 고갈이 심각해지자 무거운 부담을 떠안게 된 농장주가 많았기 때문이다.

〈그림 1-5〉에서 제시하는 바와 같이, 노예제 농장의 주요 작물은 지역별로 마(삼), 쌀, 사탕수수, 담배 등 다양했다. 하지만 1820년의 면작 중심지와 면화 생산량의 추이를 나타내는 〈그림 1-5〉의 상단과 중단에서 드러나는 바와 같이, 이 사이에 면화 생산량이 급증했고 생산지는 대서양 연안의 사우스캐롤라이나와 조지아 2개 주에서 멕시코만 연안의 앨라배마, 미시시피, 루이지애나의 3개 주로 최남부를 횡단하는 형태로 확대되었음을 알 수 있다(텍사스주에 면화 재배가 도달한 것은 1850년대에 들어선 이후였다).

독립혁명 당시에는 면화가 고가의 장섬유 품종을 재배하는 시 아일랜즈(Sea Islands)[14] 농장주들에게만 유리한 수출 작물이었다. 단섬유의 면화는 내륙에서도 재배가 가능했지만, 점착성(끈끈하게 달라붙는 성질)을 지닌 목화씨가 섬유에 얽혀 분리해 내기가 어려웠기 때문에 시장에 내놓는 상품으로는 적합하지 않았다. 하지만 1793년 일라이 휘트니(Elias Whitney)가 섬유에서 목화씨를 제거하는 기구인 조면기를 발명하자 노예제는 한숨 돌릴 수 있었고 조면기는 대서양 연안의 주에서 서쪽으로 급속하게 확대되었다.

면화 생산은 19세기 중엽 글로벌 자본주의의 선망의 대상이었으며, 전 세계에서 약 2000만 명이 면화의 글로벌 공급과 관련된 업무에 종사했다. 1840년에는 남부의 면화 생산고가 세계의 60%에까지 달했다. 면화는 북부 상인, 특히 뉴욕의 해운업자를 매개로 영국에 보내졌고, 랭커셔 등의 공장에서 직물로 가공되었다. 면화 가격은 리버풀 등의 외국 시장에서 결정되었다.

주요 상품 작물이 면화 생산에 집중되기 시작하자 노예제가 쇠퇴하고 있던 대서양 연안 주에서 최남부로 노예가 전매되고 노예가 왕성하게 이동했다. 대서양 연안 주는 이른바 노예 사육업이라고 불리는 역할을 담당해 건강한 젊은 여성 노예에게 다산을 장려했으며 때로는 노예주들이 노예의 난교도 인정했다

---

14   사우스캐롤라이나주, 조지아주, 플로리다주 등 동남부 연안의 제도를 뜻한다._옮긴이

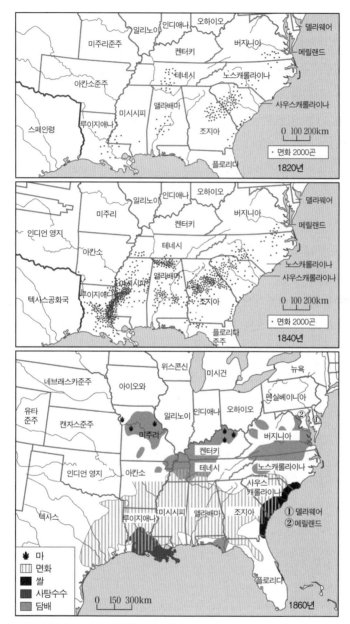

〈그림 1-5〉 남부 면화 왕국의 발전(1820~1860)

곤(梱, 짝)은 포장한 화물의 양을 표시하는 단위로, 생사(명주실) 1곤은 약 34kg, 면사(무명실) 1곤은 약 181kg이다. _옮긴이

〈그림 1-6〉 노예무역이 금지된 이후 미국 내에서 왕성해진 노예 판매와
이동(제2의 중간 항로). 루이스 밀러 그림(1850년대)

고 한다. 1830년부터 1860년까지 30년간 버지니아로부터 30만 명, 메릴랜드와
켄터키로부터 각각 7만 5000명, 노스캐롤라이나로부터 10만 명, 사우스캐롤라
이나로부터 17만 명의 노예가 제2의 중간 항로라 불리는 대이동을 경험했다.

남부의 백인 사회 구조

19세기 남부의 백인 사회는, 1850년을 예로 들면 백인 618만 명 중에 노예
소유자의 호주가 겨우 35만 명(남부 백인 인구의 5.6%)이었다. 가족을 포함하더
라도 노예를 소유한 계급은 백인 전체의 1/3에 불과했으며 2/3는 노예를 1명도
소유하지 않는 노예 비소유 계층이었다.

또한 소유한 노예의 수로 노예 소유자를 분류해 보면, 35만 명 중에 소유한
노예의 수가 1~4명인 영세 노예 소유자가 약 17만 5000명으로 절반을 차지했
고, 20명 이상의 노예를 소유한 농장주는 3만 6000명, 100명 이상의 노예를 소
유한 사람은 남부 전체에서 겨우 1700명 정도(전체 노예 소유자의 0.4%)에 불과
했다. 자본을 토지와 노예 소유에만 투자하는 남부 사회에서는 소유한 노예의

수가 계급의 지표였으며, 특권적인 노예 소유자(노예주 과두제라고 불렸다)가 남부의 정치와 경제를 완전히 지배했다.

그러나 대저택에 거주하고 부유한 삶을 사는 농장주가 모두 식민지 시대에 남부에 이주해 온 젠트리 계층의 직계 자손이었던 것은 아니다. 오히려 개척 농민의 아들로 태어나 대통령에 오른 앤드루 잭슨이나 남부연합 대통령이 되는 제퍼슨 데이비스(Jefferson Davis)처럼 온갖 고초를 겪으면서 단기간에 재산을 모으고 성공을 이룬 남성도 많았다.

기사도를 중시하고 모욕을 결투로 청산하는 귀족 취미에 입각한 생활양식은 북부의 민주주의 사회와는 정반대였는데, 이러한 남부 특유의 풍습은 남북전쟁 이후에 상실된 대의[15]의 문화 속에서 지켜졌다.

노예를 소유하지 않는 자영농은 중남부에 많았는데, 애팔래치아산맥의 산기슭 지대가 대표적인 거주지였다. 또한 남부 백인 사회의 최하층에는 빈곤 백인이 있었으며 '백인 쓰레기(white trash)'라는 멸칭을 갖고 있었다.

흑인 노예의 생활 세계

남부 농장에 있는 흑인 노예 대부분은 해가 뜰 때부터 해가 질 때까지 노동하는 경작 노예였으며, 그밖에 가내 노예(하인, 요리사, 유모, 마부 등)와 직공 노예(목수, 대장장이) 등이 있었다.

〈그림 1-7〉은 조지아주의 노예 농장에서 호주가 사망해 노예와 가축이 경매에 붙여졌을 때의 포스터이다. 36명의 노예의 성명, 연령, 특징, 그리고 가격이 게재되어 있다. 제목에는 한 명이든 여러 명이든 구입할 수 있다고 적혀 있으며 모친, 부친, 아이가 서로 다른 농장에 매각되는 일도 상정하고 있었다는 점에서 노예에게는 가족을 유지할 권리가 인정되지 않았다는 사실을 알 수 있다. 또한 가격대를 살펴보면 1000달러가 넘는 노예(남자와 여자 포함)가 13명이었으므

---

15   영어로는 Lost Cause of the Confederacy, 또는 약칭으로 Lost Cause라고 불린다._옮긴이

Sale of Slaves and Stock.

The Negroes and Stock listed below, are a Prime Lot, and belong to the ESTATE OF THE LATE LUTHER McGOWAN, and will be sold on Monday, Sept. 22nd, 1852, at the Fair Grounds, in Savannah, Georgia, at 1:00 P. M. The Negroes will be taken to the grounds two days previous to the Sale, so that they may be inspected by prospective buyers.

On account of the low prices listed below, they will be sold for cash only, and must be taken into custody within two hours after sale.

No.	Name	Age	Remarks	Price
1	Lunesta	27	Prime Rice Planter,	$1,275.00
2	Violet	16	Housework and Nursemaid,	900.00
3	Lizzie	30	Rice, Unsound,	300.00
4	Minda	27	Cotton, Prime Woman,	1,200.00
5	Adam	28	Cotton, Prime Young Man,	1,100.00
6	Abel	41	Rice Hand, Eyesight Poor,	675.00
7	Tanney	22	Prime Cotton Hand,	950.00
8	Flementina	39	Good Cook, Stiff Knee,	400.00
9	Lanney	34	Prime Cottom Man,	1,000.00
10	Sally	10	Handy in Kitchen,	675.00
11	Maccabey	35	Prime Man, Fair Carpenter,	980.00
12	Dorcas Judy	25	Seamstress, Handy in House,	800.00
13	Happy	60	Blacksmith,	575.00
14	Mowden	15	Prime Cotton Boy,	700.00
15	Bills	21	Handy with Mules,	900.00
16	Theopolis	39	Rice Hand, Gets Fits,	575.00
17	Coolidge	29	Rice Hand and Blacksmith,	1,275.00
18	Bessie	69	Infirm, Sews,	250.00
19	Infant	1	Strong Likely Boy	400.00
20	Samson	41	Prime Man, Good with Stock,	975.00
21	Callie May	27	Prime Woman, Rice,	1,000.00
22	Honey	14	Prime Girl, Hearing Poor,	850.00
23	Angelina	16	Prime Girl, House or Field,	1,000.00
24	Virgil	21	Prime Field Hand,	1,100.00
25	Tom	40	Rice Hand, Lame Leg,	750.00
26	Noble	11	Handy Boy,	900.00
27	Judge Lesh	55	Prime Blacksmith,	800.00
28	Booster	43	Fair Mason, Unsound,	600.00
29	Big Kate	37	Housekeeper and Nurse,	950.00
30	Melie Ann	19	Housework, Smart Yellow Girl,	1,250.00
31	Deacon	26	Prime Rice Hand,	1,000.00
32	Coming	19	Prime Cotton Hand,	1,000.00
33	Mabel	47	Prime Cotton Hand,	800.00
34	Uncle Tim	60	Fair Hand with Mules,	600.00
35	Abe	27	Prime Cotton Hand,	1,000.00
36	Tennes	29	Prime Rice Hand and Coachman,	1,250.00

There will also be offered at this sale, twenty head of Horses and Mules with harness, along with thirty head of Prime Cattle. Slaves will be sold separate, or in lots, as best suits the purchaser. Sale will be held rain or shine.

〈그림 1-7〉 노예 경매 포스터(조지아주, 1852년)

로 높은 가격에 거래되었다는 것을 알 수 있다.

노예 경매와 관련된 이 같은 방대한 역사자료로부터 노예 가격의 추이를 파악할 수 있다. 경작 노예의 경우 1790년대에 300~400달러였던 가격이 1850년대에 1500~2000달러로 급상승했다.

6. 제국의 태동: 텍사스 합병과 미국-멕시코 전쟁

'명백한 운명'과 텍사스 합병 문제

미국은 1803년 루이지애나를 구입한 이래로 1840년대에 영토 확장의 시대를 맞이했다. 〈그림 1-8〉에서 보는 바와 같이, 미국은 텍사스(1845), 오리건(1846), 그리고 캘리포니아, 뉴멕시코(1848)를 포함하는 광대한 영토를 획득했고, 대서양 연안에서 태평양 연안에 이르는 대륙 국가가 되어갔다. 여기에 공헌한 사람은 앤드루 잭슨과 동일한 테네시 출신으로 민주당의 제11대 대통령 제임스 포크(James Polk, 1845~1849년 재임)였다.

이 시대를 상징하는 '명백한 운명(Manifest Destiny)'이라는 슬로건은 민주당 당원이었던 저널리스트 존 오설리번(John O'Sullivan, 1813~1895)이 《데모크라틱 리뷰(Democratic Review)》 1845년 7월/8월호에 실은 "병합론(Annexation)"이라는 제목의 글에서 최초로 사용되었다. 오설리번은 "매년 증가하는 수백만 명이나 되는 우리 국민의 자유로운 발전을 위해 신이 내려주신 이 대륙을 뒤덮으며 우리가 확대해 나아가는 것은 **명백한 운명**"(강조는 필자 추가)이라고 설명하면서, 텍사스 합병을 신의 뜻(Divine Providence)에 의한 국민의 사명으로 간주했다.

영토 확장이 진전된 과정

처음에 영토 확장의 목표로 삼은 것은 지금의 텍사스주 전역으로, 오클라호마, 캔자스, 콜로라도, 와이오밍, 뉴멕시코의 일부를 포함한 지역이었다. 1821년에 스페인으로부터 독립한 멕시코 신정부는 풍요롭기는 하지만 본국에서 멀리 떨어진 북방의 이 지역을 개발하기 위해 이 지역에 200세대 이상의 가족을 데려오는 것에 합의한 엠프레사리오(empresario)[16]라고 불리는 이주민들에게

---

16 스페인어로 기업가를 지칭하며, 텍사스 정착 초기에 멕시코 땅에 새로운 이주민을 모집할 때

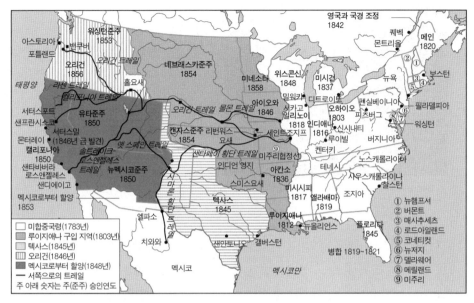

영국과 국경 조정
1842

퀘벡

워싱턴준주
1853

아스토리아
포틀랜드

밴쿠버

메인
1820

몬트리올

오리건 트레일

오리건
1856

태평양

홀요새

라젠 트레일

캘리포니아 트레일

네브래스카준주
1854

미네소타
1858

위스콘신
1848

미시건
1837

뉴욕

③ 보스턴

서터스포트
샌프란시스코

유타준주
1850

오리건 트레일 몰몬 트레일
1846

아이오와

밀워키

시카고
일리노이

디트로이트

오하이오
1803

펜실베이니아

필라델피아

서터스밀
몬터레이
캘리포니아
1850

(1846년 금 발견)
솔트레이크

캔자스준주
1854

리번워스
요새

세인트조지프

인디애나
1816

신시내티

피츠버그

워싱턴

버지니아

샌타바버라
로스앤젤레스
샌디에이고

로스앤젤레스
트레일

뉴멕시코준주
1850

샌타페이 횡단 트레일
인디언 영지

미주리협정선

⑨

아칸소
1836

켄터키

테네시

노스캐롤라이나

멕시코로부터 할양
1853

엑파소

스미스요새

미시시피
1817

앨라배마
1819

조지아

사우스캐롤라이나
찰스턴

① 뉴햄프셔
② 버몬트
③ 매사추세츠
④ 로드아일랜드
⑤ 코네티컷
⑥ 뉴저지
⑦ 델라웨어
⑧ 메릴랜드
⑨ 미주리

치와와

텍사스
1845

샌타페이

샌안토니오

갤버스턴

루이지애나
1812

뉴올리언스

플로리다
1845

병합 1819~1821

멕시코

멕시코만

☐ 미합중국령(1783년)
■ 루이지애나 구입 지역(1803년)
▤ 텍사스(1845년)
▥ 오리건(1846년)
■ 멕시코로부터 할양(1848년)
— 서쪽으로의 트레일
주 아래 숫자는 주(준주) 승인연도

〈그림 1-8〉 서부로의 확장(1800~1860)

광대한 토지를 무상으로 제공하는 이주 장려책을 제기했다.

이 정책은 미국 남서부에 있는 여러 주의 농장주와 개척 농민을 고무시켜 1830년까지 2만 2000명(흑인 노예 약 2000명 포함), 1835년까지 3만 5000명의 미국인이 텍사스의 거주민이 되었다.

멕시코 법률에서는 가톨릭으로 개종하는 것이 이주의 조건이었고 흑인 노예 도입도 금지되었다. 하지만 노예 소유자가 많은 미국인 이주민은 이 지역의 법률을 무시하며 먼저 자리를 잡고 있었던 멕시코인들과 대립했다. 1830년 4월 미국인의 이주가 금지되었지만 효과는 없었다.

그 결과 미국과 멕시코는 프런티어인 텍사스에서 충돌할 수밖에 없었다. 텍사스에 이주했던 미국인은 1836년 3월 2일, 멕시코로부터의 독립을 선언했다.

그 대가로 멕시코에 거주할 권리를 부여받았던 개인을 가리킨다._옮긴이

〈그림 1-9〉 「미국인의 전진(American Progress)」. 존 가스트의 그림(1872)

그런데 3월 6일 샌안토니오의 알라모 요새에서 200명이 채 안 되는 텍사스의 미국인 부대가 멕시코군의 공격을 받아 전멸했다. 하지만 4월 21일에 샌재신토강에서 벌어진 샌재신토 전투에서는 텍사스군이 "알라모를 기억하라"라고 외치면서 사기를 올리며 멕시코군에게 대승을 거두었다. 그 결과 텍사스 이주민은 1836년 10월 텍사스군을 지휘했던 샘 휴스턴(Sam Houston, 앤드루 잭슨의 친구로 테네시주의 전 주지사)을 대통령으로 선출하고 텍사스 공화국을 발족했으며, 합중국에 텍사스 공화국을 노예주의 하나로 병합해 주기를 바란다고 타진해 왔다.

남부 사람들은 합병을 바랐지만 노예제 폐지론자들, 많은 북부 사람들, 휘그당 당원들은 여기에 반대했다. 멕시코와 전쟁이 발발할 가능성도 있었기 때문에 잭슨 대통령은 텍사스 승인을 뒤로 미루었으며, 그다음에 취임한 마틴 밴 뷰런 대통령도 병합에는 신중한 자세를 취했다.

합중국 정부로부터 병합을 거절당한 텍사스 사람들 중에는 영국 정부와 결탁해서 텍사스 공화국의 영지를 태평양 연안까지 확장해야 한다고 주장하는 이도 있었다. 이러한 가능성을 우려해 테일러 정권에서는 칼훈 국무장관의 노력으로 1844년 4월 텍사스 합병조약을 조인하는 데 이르렀다. 하지만 노예주가 증가하는 데 대한 북부 의원들의 반발이 커서 같은 해 6월 연방 상원에 상정된 텍사스 합병조약은 찬성 16표, 반대 35표로 부결되었다.

오리건 열풍과 국경선 논쟁

남부 사람들이 텍사스 이주에 관심을 갖기 시작했을 무렵, 서부 및 북부의 사람들은 로키산맥 너머의 태평양 연안에 위치한 오리건(지금의 워싱턴주를 포함)에 관심을 가지기 시작했다. 루이스-클라크 탐험대(1804년 5월~1806년 9월)가 답사했던 태평양 연안 오리건의 정보를 토대로 보스턴의 교사 홀 켈리(Hall Kelly)가 많은 서적을 간행해 오리건을 '새로운 언덕 위의 마을'이라고 대대적으로 알린 것이 계기였다. 이후 비버의 모피를 노획하려는 모피 회사와 원주민을 전도하려는 감리교파 선교사들이 오리건에 들어왔는데, 그들은 백인 이주민을 위해 교회를 세웠다.

선교사 등이 이 태평양 연안의 풍요로움과 아름다움을 묘사한 보고서를 계기로 1841년 이래 오리건 열풍(Oregon Fever)이 일어났다. 이주자들은 덮개가 달린 마차 수백 대를 끌고 미주리강의 인디펜던스[17]를 기점으로 하여 전체 길이 3200km의 오리건 트레일(Oregon Trail)을 반년에 걸쳐 답파했으며, 1850년경에는 1만 1500명의 개척자가 오리건에 거주하며 정착했다.

이 지역은 1818년 이래 영국과 미국 간의 조약으로 공동 영유지가 되었는데, 골드러시 시기까지는 멕시코령 캘리포니아를 능가하는 인기를 끌었던 땅이다. 개척자들은 10 대 1의 비율로 오리건을 선택했다(19세기 후반이 되면서 캘리포니아로 유입되는 사람들의 수가 오리건에 유입되는 사람들의 수를 압도했다).

영국과 미국 양국이 공동 보유하는 오리건에 국경선을 어떻게 그을 것인가 하는 문제는 장기간의 현안이었다. 존 퀸시 애덤스 대통령은 퓨젓만[18](지금의 워싱턴주에 위치)을 획득해 태평양 연안에 해군 기지와 중국 무역의 거점을 만드는

---

17 미주리강의 가장 서쪽에 위치해 있는 곳이다._옮긴이
18 퓨젓만은 영어로 퓨젓 사운드(Puget Sound)로 표기하며, 18세기 후반 이곳을 탐험했던 피터 퓨젓(Peter Puget)의 이름에서 유래되었다._옮긴이

구상을 갖고 있었으므로 북위 49도선을 주장했는데, 영국 측은 이 제안에 응하지 않았다. 하지만 미국 측의 요구는 매년 강경해졌고, 1834년에는 북위 54도 40분까지, 즉 오리건 전역을 획득해야 한다는 목소리까지 나왔다.

1844년 대통령선거 : 포크 대통령의 공약

텍사스 합병 문제와 오리건 문제가 부상하는 가운데 1844년 대통령선거의 해를 맞이했다. 휘그당과 민주당 양대 정당의 지도자인 클레이와 밴 뷰런은 텍사스 합병에 반대하는 입장을 표명하면서 이 문제를 선거전의 쟁점으로 삼지 않을 방침이었다.

그러나 민주당 전국대회에서 처음에 유력시되었던 밴 뷰런이 다크호스 제임스 포크에 의해 지명 경쟁에서 패배하자 민주당은 심기일전해 전체 오리건 획득과 텍사스 합병을 선거 슬로건으로 내세우며 선거전을 치렀다. '명백한 운명'론으로 국민들이 팽창주의에 열광했던 시기이기도 해서 대통령선거는 포크가 170표, 클레이가 105표의 선거인 표를 획득해 포크가 승리했다.

포크 대통령은 텍사스 합병과 오리건 획득이라는 공약을 실현하기 위해 신속하게 움직였다. 텍사스 합병에 대해서는 팽창주의를 지지하는 국민들의 목소리를 바탕으로 연방의회에서 상원·하원 양원의 공동 결의로 승인하자고 제안했고, 이 결의안은 찬성 다수로 승인되었다. 이로써 1845년 12월, 텍사스는 노예주로 연방에 가입되었다.

텍사스 합병으로 멕시코와 전쟁이 발발할 가능성이 높아졌기 때문에 오리건 문제에서는 퓨젓만을 확실히 획득하기 위해 49도에서 타협하는 안이 영국 측에 제안되었다. 하지만 1845년 7월, 영국 측이 이를 거부하자 포크는 54도 40분의 강경 노선으로 다시 돌아섰고, 같은 해 12월 발표한 최초의 연차 교서에서 "이 대륙의 주민들만이 자신의 운명을 결정할 권리를 갖고 있다. …… 남북 아메리카 대륙은 …… 향후 유럽 열강의 식민의 대상으로 간주되어서는 안 된다"라면서 먼로주의의 원칙을 재차 천명했다.

이듬해인 1846년 4월에는 연방의회가 오리건 단독 영유의 결의안을 상정했고, 6월에는 북위 49도를 경계선으로 삼는 것에 영국과 미국이 최종 합의에 도달했다(일명 오리건 조약). 이 조약에 따라 미국은 지금의 오리건주, 워싱턴주 및 아이다호주의 전역과 와이오밍주와 몬태나주의 일부를 획득함으로써 처음으로 태평양 연안에 영토를 획득했다.

미국-멕시코 전쟁

영토 확장을 시도했던 포크 대통령은 텍사스 공화국이 지배지로 주장했던 지역에 더해 캘리포니아와 뉴멕시코도 사정권에 넣은 후 멕시코 정부와 교섭을 개시했다. 1845년 12월 포크는 멕시코에 특사를 파견해 리오그란데강까지를 텍사스령(멕시코 측은 누에시스강까지라고 주장했다)으로 삼는 것과 동시에 캘리포니아와 뉴멕시코를 2500만 달러에 매수하겠다고 제안했다. 하지만 1846년 1월에 멕시코 정부가 이를 거절하자, 미국은 4월 25일 리오그란데강에서 발발한 전투를 계기로 5월 13일 멕시코에 선전포고를 했다. 미군은 1846년 여름에 샌타페이[19]를 공략한 이후 캘리포니아 전역을 장악했다. 이듬해 3월에는 베라크루스를 함락했으며 9월에는 멕시코시티를 제압했다.

북미 대륙에서 일어난 이 대규모 전투는 프랑스가 7년 전쟁에서 패배한 이후 일어난 것으로, 전쟁을 둘러싼 평가는 크게 나뉘었다. 남서부의 주민들은 이 전쟁을 열광적으로 지지했던 데 반해, 뉴잉글랜드의 주민들은 단호한 반대 입장을 취했다. 미국의 작가 헨리 데이비드 소로(Henry David Thoreau)는 합중국 정부가 "전쟁과 노예제를 중단하지 않는다"라고 이의신청을 제기했으며 시민 불복종[20]에 대한 실천으로 세금 지불을 거부해 투옥되었다. 1846년 8월에는 민주당 하원의원 데이비드 윌멋(David Wilmot)이 멕시코로부터 구입한 영토에서

---

19 스페인어로 '거룩한 믿음'을 의미한다._옮긴이
20 헨리 데이비드 소로는 1849년 『시민 불복종(Resistance to Civil Government)』을 출간했다._옮긴이

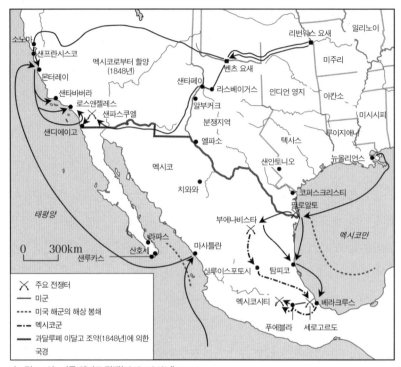

<그림 1-10> 미국-멕시코 전쟁(1846~1848년)

는 노예제를 금지해야 한다고 제안했는데, 이 안은 하원에서 가결되었지만 상원에서는 남부 의원들의 반대로 부결되었다[일명 윌멋 조항(Wilmot Proviso)].

　미국-멕시코 전쟁에서는 최종적으로 미군 측에서는 1만 3000명, 멕시코군 측에서는 5만 명의 전사자가 나왔다. 전쟁은 멕시코시티를 점령함으로써 종결로 향했다. 1848년 2월 2일, 멕시코 수도의 교외에 위치한 과달루페 이달고 마을에서 미국과 멕시코 간의 평화조약(과달루페 이달고 조약)이 체결되어, 멕시코는 리오그란데강 북쪽을 텍사스령(미합중국령)으로 인정했고 아울러 캘리포니아와 뉴멕시코(지금의 네바다주, 유타주, 애리조나주)를 1500만 달러에 양도하는 것에 합의했다.

대륙 국가의 완성: 골드러시가 만들어낸 세계

마지막으로 대륙 국가가 탄생한 역사적 의의에 대해 정리해 보자.

지금까지 미합중국의 일국사 틀에서 동부 13개 주로 시작된 신흥 국가가 독립 이후 영토를 매수하고 프런티어를 개척해서 최종적으로 캘리포니아를 영유하는 대륙 국가가 되기까지의 여정을 묘사해 왔다.

하지만 태평양까지 도달한 이 대륙 국가가 토머스 제퍼슨이 주장했던 자유의 제국의 청사진과 겹친다는 점을 간과해서는 안 될 것이다. 독립적인 자영농민이 이주한 프런티어를 소유자가 없는 주인 없는 땅으로 정함으로써, 미국인은 이 영토 확대를 자유와 민주주의의 확대로 여겼다. 서부는 미국에게 신에 의해 대륙으로 확대하도록 정해졌던 미국이 제국이 되었음을 증명하는 토지였으며, 자유 신분으로 태어난 미국인에게 국민적 신화를 이루는 공간이었다. 미국은 조기 단계부터 태평양으로 진출하는 대륙 국가의 꿈을 구상해 왔다. 건국 시기부터 중국 무역을 통해 이윤을 남겼던 뉴잉글랜드의 상인들은 광둥, 하와이, 동해안을 잇는 상업 네트워크의 형성을 추구했으며, 1840년대에는 대륙 횡단 철도를 건설하기 위한 로비 활동을 개시했다.

캘리포니아는 미국에 병합될 때까지 주인 없는 땅이었던 것은 아니었다. 미국사에서는 프런티어가 소멸한 시기를 서부 개척과 경제 개발에 전력했던 1890년까지로 파악하는 경향이 있지만, 19세기 전반의 미국의 영토 확대는 미국 제국의 팽창 그 자체였으며, 이는 유럽과의 식민지 쟁탈전의 일부이기도 했다. 미국이 영토를 확대해 온 역사는 대륙 국가로서의 국민국가를 형성하는 과정인 동시에 제국으로서의 미국을 형성하는 과정이었음을 잊어서는 안 된다.

다음 장에서 설명하는 골드러시에 의해 전 세계에서 캘리포니아로 30만 명의 이주자가 유입되었는데, 이들이 언제 어떤 순서로 어떤 교통수단을 통해 이곳으로 왔는지를 상세하게 조사하면 매우 흥미로운 사실을 알 수 있다. 처음에 도착한 다수의 사람은 하와이, 칠레, 페루, 중국 등에서 온 금광 채굴 해외팀이었다. 태평양을 왕래하던 상선과 포경선, 해달잡이 선박 등은 미국의 동해안과 유럽보

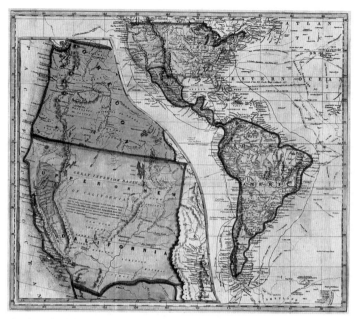

〈그림 1-11〉 캘리포니아의 금광으로 향하는 사람들을 위해 만든 지도(1849년). 파나마 지협 경로, 남미 최남단 혼 곶을 경유하는 해로, 대륙을 횡단하는 육로 등 각 경로를 이용할 때의 주의 사항이 기록되어 있다.

다 빨리 정보를 입수했던 것이다. 즉, 캘리포니아를 점유함으로써 대륙 국가를 완성했다는 이야기와 달리, 실제로는 서해안으로 육로나 덮개가 달린 마차로 도착하기는 어려웠으며 서해안은 동떨어져 있어 육지의 외딴섬 상태였다.

서부 개척으로 일관된 국민사의 마지막 장에 등장하는 도시라고 일컬어졌던 샌프란시스코는 300년에 걸친 스페인의 지배하에서 라틴 아메리카에 뻗어 있던 교역 네트워크와 더욱 강하게 연계되어 있었던 것이다. 샌프란시스코는 태평양 연안에 바다 네트워크를 가지고 있어서 필리핀 마닐라와의 갤리언 무역[21]의 중요한 거점이었던 멕시코 아카풀코와 역사적으로 깊은 관계를 지니고 있었

---

[21] 갤리언은 16~17세기 유럽의 전형적인 외항용 범선을 일컫는다. 여기에서는 스페인의 과거 식민지였던 필리핀의 마닐라에서 멕시코의 아카풀코에 이르는 지역 간에 이루어진 무역 등을 일컫는다. _옮긴이

으며, 스페인의 식민지 활동에서 전선 기지 역할을 수행했던 파나마와도 연결되어 있었다. 이 때문에 금광 채굴을 위해 만든 지도에서는 남미 혼 곶을 경유하는 경로, 중미 파나마의 지협 경로 등 바다 네트워크를 여행자에게 추천하고 있다(<그림 1-11> 참조).

아시아와 서해안을 잇는 바다 네트워크와 관련해서 보면, 1854년에 미국이 미일 화친조약을 체결한 이유는 홍콩과 미국의 서해안을 잇는 상선과 북태평양을 조업 영역으로 삼는 포경선을 보급하기 위한 기항지를 확보하기 위해서였다. 흑선이라고 불리는 증기선이 일본에 가져온 근대의 문은 태평양을 사이에 두고 존재했던 항만 도시 샌프란시스코와도 연계되어 있었던 것이다.

제2장

남북전쟁

게티즈버그 전투
Harper's Weekly(1863.8.8)

1. 연방의 분열

노예제를 둘러싼 대립

미합중국은 미국-멕시코 전쟁으로 캘리포니아, 뉴멕시코 등의 광대한 영역을 획득했다. 환대서양 세계에서 탄생한 이 국가는 19세기 중반에는 태평양에 도달했고 거대한 대륙 국가가 되었다.

그러나 판도가 확대되면서 심각한 정치 과제도 초래되었다. 즉, 멕시코에서 할양받았던 새로운 서부 영토를 어떤 형태로 연방에 편입시킬 것인지를 둘러싸고 대립이 발생해, 미주리 타협(1820)에 의해 유지되어 온 자유주와 노예주 간의 미묘한 정치 균형(각기 15개 주로 수가 같았다)이 동요하는 계기가 되었던 것이다.

앞 장에서 다룬 바와 같이, 남부의 면화 산업은 18세기 말 일라이 휘트니가 조면기를 발명한 이래 생산량이 증가하기 시작해, 1850년대에는 합중국의 면화 공급량이 전 세계의 3/4을 차지하기에 이르렀다. 이것에 수반해 노예 노동력 수요도 증대해 흑인 노예제는 남부의 경제 체제에서 갈수록 반드시 필요해졌다. 1800년에 약 90만 명이던 흑인 노예 인구는 1850년에 약 320만 명, 1860년에 약 400만 명으로 점차 증가했다.

한편 서부에 펼쳐진 새로운 영토에도 노예제를 적용할 것인지에 초점이 맞춰졌는데, 이 시기 미국에는 북유럽으로부터 이민이 쇄도하기 시작했다는 점을 잊어서는 안 된다. 다음 항목에서 정리하겠지만, 이민국가 미국이 태동하기 시작한 것이다. 루이지애나 구입으로 획득했고 아직 준주로 조직되지 못했던 비옥한 토지를 노예 농장으로 삼을 것인가, 아니면 유럽에서 온 이주자가 독립 자영농민이 되기 위한 자유의 토지로 삼을 것인가? 이러한 질문이 제기되었다.

마침 캘리포니아에서는 1848년 1월 24일 새크라멘토계곡에서 사금이 발견되었다. 이듬해인 1849년에만 600척 이상의 선박이 내항했고 9만여 명의 사람들이 몰려들었다. 이른바 골드러시였다. 사금이 발견된 직후인 2월 2일에는 과

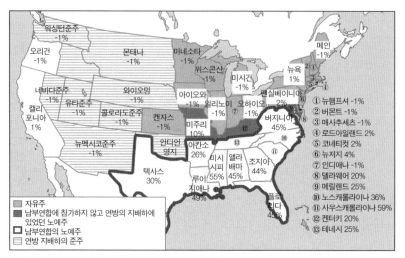

〈그림 2-1〉 남북전쟁이 발발할 당시의 자유주와 노예주. 주 명칭 아래의 숫자는 전체 인구 중의 흑인 비율이며, 1% 이하는 -1%로 표시했다.

달루페 이달고 조약으로 캘리포니아가 공식적으로 멕시코로부터 할양되는데, 당시 재커리 테일러(Zachary Taylor) 대통령(휘그당)은 뉴멕시코와 캘리포니아라는 광대한 2개의 주를 자유주로 받아들일 것을 명령했다.

1812년 전쟁, 블랙호크 전쟁, 제2차 세미놀 전쟁, 미국-멕시코 전쟁 등 40년 이상의 육군 경력을 지니고 있던 테일러는 '노련하고 거친 무인'[1]이라는 별명으로 불리던 대통령이다. 버지니아 출신으로 노예 소유자이기도 했다. 그러한 대통령이 캘리포니아뿐만 아니라 뉴멕시코까지 자유주로 승격시키도록 제안하자 남부의 노예제 지지자들은 분노하고 낙담했다. 이 사건은 연방으로부터 탈퇴하고자 구상했던 남부민주당의 과격분자 집단 파이어-이터스(Fire-Eaters)[2]가 존재감을 드러내기 시작하는 계기가 되었다.

캘리포니아가 자유주로의 승격을 요청하기 위해 개최한 1849년의 헌법제정

---

1   정확하게는 'Old Rough and Ready'이며, '노련하고 거칠며 준비된 지휘관'이라는 뜻이다._옮긴이

2   지도자는 사우스캐롤라이나주의 로버트 레트(Robert Rhett) 등이었다. _옮긴이

회의(제헌회의)에서는 대표자들이 만장일치로 "범죄의 벌칙 목적을 제외하고 그 어떤 경우에도 노예제와 부자유노동을 이 주에서는 인정하지 않는다"라는 조항을 채택했다. 또한 자유 흑인의 정주를 금지하는 법안, 흑인 노예를 해방 목적으로 캘리포니아에 이송하는 것을 금지하는 법안이 제출되었다. 전 세계로부터 이민을 받아들이는 캘리포니아는 이민들에게 자유의 토지여야만 했던 것이다.

남부의 노예제 지지자들은 뉴멕시코를 노예주로 연방에 가입시키는 전술로 대항하기로 결정했지만, 이민 유입이 적은 뉴멕시코가 주로 승격될 시기를 전망하기는 어려웠다. 이 같은 상황에 이르자 연방의회는 정치적 타협을 모색하기 시작해 하나의 타협안을 제시했다. 이것이 휘그당의 헨리 클레이의 제안을 토대로 한 '1850년의 타협'이다.

이 타협안은 다음 5개의 항목으로 구성되어 있었다. ① 캘리포니아에 대해서는 자유주로 연방에 가입하는 것을 인정한다. ② 뉴멕시코와 유타는 준주가 되지만, 주 승격에서는 주민 스스로가 노예제의 옳고 그름을 결정한다[일명 주민주권(住民主權)'으로 일컬어진다. 하지만 실제로 두 주가 주로 승격한 것은 남북전쟁 이후의 일이다. 뉴멕시코는 1912년 1월(47번째), 유타는 1896년 1월(45번째)에 승격되었다. ③ 텍사스에서 제기되었던 주 경계 확대 요구는 인정하지 않지만, 텍사스가 멕시코로부터 독립할 당시 짊어졌던 부채 1000만 달러는 연방정부가 대신 짊어진다. ④ 수도 워싱턴에서의 노예 거래를 금지하되, 워싱턴에서의 노예제 자체는 보장한다. ⑤ 더욱 강력한 '도망 노예법'을 제정한다.

이 가운데 ④는 북부의 노예제 폐지론자들의 청원에 응했던 것이었고, ⑤는 헌법 제4조 제2항에 기초해 1793년에 제정된 '도망 노예법'을 강화하는 내용으로, 남부 노예주 계급의 정치력을 존중하기 위한 것이었다.

이 타협으로 인해 당시 직면했던 위기는 피할 수 있었다. 하지만 이 제안은 명백히 정치적 타협의 산물이었으며, 휘그당과 민주당 양대 정당에는 이 난제를 해결할 능력이 없다는 것이 입증되었다.

정국이 혼미한 가운데 앞 장에서 다루었던 노예제 즉시 폐지 운동이 북부를

〈그림 2-2〉해리엇 터브먼
(1871~1876년 무렵)

중심으로 한층 고조되었다. 노예주에서 자유주로 향하는 도망 노예를 지원하는 '지하 철도(Underground Railroad)' 운동이 활발해져 역(숨는 집), 차장(길 안내인), 운송 수단(마차 등) 등이 주도면밀하게 준비되었다. 많은 활동가가 위험을 무릅쓰고 남부로 향했고 구출 활동을 조직적으로 전개했던 것이다. 그중에서 자신도 도망 노예였던 흑인 여성 해리엇 터브먼(Harriet Tubman, 1820~1913)[3]은 남부 각지에 19회에 걸쳐 진입해 300명 이상의 노예를 구출해 내 '여성 모세'라고 불렸다. 또한 해리엇 스토(Harriet Stowe, 1811~1896)는 1852년에 『톰 아저씨의 통나무집(Uncle Tom's Cabin)』을 출간했는데, 이 책은 그해에 30만 부 이상 판매되며 베스트셀러에 올랐다. 노예제의 비인도성을 묘사한 이 책은 북부 사람들의 공감을 불러일으켰는데, 필자는 '도망 노예법'을 강화한 데 대한 분노로 이 책을 집필했다고 한다.

고조되는 남북 간의 긴장: '캔자스-네브래스카법' 제정

남북 간의 긴장이 고조되는 가운데 1854년에는 '캔자스-네브래스카법'이 제정되었다. 이 법률을 제정한 것은 무엇보다 루이지애나 구입으로 획득한 비옥한 토지로 유럽에서 이민하는 이주자들이 몰려들었기 때문이다. 서부의 공유지 불하를 자유화하고 이민에게 일정한 조건하에서 토지를 무상으로 불하하는 '홈스테드 법'('자영농지법')은 1850년대부터 구상되었는데, 이 구상은 서부 개척민들로부터 압도적인 지지를 얻었다. 하지만 이를 인정할 경우 자유주가 확대되는 것을 저지할 수 없다는 사실을 알고 있던 남부 여러 주가 일제히 반대했고,

---

3   본명은 아라민타 로스(Araminta Ross)이다._옮긴이

법률 제정은 남북전쟁으로 인해 연방의회에 남부 의원들이 부재했던 1862년으로 연기되었다.

앞 장에서 다룬 바와 같이 시장 혁명 시대에 동해안에서 미시시피까지 철도 간선이 완성되었는데, 그다음은 골드러시로 로키산맥을 넘어 캘리포니아로 몰려드는 사람들을 위해 대륙 횡단 철도를 건설하는 것이 과제였다. '캔자스-네브래스카법'의 원안에 해당하는 네브래스카준주 창립 법안을 제안한 것은 일리노이주에서 선출된 민주당 상원의원 스티븐 더글러스(Stephen Douglas, 1813~1861)였다. 대륙 횡단 철도의 경로에는 뉴올리언스를 기점으로 뉴멕시코를 통하는 남부 경로 등 몇 가지 후보가 있었는데, 더글러스는 자신이 기반으로 삼고 있던 시카고를 통하는 중서부 경로를 장려했다. 루이지애나 구입으로 획득한 영지를 거의 포함하는 광대한 네브래스카준주에 철도를 놓을 경우 이민의 이주가 촉진될 것이라 여겼던 것이다.

하지만 이 법안은 남부 의원들의 반대에 직면해 수정에 내몰렸다. 차기 대통령선거에서 민주당 대통령 후보를 노리고 있었던 더글러스는 남부 의원들의 지지를 획득할 목적으로 수정 법안을 다시 제출했다. 그것이 1854년에 가결된 '캔자스-네브래스카법'이다. 이 법안의 내용은 아이오와의 서쪽 지역을 네브래스카, 미주리의 서쪽 지역을 캔자스라는 2개의 준주로 조직해 이주자를 모집하고 그곳에서도 전술한 멕시코로부터 할양받은 땅에 적용했던 주민주권의 원칙을 채택한다는 것이었다.

이 법안은 남부 의원들의 전폭적인 지지를 얻어 제정되었다. 캔자스와 네브래스카는 모두 미주리 타협으로 정했던 북위 36도 30분의 북쪽에 위치해 있으므로 원칙에 따를 경우 노예제를 도입하는 것이 불가능했다. 하지만 이 법안에 의해 서부에서도 노예제가 확대될 가능성이 생기자 북부 사회에 불안감이 조성되었다. 주민주권의 원칙은, 후술하는 '유혈의 캔자스'에서 단적으로 보이는 바와 같이, 노예제 문제를 더욱 해결 불가능한 난제로 만들었다.

이민 국가를 향한 태동: 정당 재편과 공화당 수립

이제 노예 문제에서 초점을 돌려 남북전쟁 발발 이전 시기의 미국 사회를 파악하는 또 하나의 중요한 관점, 즉 이민 국가 미국에 대해 정리할 것이다. 남북전쟁에서 노예해방에까지 이르는 역사를 검증하는 데 있어 흑인사에만 초점을 맞추면 19세기 미국사를 제대로 이해할 수 없다.

긴 안목으로 본다면 1850년대에 노예제 문제로 흔들렸던 미국은 노예 노동에 의존했던 노예 국가에서 자유노동자로 구성되는 이민 국가를 향하는 이행기에 진입했다고 할 수 있다. 이 시기에는 1820년대 이후 민주당과 휘그당에 의한 제2차 정당체제가 무너지고 무지당(Know Nothing),[4] 자유토지당(Free Soil Party), 공화당 같은 새로운 정당이 대두했는데, 이처럼 정당이 재편된 것은 노예해방 이후의 미국 사회, 즉 이민 중심의 자유노동자 세계에서 정치의 담지체인 정당을 둘러싼 공방이 벌어졌음을 보여주는 것이기도 했다.

'새 미국사' 시리즈 제1권에서는 독립혁명에 의해 과거에 양립되었던 이주민으로서의 의식과 영국인으로서의 의식 사이에 균열이 발생했고 옛 영국 신민이 미국인으로서의 새로운 정체성을 갖게 될 때까지 시간이 걸렸다는 사실을 살펴본 바 있다. 이러한 국가인 미국이 곧바로 이민을 받아들이는 방향으로 나아간 것은 아니었다.

미국은 이민 국가라고 알려졌지만, 사실 독립 직후부터 최초의 이민 통계가 작성되었던 1820년까지 약 40년 동안에는 겨우 25만 명 정도의 이민밖에 입국하지 않았다. 미국에서 최초로 이민의 큰 물결이 몰려든 것은 고엽병이 만연한 데 따른 감자 기근(1845~1849)의 영향으로 아일랜드계 이민이 급증했을 때였다. 북유럽에서는 1848년 혁명의 영향으로 독일계 이민이 증가했다. 캘리포니아에는 골드러시를 계기로 전 세계에서 이민이 쇄도했는데, 여기에는 소수이지

---

4   1845년부터 1855년까지 존재했던 미국토착민당(Native American Party)과 그 후신으로 1855년부터 1860년까지 존속했던 미국당(American Party)을 일컫는다._옮긴이

만 중국인 이민도 있었다.

1820년부터 1860년까지 이민의 전체 통계는 500만 명에 달하며, 남북전쟁 시대인 1860년대에는 이민이 감소했지만 1880년대에는 525만 명이 입국했다. 출신지별로 살펴보면, 1880년대까지는 아일랜드, 영국, 독일, 네덜란드, 북유럽 국가에서 온 이민이 중심이었다. 하지만 1880년대부터 폴란드, 헝가리, 이탈리아, 러시아 등 남유럽과 동유럽에서 온 이민이 증가하기 시작해 1890년대에는 북유럽과 서유럽에서 온 이민 수를 훨씬 능가했다.

이민이 대량 유입되자 미국의 주요 도시에서는 외국에서 출생한 인구가 급증해 국민과 외국인이라는 이분법적인 국민의식이 양성되었으며 배외주의도 확산되었다. 미국 사회에는 빈곤 문제, 전염병, 범죄 증가 등 이제까지 경험했던 적 없었던 사회 문제가 생겨났고, 문화적·경제적 마찰이 발생했다.

1850년대 초부터 뉴잉글랜드에서는 미국에서 태어난 시민들이 이민을 배척하는 토착주의(Nativism) 운동이 분출했다. 그 결과 반아일랜드, 반가톨릭을 정치 강령에 넣은 무지당이 융성해졌다. 공식 명칭이 미국당(American Party)인 이 정당은 1840년대에 비밀결사로 결성되었는데 멤버가 조직에 대해 질문을 받자 "나는 아무것도 모릅니다(I Know Nothing)"라고 답했던 데서 이 같은 속칭이 유래했다고 일컬어진다. 무지당이 정치 무대에 등장한 것은 1854년 중간선거에서였다. 무지당의 강령은 아일랜드인 이민을 공직으로부터 배제하는 것, 귀화의 조건인 거주 연한을 21년으로 연장하는 것 등 '귀화법'의 개정을 요구하는 배외주의를 핵심으로 삼았다.

이민 유입이라는 새로운 사태에 대한 기존 정당의 대응은 다양했다. 민주당은 일찍부터 도시의 이민 집단을 표밭으로 간주하고 훗날 머신 정치[5]라고 불리는 관행의 기초를 구축했다. 한편 뉴욕에서는 태머니 홀(Tammany Hall)이라는

---

5   정치기계(political machine)에 의한 정치를 의미하며, 권위 있는 보스 정치인 또는 보스 정치인을 중심으로 지지자와 사업체(이익단체)가 서로 유착하는 것을 말한다._옮긴이

조직이 유명했는데, 미국 사회에 익숙하지 않은 이민들이 민주당에 투표하면 그 대가로 직장을 알선하는 등 편의를 도모해 주는 식이었다.

전국 정당의 일부를 담당했던 휘그당은 제12대 재커리 테일러에 이어 일본에서는 매슈 페리 제독을 우라가 지역에 파견했던 대통령으로 알려져 있는 제13대 밀러드 필모어(Millard Fillmore, 1850~1853년 재임)를 배출했다. 하지만 1850년대에는 노예제를 둘러싼 지지파와 반대파의 당내 대립이 격화되었다. 당을 수습하는 역할을 맡았던 헨리 클레이가 사망한 이후 북부 휘그당은 거의 공화당으로 이동해 당은 해체되었다.

대량의 이민 유입으로 사회적 혼란이 발생하고 '캔자스-네브래스카법' 제정으로 정치적 혼란이 지속되는 가운데 반노예제·반민주당 세력을 집결시킨 새로운 정당인 공화당(Republican Party)⁶이 1854년에 탄생했다. 공화당에는 북부 휘그당의 당원과 1848년에 만들어진 자유토지당의 멤버를 중심으로 다양한 세력이 결집했다. 그중에는 서부에 노예제를 확대하는 데 반대해 민주당을 탈당했던 사람이나 무지당에서 참가한 사람도 있었다. 공화당은 노예제 확대 저지를 정치 슬로건으로 내세운 정당으로 알려졌는데, 슬로건은 "자유로운 토지, 자유로운 노동, 자유로운 인간"으로, 자유토지당의 슬로건을 계승했다.

공화당의 링컨 대통령은 적극적인 이민 장려책을 제기했던 최초의 정권이었다. 1864년의 공화당 강령에서는 "모든 국가에서 억압받고 있는 자의 피난소"라는 이민 국가 미국의 일반적인 문구가 등장한다. 구체적으로는 은행가, 철도회사, 농업 관계자 등이 중심이 되어 유럽 국가들에서 이민을 모집하기 위해 미국이민회사(The American Emigrant Company), 외국이민원조협회(The Foreign Emigrant Aid Society) 등의 이민 알선회사가 만들어졌으며, 유럽에 있던 미국의 영사들도 광고 활동을 대대적으로 전개했다.

1864년에는 국무부 내에 연방 최초로 이민국 장관이라는 직책이 신설되어

---

6   Grand Old Party(GOP)로 표기하기도 한다._옮긴이

뉴욕시의 합중국 이민 사무실 업무를 감독했다. 그런데 엘리스섬에 연방 차원의 이민 입국 및 관리 시설이 만들어지기 전에는 맨해튼섬 남단의 캐슬 가든이 이민 수용과 관련된 업무를 담당했다.

이처럼 공화당은 이민 장려책을 취하고 자유로운 노동과 자유로운 토지라는 자유노동 이데올로기로 반노예제 주장을 제시함으로써 서부의 농민과 동부의 미국에서 태어난 백인 노동자를 매혹시켰고, 그 결과 지지층 확대에 성공했다. 에릭 포너(Eric Foner)[7]가 설명하는 바에 따르면, 자유노동 이데올로기란 모든 노동자가 노동을 통해 획득한 양식을 자신의 것으로 소유하고, 영구적인 임금 노예가 되는 데서 벗어나고, 자유 신분의 남성 시민으로서 정치적 공공을 담당하는 이데올로기를 말한다.

자유노동과 노예 노동을 차별화하는 관념은 남북전쟁 때까지 북부의 자유를 정의하는 중심적인 요소가 되었다. 노예 노동은 굴욕이며 일하는 데서 존엄이 없다는 것이었다. 하지만 서부 개척 시기이던 19세기에는 자유로운 노동이 자유로운 토지와 필연적으로 결부되었으므로 자유노동은 미국에서 태어난 사람이든 이민의 신규 참여자이든 간에 공통의 신념이 되었다.

공화당 지지자가 노예제에 반대했던 것은 반드시 인도적 관점 때문만은 아니었다. 노예의 부자유노동이 자신들의 자유노동을 위협한다고 보았기 때문이기도 했다. 남부는 공화당이 제정하려 했던 홈스테드 법안, 즉 농민에게 공유지를 무상으로 급부하는 법안에 집요하게 반대했는데, 이것은 북부 및 서부의 공화당 지지자 사이에서 반노예제 감정을 고양하는 역할을 수행했다. 그 결과 자유노동 이데올로기를 핵심으로 한 정치적 주체가 형성되었고 이에 따라 노예제 문제는 북부 및 서부의 농민과 노동자의 공통의 이익과 관련된 문제로 이해되었다. 이후 미국에서는 공화당과 민주당 양대 정당에 의한 정치가 현재에 이르

---

7   미국 컬럼비아 대학의 역사학과 교수였으며, 2000년에는 미국역사학회(American Historical Association: AHA) 회장을 역임했다. _옮긴이

기까지 전개되며 유지되고 있다.

유혈의 캔자스, 피투성이의 찰스 섬너: 해결책 없는 노예제 문제

화제를 다시 캔자스로 돌려보자. 노예제 문제는 더 이상 타협할 수 없는 심각한 남북 간의 대립이 되었다. 캔자스의 토지는 미주리 타협에 의한 경계선에 의해 30년 남짓 자유의 땅으로 존재해 왔다. 하지만 스티븐 더글러스 의원이 제안한 '캔자스-네브래스카법'(1854)이 주민주권의 원칙을 도입함으로써 노예제 지지파와 반대파가 각각 이주자를 경쟁적으로 캔자스로 보냈으며 캔자스는 두 세력 간에 격돌하는 장이 되었다.

1855년 최초의 준주 의회 선거가 실시되자 인접한 미주리주에서 노예제를 지지하는 무리가 대거 캔자스로 들어와 주민이 아님에도 불구하고 투표를 실시했고, 노예제 지지파가 압도적 다수를 차지하는 준주 의회가 만들어졌다. 하지만 반노예제파는 의회를 인정하지 않았고 이듬해에는 독자적인 주지사를 세우고 주의회를 조직했다. 이 정치적 혼란 속에서 양자는 무력 충돌을 거듭했으며, '유혈의 캔자스(Bleeding Kansas)'라고 일컬어지는 참사가 빚어졌다. 1856년 5월, 노예제 지지파의 무장대가 반대파의 거점 로렌스를 습격했다.[8] 폭동을 선동했던 미주리주에서 선출된 전 상원의원 데이비드 애치슨(David Atchison)은 "발포, 방화, 처형"을 통한 소동에서 성과를 거둔다면 "태평양까지 노예제를 확대할 수 있다"라고 말했다.[9] 하지만 수일 후에 노예제 폐지론자인 존 브라운(John Brown, 1800~1859) 등이 노예제 지지파의 농장에 보복을 가해 5명을 살해한 뒤 사체에 '눈에는 눈'이라는 경고 문구를 붙이고 떠났다.

---

8 '로렌스 약탈(Sacking of Lawrence)'이라고도 일컬어진다._옮긴이

9 1792년에 제정된 '대통령직 승계법(Presidential Succession Act)'에 따라 데이비드 애치슨이 1849년 3월 4일부터 3월 5일까지 하루 동안 미합중국 대통령 권한대행(Acting President)이었다는 주장도 일각에서 제기되고 있지만, 3월 3일에 애치슨의 연방의회 상원의원 임기가 종료되었으므로 이 주장은 사실이 아닌 것으로 받아들여지고 있다._옮긴이

<그림 2-3> 찰스 섬너 구타 사건을 묘사한 풍자화. 「남부의 기사도: 논쟁 대 곤봉(Southern Chivalry: Argument versus Clubs)」(1856년경)

캔자스가 로렌스를 습격했을 무렵 연방 상원에서는 충격적인 사건이 일어났다. 매사추세츠주에서 선출된 공화당 상원의원 찰스 섬너(Charles Sumner, 1811~1874)는 혼란이 가중되는 캔자스에 대한 책임이 '캔자스-네브래스카법'을 입안한 앤드루 버틀러(Andrew Butler)와 스티븐 더글러스에게 있다고 비난하면서, '캔자스에 대한 범죄(Crime against Kansas)'라는 제목의 연설을 통해 노예제를 공격했다. 그로부터 수일 후 상원 회의장에서 버틀러의 조카였던 프레스턴 브룩스(Preston Brooks) 의원이 찰스 섬너를 지팡이로 구타해 찰스 섬너가 쓰러져서 중상을 입는 사건이 발생했다. 이 찰스 섬너 구타 사건[10]은 노예제 사회를 지지하는 남부 사람들의 야만성, 남부 기사도의 저열함의 상징으로 보도되어 북부 사람들을 결기하게 만들었으며, 공화당 지지자들이 증가하는 것으로 귀결되었다.

중상을 입은 섬너는 1859년까지 3년간 상원에 출석하지 못했다. 하지만 매사추세츠는 1856년 요양 중이던 섬너를 상원의원으로 선출했다. 섬너는 링컨 정권에서 복귀해 상원 외교위원회 위원장으로서 1804년 흑인 혁명에 의해 수립된 아이티를 승인(1862)하는 등 재건 시기에 혁명적인 남부 재건을 지향하는 공화당 급진파의 리더로 대활약했다(제3장 참조).

또한 결정적이었던 것은 이듬해인 1857년 연방대법원에서 내려진 드레드 스콧(Dred Scott) 판결이었다. 준주에서 시행되는 노예제에 관해 연방대법원이 중요한 판단을 내렸던 것이다. 연방군의 군의관 존 에머슨(John Emerson)의 노예

---

10 'Brooks-Sumner Affair'로 일컬어지기도 한다._옮긴이

<그림 2-4> 드레드 스콧과 부인 해리엇 스콧
Frank Leslie's Illustrated Newspaper(1857.6.27)

였던 드레드 스콧은 주인의 군역에 동행해 북부 각지의 주둔지 등을 전전했다. 1834년에 에머슨이 사망하자 스콧은 미주리에 거주하는 에머슨의 미망인[11]에게 인계되었다. 미주리에서 스콧은 자유주에서 거주한 경험 등을 근거로 노

예에서 해방되는 자유 신분이 보장되어야 한다며 재판을 걸었다.

그러나 대법원에서는 로저 태니(Roger Taney) 재판장에 의해 다음과 같은 판결이 내려졌다. ① 합중국 헌법에서는 흑인은 시민이 아니며, 원래 제소할 권리를 갖고 있지 않다. ② 노예는 노예주의 재산이며, 헌법은 노예주가 노예를 자유롭게 이주시킬 권리를 보장하고 있다. 그렇기에 연방정부도 주도 노예제의 적용을 금지하는 권한을 갖고 있지 않다. ③ 따라서 미주리 타협은 노예주로부터 재산권을 뺏은 것이며 위헌이다. 이로써 드레드 스콧의 제소는 완전히 기각되었다.

유혈의 캔자스에서부터 드레드 스콧 판결에 이르기까지 노예제 문제가 막다른 길을 향해 혼돈에 빠지는 가운데, 1859년 10월에는 앞에서 언급한 존 브라운이 버지니아주에 있는 연방 소유의 하퍼스 페리 무기고를 습격하는 사건이 일어났다. 아이티에서 발발한 흑인 노예들의 해방 투쟁을 보고 실력을 행사해서 노예를 해방하는 것을 지론으로 삼았던 브라운은 무장한 무리를 거느리고 무기고를 이틀간 점거했다. 무기를 노예들에게 나누어주어 대규모의 반란을 유발하고 이를 통해 남부의 노예를 해방시킨다는 계획이었다. 하지만 브라운은 로버트 리(Robert Lee)가 지휘하는 해병대에 의해 체포되었고 계획은 실패로 끝났다. 같은 해에 브라운은 처형되었다. 북부에서는 헨리 데이비드 소로(Henry

---

11 엘리자 이레네 샌퍼드(Eliza Irene Sanford)를 일컫는다._옮긴이

David Thoreau)와 랠프 왈도 에머슨(Ralph Waldo Emerson) 등 저명한 지식인이 그의 죽음을 애도했으며, 추도 집회가 개최되었다. 북부군 병사가 "존 브라운의 시신은 묘지 속에서 썩어갈지라도 그의 혼은 전진하는 중이다"라고 노래를 부르면서 전쟁에 참가한 것은 그로부터 1년 수개월 후의 일이었다.

연방의회로 다시 화제를 돌려보자. 캔자스 문제와 찰스 섬너 구타 사건으로 일련의 정치적 타협이 무너졌다. 민주당은 분열되었고 더글러스는 남부에 대한 정치적 영향력을 상실했다. 무지당도 단번에 지지를 상실했다. 이 시기에 노예제 확대를 저지하며 북부 여론을 통합한 것은 공화당밖에 없었다.

1860년, 운명의 대통령선거에 공화당은 무명의 신인이던 에이브러햄 링컨(1809~1865)을 지명했다. 노예주인 켄터키에서 가난한 개척 농민 가정에서 출생했으며 자유주인 인디애나와 일리노이의 통나무집에서 자란 이 소년은 제대로 된 공교육을 거의 받지 못했다. 키는 193cm의 장신이었으며 켄터키 방언의 영향을 좀처럼 불식시키지 못했다고 한다. 독서가로서 독학으로 변호사가 되었고, 정치가로서는 휘그로서 일리노이주 주의회 의원, 연방 하원의원을 거쳐 1856년 공화당에 입당했다. 대통령선거의 슬로건은 '통나무집에서 백악관으로'였다.

훗날 '노예해방의 아버지'라고 불리는 정치가 링컨이 일약 주목을 받게 된 것은 7회에 걸친 이른바 링컨-더글러스 논쟁을 통해 공화당이 나아가야 할 기본 방침을 명확하게 제시했기 때문이다.

링컨은 '분열된 집 연설(House Divided Speech)'이라는 제목의 유명한 연설에서 "분열된 집은 설 수 없다. 영원히 절반은 노예, 절반은 자유인 상태로는 이 정부가 유지될 수 없을 것이다. 연방의 소멸을 바라지 않는다(집의 붕괴를 바라지 않는다). 내가 희망하는 것은 다만 분열을 피하는 것뿐이다"라고 말했다. 이 논쟁으로 링컨은 더글러스로부터 '블랙 공화당(Black Republican)의 멤버'라 불리며 노예해방론자라는 딱지가 붙기도 했다. 하지만 링컨은 노예제 확대에는 명확히 반대하면서도 남부 사회의 기존의 노예제에는 간섭하지 않으며 백인과 흑인 간의 평등에는 반대한다는 정치적 입장을 표명했다. 링컨은 이 논쟁 이전인 1852년경부터 인종 간의 분리가 인종 문제를 막는 유일한 수단이며, 이를 위해서는 흑인을 아프리카에 식민할 수밖에 없다는 지론을 전개했다. 실제로 링컨이 대통령 임기 중이던 1862년 4월, 연방의회는 흑인 식민을 위한 자금으로 60만 달러의 예산을 편성하고 수도 워싱턴에 있는 해방노예를 아이티와 라이베리아에 식민하는 계획을 세웠다.

흑인 식민론이 북부와 서부에서 압도적인 지지를 얻었던 것은 중요하다. 당시 백인과 흑인 간의 이인종 혼교는 금기시되었으며, 공존이나 공생을 입에 담는 것은 불가능했다. 그보다는 해외 식민을 통해 국내의 인종 문제를 해결하는 것이 최선으로 간주되었다. 전술한 해리엇 스토도 열렬한 식민론자였다. 그의 소설 『톰 아저씨의 통나무집』에서 톰 아저씨는 남부에 남아 있으면서 비참한 죽음을 맞이하지만 다른 흑인 주인공들은 소설의 마지막 부분에서 라이베리아로 떠나는 것에 주목해야 한다. 이 소설은 읽는 방식에 따라서는 미국식민협회(제1장 참조)의 선전용 소설로서의 면모를 갖고 있었던 것이다.

1860년 대통령선거와 남부의 연방 탈퇴

1860년의 대통령선거에서 공화당은 매우 일찍부터 링컨을 대통령 후보로 지명했다. 이에 반해 민주당은 대통령 후보 단일화에 고심했다. 전술한 19세기 중반 일어난 정당 재편의 물결 속에서 민주당은 당내 분열의 위기를 맞아 영향력이 감소했지만 전국 정당으로서의 명맥은 어쨌든 유지하고 있었다. 하지만 이 대통령선거에서는 분열이 결정적으로 작용했다. 정치력에 그림자가 드리워졌는데, 아직 북부에서는 지지자가 많았던 스티븐 더글러스가 6월의 민주당 대회에서 지명을 획득하자 남부의 민주당 당원들이 반발했다. 그들은 민주당을 탈당해 남부민주당을 새로 수립하고 켄터키의 존 브레킨리지(John Breckinridge)를 독자적인 후보로 세웠다.

또한 분열되어 있는 민주당과 공화당 모두에 불만을 품은 남북 경계주의 의

〈표 2-1〉 대통령선거의 투표 결과(1852~1860)

후보	정당	일반 투표		선거인				
		합계	비율(%)	합계	북부	서부	경계주	남부
1852년		3,157,326	100.00	296	110	66	32	88
프랭클린 피어스	민주당	1,601,274	50.72	254	92	66	20	76
윈필드 스콧	휘그당	1,386,580	43.92	42	18	0	12	12
존 헤일	자유토지당	156,667	4.96	0	0	0	0	0
1856년		4,053,967	100.00	296	110	66	32	88
제임스 뷰캐넌	민주당	1,838,169	45.34	174	34	28	24	88
존 프리몬트	공화당	1,341,264	33.09	114	76	38	0	0
밀러드 필모어	무지당*	874,534	21.57	8	0	0	8	0
1860년		4,682,069	100.00	303	110	73	32	88
에이브러햄 링컨	공화당	1,866,452	39.86	180	107	73	0	0
스티븐 더글러스	북부민주당	1,376,957	29.41	12	3	0	9	0
존 벨	입헌통일당	849,781	18.15	39	0	0	12	27
존 브레킨리지	남부민주당	588,789	12.58	72	0	0	11	61

• 북부: 코네티컷, 메인, 매사추세츠, 뉴햄프셔, 뉴욕, 뉴저지, 펜실베이니아, 로드아일랜드, 버몬트
• 서부: 캘리포니아, 일리노이, 인디애나, 아이오와, 미시건, 미네소타, 오하이오, 오리건, 위스콘신
• 경계주: 델라웨어, 켄터키, 메릴랜드, 미주리
• 남부: 앨라배마, 아칸소, 플로리다, 미시시피, 노스캐롤라이나, 사우스캐롤라이나, 테네시, 텍사스, 버지니아, 조지아, 루이지애나
* 여기서의 무지당은 구체적으로 노나싱 앤 휘그를 지칭한다.

원들이 연방의 분열을 피하기 위해 1860년에 결성한 입헌통일당(Constitution Union Party)은 테네시의 존 벨(John Bell)을 대통령 후보로 세웠다.

그 결과 4명의 후보로 구성된 이례적인 분열 선거였던 1860년 대통령선거는 결과적으로 북부 여러 주의 반노예제 표와 서부 표를 꾸준히 모았던 링컨이 승리를 거두었다. 하지만 〈표 2-1〉에서 제시한 바와 같이, 링컨의 득표는 유권자가 투표한 일반 투표의 40%에 불과했으며, 남부의 10개 주에서는 전혀 선거인을 획득하지 못했다. 다른 3명의 후보가 획득한 투표 수의 합계는 링컨의 득표를 훨씬 상회했다.

공화당의 링컨이 당선되자 남부는 큰 충격을 받았다. 이제까지 남부는 역대 대통령을 많이 배출했으며 연방 상원을 지배함으로써 미국 정치의 중심에 위치

해 왔다. '새 미국사' 시리즈 제1권의 제4장에서도 다룬 바와 같이, 건국의 아버지들의 중요한 인물 중에는 특히 버지니아 출신이 많았으며, 초대 대통령 워싱턴, 제3대 제퍼슨, 제4대 매킨리, 제5대 먼로 등의 치세는 자주 '버지니아 왕조'라는 야유를 받을 정도였다. 하지만 링컨의 당선으로 건국 이래의 기본 전략이 완전히 뒤집어졌던 것이다.

남북 간의 융화를 모색하는 움직임도 나타났지만, 1860년 12월 20일 사우스캐롤라이나가 단독으로 연방 탈퇴를 선언함으로써 연방의 붕괴가 시작되었다. 노예제 옹호의 선봉에 섰던 사우스캐롤라이나가 탈퇴할 경우 다른 주도 그 흐름에 동참할 것이라는 전망이 맞아떨어져 미시시피(연방 탈퇴일: 1861년 1월 9일), 플로리다(1월 10일), 앨라배마(1월 11일), 조지아(1월 19일), 루이지애나(1월 26일), 텍사스(2월 1일) 등 모두 7개의 최남부 주가 탈퇴에 나섰다.

그 결과 링컨이 당선되고 나서 3개월 후인 1861년 2월 9일에는 앨라배마주 몽고메리에서 미연합국[The Confederate States of America, 남부연합(Southern Confederacy)이라고도 불린다. 이하 남부연합]이 결성되었다. 남부연합은 "흑인 노예 소유권을 부정하거나 침해하는 법률"이 통과되어서는 안 된다(남부연합 헌법 제1조 제9절 제4항)라면서 노예제를 적극적으로 자리매김한 독자적인 헌법을 채택하고 이제까지 미합중국 헌법사에서 사용된 적 없던 '노예'라는 용어를 사용했다. 몽고메리에서 개최된 임시의회에서는 미시시피의 제퍼슨 데이비스(Jefferson Davis, 1808~1889)가 대통령에, 조지아의 알렉산더 스티븐스(Alexander Stephens, 1812~1883)가 부통령에 각각 선출되었다.

다만 남부 여러 주의 독립운동이 하나의 바위처럼 튼튼해 보이기는 했지만 지역 내부에서 보조가 맞춰진 것은 결코 아니었다. 연방 탈퇴를 둘러싼 주민(州民) 대회에서는 노예 소유자층과 노예 비소유자층 간에 정치적 입장이 달랐기 때문에 찬성표와 반대표가 대항했다. 실제로 버지니아, 노스캐롤라이나, 테네시, 아칸소의 4개 주는 탈퇴를 거부했으며 전쟁 발발까지 남부연합 주민들의 의견을 통합하지 못해 메릴랜드, 델라웨어 등의 노예주와 함께 연방에 남았다.

남부 여러 주가 연방에서 탈퇴함에 따라 연방의회는 노예제에 손을 대지 않을 것임을 명시하고 연방으로 복귀할 것을 호소했지만 실패로 끝났다. 민주당의 제임스 뷰캐넌(James Buchanan) 대통령은 사태 수습을 위한 어떠한 조치도 강구하지 못했고, 탈퇴한 남부 여러 주가 연방의 무기고와 세관을 접수하는 것도 묵인했다. 그 결과 남부연합에 대한 대응은 공화당 출신의 새로운 대통령 링컨에게 맡겨졌다.

2. 남북전쟁

내전 발발

1861년 3월 4일 대통령 취임 연설에서 링컨은 거듭해서 남부 노예제에 대한 불간섭을 표명했다. 또한 "우리는 적이 아니라 친구이다. 적이 되어서는 안 되며, 격정이 긴장을 초래하는 일이 있더라도 우리의 애정의 끈을 끊어서는 안 된다"라고 말하며 연방을 유지해야 하는 필요성을 설파했다. 하지만 4월 11일 새벽, 연방 탈퇴의 선봉에 섰던 사우스캐롤라이나의 찰스턴만에서 고립되어 있던 연방 측의 섬터 요새에 남부연합군(이하 남부군)이 포격을 가한 것을 계기로 내전이 발발함으로써 그 끈은 끊어지고 말았다.

남부연합이 발족한 이후 남부에 있는 연방의 요새는 거의 남부군의 지배하에 들어갔는데, 섬터 요새의 사령관 로버트 앤더슨(Robert Anderson) 소령은 연방에 대한 충성을 맹세했다. 대통령 취임식이 있던 이튿날, 앤더슨으로부터 편지를 받은 링컨은 각료 회의의 반대 의견을 뿌리치고 섬터 요새의 수비대에 식량을 지원하기로 결단했다. 링컨의 이 결정은 반란 지구에 연방의 권한이 미치고 있음을 국내외에 보여주고 연방으로부터의 탈퇴를 저지하려는 대통령의 의중이 얼마나 강력하고 확고한지를 남부연합 측에 전하기 위한 것이었다.

그러나 개전 기회를 엿보고 있었던 사우스캐롤라이나가 이에 따라 요새에 발

〈그림 2-5〉 섬터 요새의 성조기가 그려져 있는 봉투(1861~1865년). '섬터 요새를
기억하라!(Remember Fort Sumter!)'라는 문구가 인쇄되어 있다.

포를 했고, 이로써 이후 4년이라는 장기간에 걸친 전례 없는 내전이 시작되었
다. 이틀에 걸친 격렬한 포격전 끝에 섬터 요새는 함락되었다. 찰스턴 지역의
대중이 승리에 열광하는 가운데, 남부군은 연방군(북부군) 병사가 비무장 선박
을 타고 도주하는 것을 보지 못하고 놓쳤다. 섬터 요새에 펄럭이고 있던 33개
별의 성조기(개전 이전의 주는 33개였다)는 앤더슨 소령이 갖고 돌아갔는데, 이
성조기는 전시 중에 북부 대중에게 애국적 상징이 되었으며, 북부군을 징병하
는 데서도 큰 역할을 했다. 그런데 전쟁이 종결된 이후 점령한 섬터 요새에 이
33개 별의 성조기를 다시 게양하는 경축행사가 열리던 1865년 4월 1일 링컨은
저격되었다.

　연방에 남아 있던 버지니아는 섬터 요새를 함락한 사건을 계기로 남부연합에
참가했고(연방 탈퇴일: 1861년 4월 17일), 아칸소(5월 6일), 노스캐롤라이나(5월
20일), 테네시(6월 8일)도 그 뒤를 이었다. 그 이래 11개 주로 구성된 남부연합은
국가 체제를 정돈하고 수도도 처음의 몽고메리에서 버지니아의 리치먼드로 옮
겼다.

　그러자 연방에 남은 것은 전부 23개 주였다. 여기에는 미주리, 켄터키, 델라
웨어, 메릴랜드 등 남북 경계 지역에 있던 노예주도 포함되어 있었으며, 버지니

아로부터 분할된 웨스트버지니아도 연방에 참가했다.

링컨은 개전 이후 얼마 지나지 않은 4월 17일, 제1기병대 대령 로버트 리 (Robert Lee)에게 총사령관 취임을 타진했다. 하지만 같은 날, 로버트 리의 고향인 버지니아가 연방에서 탈퇴했기 때문에 로버트 리는 취임을 거부했고 연방군으로부터 제적되기를 원했다. 미국의 육군사관학교 대부분은 남부 여러 주에 설치되어 있었으므로 남부 출신 군인의 대다수는 로버트 리와 동일한 결단을 내리고 남부군에 합류했다.

전쟁 수행에서 두 진영이 최초로 직면한 과제는 병사를 창출하는 것이었다. 건국 시기로 소급하면 독립전쟁 시에 워싱턴이 이끌었던 대륙군은 전쟁이 종결된 이후인 1783년에 해체되었다('새 미국사' 시리즈 제1권 제3장 참조). 그 이후의 전쟁에서도, 예를 들어 미국-멕시코 전쟁 당시에는 육군이 5만 명으로까지 확대되었지만 전후에는 약 1만 명으로 축소되었다. 미국은 상비군에 반대하는 감정이 뿌리 깊었기 때문에 주 단위로 강력한 모병권이 확립되어 있었다. 따라서 개전 당시에도 주로 원주민에게 대항하기 위한 병력으로 2만 명 정도의 연방군밖에 없었다. 물론 새롭게 탄생한 남부연합도 병력은 보유하고 있지 않았다.

링컨은 일찍이 1861년 4월 15일에 3개월 한정으로 지원병 7만 5000명을 모집하기로 결정했다. 또한 5월에도 병력을 증원하기 위해 지원병을 모집했는데, 각 주에 할당량을 증가시키자 주지사들로부터 진정이 이어졌다. 군역 기간이 이처럼 짧았다는 데서도 링컨이 전투가 조기 종결될 것으로 낙관했음을 알 수 있다.

그러나 7월 21일 버지니아주 머내서스 근교의 불런에서 치러진 전투에서 북부군이 패배하자 사태가 일변했다. 남북전쟁 초기의 이 대규모 전투는 남부연합의 수도 리치먼드를 단번에 점령하기 위해 수도 워싱턴에서 남하한 북부군과 남부군이 격돌한 전투였다. 남북 쌍방의 육군 부대가 급조된 탓에 전투는 매우 혼란스러웠는데, 나중에 '스톤월 잭슨(Stonewall Jackson)'이라는 별명으로 불리며 남부군의 영웅으로 떠오른 토머스 잭슨(Thomas Jackson) 장군의 완강한

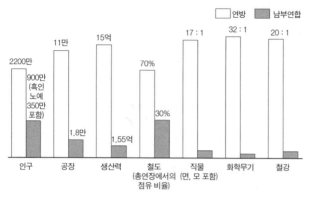

<그림 2-6> 남부와 북부의 인구와 공업력 비교

방어 전술이 성과를 올렸다. 남부군이 반격에 나서자 수적으로 우세했던 북부
군이 무너져 수도 워싱턴으로 도망쳤다. 승리를 확신했던 북부군은 큰 충격을
받았으며 수도가 공략될 위험마저 우려하게 되었다.

〈그림 2-6〉에서 보는 바와 같이, 개전 당시 북부의 인구는 2200만 명이고
남부의 인구는 900만 명이었다(백인 550만 명, 흑인 노예 350만 명). 공장 수도 북
부는 11만 개, 남부는 1만 8000개였다. 이처럼 북부는 남부를 압도하는 인적 자
원을 보유하고 있었으며, 공업화·산업화를 추진했었다. 압도적으로 유리한 입
장이었으므로 단기간에 승리할 것으로 확신했던 것이다. 하지만 결과적으로 본
다면, 북부가 군사력에서 남부를 능가하기까지는 상당한 시간이 필요했다.

불런 전투(Battle of Bull Run, 제1차) 이후에도 전쟁 초기에는 칠일 전투
(Seven Days Battles, 1862년 6월 25일~7월 1일), 제2차 불런 전투(8월 28일~8월 30
일) 등 남부군이 승리하는 사례가 많았다. 그 이유는 남부군은 로버트 리 장군
등 우수한 군인을 많이 보유하고 있어 병사의 사기가 높았고, 전략적으로 보자
면 남부군은 북부를 침공할 필요 없이 북부군의 남부 침공을 격퇴하는 전수 방
어를 하면 되었기 때문이다. 거꾸로 북부군은 남부연합 11개 주를 상대로 영토
깊숙이 침공해 남부 전역을 정복해야 했다.

또한 남부가 확실하게 방어할 수 있었던 이유는 이 전쟁에서 양군에 의해 사정거리가 긴 근대적 소총과 참호가 본격적으로 사용되었기 때문이다. 총력전으로서의 제1차 세계대전을 상기시키는 이러한 무기와 전술은 사실 남북전쟁에서 사용되기 시작했던 것이며, 그 결과 양군에서 62만 명이 넘는 전사자가 발생했다.

어려운 처지에 놓인 연방 측은 장기전을 대비할 필요가 있었다. 또한 지원병 중심의 군대로는 한계가 있음을 통감했다. 이 때문에 의회에서는 병력 증강을 지향하면서 상원 군사위원회 의장 헨리 윌슨(Henry Wilson)을 중심으로 징병제를 도입하는 방안을 본격적으로 검토했다. 1862년 7월에는 의회가 가결한 '제2차 몰수법'에 의해 기존의 '민병법'을 수정해 해방된 흑인 노예가 임의의 군무에 취역할 수 있도록 했다.

하지만 같은 해 12월 치러진 프레더릭스버그 전투에서의 전사자 급증, 도망가는 병사 증가, 병역 기간이 끝난 지원병의 퇴역 등으로 북부군의 약체는 좀처럼 나아지지 않았다. 그런데 1863년 3월 3일, 국가가 직접 징병할 수 있는 '연방징병법'이 제정되어 육군과 해군의 병력을 재건할 수 있는 길이 열렸다. 이것은 미국 역사상 최초의 징병법으로, 이러한 전시 입법을 통해 연방의 권한 강화와 집권화가 단번에 진전되었다(남부연합 측에서는 이보다 이른 1862년부터 징병을 실시했다).

남북전쟁 중의 외교와 해상 봉쇄 작전

남북전쟁은 광대한 지역에서 전투가 전개되었다(<그림 2-7> 참조). 주요 전선은 동해안의 동부 전선과 애팔래치아산맥 서쪽의 서부 전선으로 나뉘었다. 전사자가 많은 대규모의 전투는 주로 동부 전선에서 일어났는데, 그 이유는 연방의 수도 워싱턴과 남부연합의 수도 리치먼드가 모두 동부에, 게다가 아주 가까운 거리(겨우 15km)에 위치하고 있었으며 두 수도를 둘러싼 공방전이 격렬했기 때문이다.

동부 전선과 서부 전선의 전쟁 국면을 검토하기 전에 남북전쟁에서 북부군이

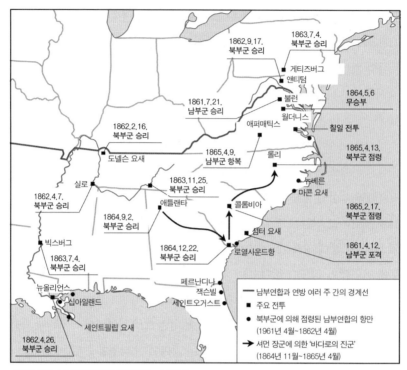

내부군 승리
1862.9.17.

1863.7.4.
북부군 승리

게티즈버그
앤티텀

1861.7.21.
남부군 승리

불런

1864.5.6
무승부

애퍼매틱스

월더니스

1862.2.16.
북부군 승리

칠일 전투

도넬슨 요새

1865.4.9.
남부군 항복

롤리

1865.4.13.
북부군 점령

실로

1863.11.25.
북부군 승리

뉴베른

마콘 요새

1862.4.7.
북부군 승리

애틀랜타

콜롬비아

1865.2.17.
북부군 점령

1864.9.2.
북부군 승리

섬터 요새

1861.4.12.
남부군 포격

빅스버그

1864.12.22.
북부군 승리

로열사운드항

1863.7.4.
북부군 승리

뉴올리언스

페르난디나

잭슨빌

세인트오거스트

남부연합과 연방 여러 주 간의 경계선

십아일랜드

주요 전투

세인트필립 요새

북부군에 의해 점령된 남부연합의 항만
(1961년 4월~1862년 4월)

1862.4.26.
북부군 승리

서면 장군에 의한 '바다로의 진군'
(1864년 11월~1865년 4월)

〈그림 2-7〉 남북전쟁의 주요 전장(1861~1865년)

승리하는 데 관건이었던 연방 해군의 해상 봉쇄 작전과 유럽 국가들과의 외교 교섭에 대해 살펴볼 것이다.

전시 중에 미합중국(연방 측)이 직면한 외교 전략상의 최대 과제는 영국과 프랑스 등 유럽 국가들이 내전에 간섭하는 것을 어떻게 저지할 것인가 하는 점이었다. 국무장관 윌리엄 수어드(William Seward)[12]는 유럽 국가들이 남부연합을 반란으로 간주하지 않고 미합중국의 교전국으로 인정해 버리면 해외로부터 군사적·재정적 원조를 받을 길이 열리며 남부연합의 독립이 가능해질 것이라고 우려했다. 따라서 북부군은 1812년 전쟁 및 미국-멕시코 전쟁에서 활약한 것으

---

12   1861년 3월 6일부터 1869년 3월 4일까지 국무장관을 역임했다. _옮긴이

로 알려져 있던 육군의 원로 윈필드 스콧(Winfield Scott)이 1861년 4월에 수립한 작전 강령 아나콘다 계획(Anaconda Plan)에 따라 행동을 실시했다. 아나콘다 계획은 남부와 해외 국가들 간 물자 유통 경로를 차단하고 보급로를 끊기 위해 대서양 연안과 멕시코만의 주요 항구 및 미시시피강을 봉쇄하는 작전이었다. 연방 해군은 처음에 선박 수도 적었고 남부의 대서양 연안에서 멕시코만까지 전체 길이 500km에 달하는 해안선을 모두 감당할 수 없었지만, 해상 봉쇄는 서서히 효과를 발휘했다. 남부는 주력 국제 상품인 면화 수출이 큰 타격을 받았고 남부 경제는 혼란에 빠졌다.

1861년 가을에 연방 해군은 남부 연안을 남하하기 시작해 사우스캐롤라이나 주 포트로열 앞바다의 시 아일랜즈를 공략했다. 또한 사바나의 펄래스키 요새를 함락하고 남부 대서양 연안의 주요 항을 제압했다. 이듬해인 1862년에는 미시시피강 유역을 침공해 전투를 거듭했고, 후술하는 바와 같이 4월에는 멕시코만 연안의 요충지 뉴올리언스를 점령했다.

영국은 전쟁 발발 이후 프랑스와 함께 중립을 선언했다. 하지만 남부군이 연방 해군에 대항해 해상 봉쇄를 무너뜨리려고 시도하자 영국 무역 회사를 매개로 무기와 탄약, 보급 물자를 남부로 운반했다. 또한 영국이 남부연합을 위해 전함을 건조하고 타국에서 전함을 유지·보수하는 사례도 있었다. 1862년에 영국에서 건조된 앨라배마호는 1864년 6월에 북부군의 군함 키어사지호에 의해 격침될 때까지 57척의 북부 상선을 침몰시켰고 북부 측의 상업 활동에 큰 손해를 초래했다(일명 앨라배마호 사건으로,[13] 그 이후 1871년에 영국과 미국은 워싱턴 조약으로 중재재판을 받았고 이듬해에 영국의 중립의무 위반이 인정되었다. 미국은 배상 교섭 과정에서 캐나다의 병합을 요구했다). 이밖에도 연방 해군이 영국 선박을 현장 검사하고 승선해 있던 남부연합의 외교 사절을 체포한 트렌트호 사건(1861) 등에 의해 영국의 중립이 말뿐이라는 사실이 드러났다.

---

13   그 이후 협상 과정을 통틀어 Alabama claims라고 일컫기도 한다. _옮긴이

프랑스도 일관되게 연방 재통합이 불가능하다고 여겨 영국 및 러시아와 공동으로 휴전 제안을 시도하는 등 간섭할 기회를 엿보았다. 프랑스 측의 배경에는 멕시코 정세가 깊이 관련되어 있었다. 미국-멕시코 전쟁에서 패배한 멕시코에서는 19세기 중반에 개혁파와 보수파가 국가 재건을 둘러싸고 대립했으며, 레포르마(대개혁)의 내전[14]이 일어났다. 이를 틈타 1862년 프랑스, 영국, 스페인은 공동 출병해 베라쿠르스를 점거했다.

스페인과 영국은 멕시코 정부의 외채 변제 계획을 양해하고 철병했는데, 나폴레옹 3세 치하의 프랑스는 멕시코 점령을 계속했다. 또한 1863년 6월에는 멕시코시티를 점령하고 오스트리아 황제의 동생 막시밀리안 1세를 멕시코 황제로 삼았다. 남부연합은 즉시 멕시코 제국에 접근해 자신들을 승인해 줄 것, 그리고 자신들과 외교 관계를 맺을 것을 요구했지만, 결국 프랑스 측은 남부연합을 승인하지 않았다.

이러한 배경에는, 후술하는 바와 같이, 연방 측이 1862년 9월에 노예해방 예비선언을 발표하고 내전이 단순히 연방을 유지하기 위한 전쟁이 아니라 노예를 해방하기 위한 숭고한 성전임을 국제적으로 호소했던 점이 작용했다. 또한 1863년에 들어서면서부터 게티즈버그 전투에서 승리하는 등 전황이 북부 측에 결정적으로 기울어 남부연합이 승리할 가능성이 희박해졌기 때문이기도 했다. 멕시코에서는 1867년 3월 나폴레옹 3세가 막시밀리안 1세를 버리고 철병을 명령해 프랑스의 기도는 완전히 실패로 끝났다.

그렇다면 영국은 왜 남부연합 승인에 나서지 않았던 것일까? 남부연합 측은 면화를 카드로 활용하는 외교 전략이 효과가 있을 것이라고 자신했지만, 실제로는 개전 시에 영국의 공장에서는 면화가 과잉 재고 상태였고, 인도, 이집트, 브라질이 면화의 수요를 만족시키기 시작했기 때문이다.

---

14 스페인어로 Guerra de Reforma로 표기한다. _옮긴이

동부 전선과 서부 전선

이제 동부 전선과 서부 전선으로 화제를 돌려보자. 동부 전선에서는 1861년 7월 치른 불런 전투(제1차) 이후로도 일진일퇴를 계속했다. 1862년 3월 조지 매클렐런(George McClellan) 총사령관이 이끄는 북부군은 체서피크만에서 리치먼드를 공략하려고 노렸고 5월에는 이곳에 육박했지만 전면 충돌에는 이르지 않았다. 이어 8월에 발발한 제2차 불런 전투에서는 북부군이 로버트 리 장군이 이끄는 남부군에 참담한 패배를 맛보았다.

기세가 오른 리 장군은 적진이 있는 메릴랜드를 향해 대담하게 침공했다. 하지만 9월 17일 앤티텀 전투에서는 퇴각에 내몰렸다. 북부군은 전쟁 초기에 계속 패배했으나 앤티텀에서 거둔 승리로 사기가 떨어져 있던 북부의 여론이 전환되었고 링컨은 한숨 돌릴 수 있는 시간을 얻었다. 남부연합을 승인하려는 움직임을 보였던 유럽 국가들도 행동을 멈추었을 뿐만 아니라, 2개월 전부터 공표할 기회를 엿보고 있었던 노예해방 예비선언을 발표하는 정치 상황도 만들어냈다.

링컨의 입장은 남북전쟁이 발발한 이후에도 일관되었는데, 전쟁의 목적은 연방의 통일을 회복하는 것이지 노예제 폐지가 아니라는 점이었다. 노예제 즉시 폐지론자로 이름을 떨쳤던《뉴욕 트리뷴(New York Tribune)》의 사주 호레이스 그릴리(Horace Greeley, 1811~1872)와의 공개 토론에서도 링컨은 "만약 1명의 노예라도 해방되지 않고 연방을 구할 수 있다면 나는 그렇게 할 것이다"라고 말했다. 하지만 이 전쟁이 노예해방 문제와 불가분이라는 사실은 누구라도 잘 알고 있었다. 북부에서는 자유 흑인의 대다수가 병사를 모집하는 북부군의 호소에 솔선해서 응했고, 남부에서도 흑인 노예들이 농장에서 도망침으로써 남부 사회에 혼란을 유발하려 했다.

동부 전선에서 단기 결전 계획이 무산되자 1861년 후반 이래 서부에서는 전선이 확대되었다. 북부군의 율리시스 그랜트(Ulysses Grant) 장군은 전략적으로 중요한 헨리 요새와 도널슨 요새를 공략할 경우 남부연합의 중심부로 통하는 경로가 열린다는 것에 주목하고 1862년 2월에 두 요새를 공략했다. 북부군은 내슈빌을 비롯한 테네시주 전역으로 침공했다. 4월의 샤일로 전투에서도 북부군이 승리해 미시시피강의 요충지 멤피스를 점령했다. 또한 앞에서 언급한 멕시코만에 침공한 해군과 연대해 4월 26일 남부의 최대 도시 뉴올리언스를 함락했다. 그 결과 판세가 결정되지 못하고 교착 상태가 장기간 계속되던 동부 전선과 달리, 서부 전선에서는 북부군이 압승을 거두었다.

3. 남북전쟁의 변질

전환점으로서의 노예해방선언: 노예해방을 위한 전쟁으로

링컨은 결국 1862년 9월 22일 연방군 최고사령관의 권한으로 적절하고도 필요한 군사적 조치로 노예해방 예비선언을 포고했다. 이것은 연방에서 탈퇴했던 남부 여러 주가 1863년 1월 1일까지 연방에 복귀하지 않을 경우 노예해방을 선언한다는 경고였다. 하지만 남부 여러 주는 여기에 응하지 않았기 때문에 1863년 1월 1일 본선언으로 노예해방선언(Emancipation of Proclamation, 공식 명칭은 Proclamation 95_옮긴이)이 포고되었다.

노예해방 예비선언에 이르는 길은 결코 평탄하지 않았다. 원래 북부 사회에서는 전전 시기부터 반흑인 감정이 뿌리 깊었다. 합중국을 시찰 중이던 토크빌은 남부의 노예제 농장을 시찰한 후 북부 사회를 방문해 "인종적 편견은 노예제가 잔존하는 여러 주보다도 이미 노예제가 폐지된 (북부의) 주에서 한층 강한 듯하다"라고 밝히기도 했다. 뉴욕, 보스턴 같은 도시 지역에 집단 거주했던 아일랜드계 노동자는 가장 열악한 영역의 업무를 둘러싸고 자유 흑인과 경합하는 관계였는데, 이민 노동자들은 흑인을 배척함으로써 자신들의 백인성을 구현하고 사회적 상승을 이루었다. "우리는 노예가 아니다"라는 노동자 계급의 의식에서 만들어진 자유노동 이데올로기에는 백인 우월 의식과 인종 차별 의식이 내재되어 있었다는 것이 미국 노동사의 통설이다.

북부민주당은 전시 중에 일반 대중이 지닌 혐오 감정에 호소하면서 공화당을 공격했고, 노예가 해방될 경우 흑인이 북부로 대거 이동할 것이라면서 위기감을 부채질했다. 상징적인 사건을 하나 소개한다. 1863년 1월 1일에 노예해방선언이 공표된 이후 그해 연말에 뉴욕에서는 『인종 혼교(Miscegenation): 여러 인종의 융합에 관한 이론과 미국 백인·흑인에의 적용』[15]이라는 제목의 책자가 판매되었다. 이 문서의 저자는 자신이 공화당의 인종융화 정책에 찬동하는 노예제 폐지론자임을 자처했으며, 이 문서는 선거 응원 문서와 같은 것이었다. 하지만 이 문서는 민주당계 신문기자가 날조한 것이라는 사실이 후일 판명되었다. 이 문서에는 남북전쟁은 "백인과 흑인의 혼교를 추진하기 위한 전쟁"이었고, 승리 이후에는 아시아계와 융합하는 것을 그다음 과제로 삼아야 하며, "공화당은 당 강령에 인종 혼교를 장려한다는 것을 넣어야 한다"라는 내용이 담겨 있었다. 즉, 대중에게 뿌리 깊은 혼교 기피의 성적인 감정을 환기시키면서 공화당에 타격을 주려고 기도했던 것이다. 이 정치 소책자가 각 신문에 전재됨으로써 인종 혼교를 지칭하는 신조어 'miscegenation'이 이제까지 사용된 'amalgamation'을 대신해서 미국 사회에 자리 잡았다.

또한 앞에서 언급한 드레드 스콧 판결이 단적으로 보여주는 바와 같이, 노예는 헌법 해석상 인격으로 간주된 것이 아니라 사유 재산으로 간주되었기 때문에, 노예해방은 헌법에서 보장한 재산권을 침해할 우려가 있었다. 노예 1명을 100달러로 환산하면 400만 명이 해방될 경우 4억 달러의 사유 재산이 몰수된다는 것을 의미했는데, 이것은 1860년 당시 미합중국의 GNP에 필적했다.

주저하는 링컨을 뒷받침한 것은 찰스 섬너(Charles Sumner), 새디어스 스티븐슨(Thaddeus Stevens), 조지 줄리앙(George Julian) 등 공화당 급진파라고 불리는 연방 의원의 그룹이었다. 그들은 링컨 등 온건파 의원이 고집하는 흑인

---

15 영어로는 *Miscegenation: The Theory of the Blending of the Races, Applied to the American White Man and Negro*로 표기한다._옮긴이

의 유상 해방 및 식민 계획을 비인도적이고 비현실적이라고 비판했다. 급진파
는 대통령에게 노예해방을 인도주의적 입장으로 포고하는 것이 아니라 군사적
으로 필요한 수단으로 포고해야 한다고 설득했으며, 1862년 이후 연방의회에
노예해방과 관련된 법안을 차례로 제출했다. 우선 4월에는 수도 워싱턴의 노
예를 해방시켰고, 6월에는 1850년 제정된 '도망 노예법'을 철회하는 법안을 제
출했다. 7월에는 섬너가 "실질적인 노예해방선언"이라고 불렀던 '제2차 몰수
법'(7월 17일 가결)이 제정되었다. 이 법률은 남부의 반란에 가담했던 노예 소유
자가 보유한 노예의 해방을 합법화하는 것이었다. '제2차 몰수법'의 내용을 시
안으로 7월 22일에는 링컨이 각료와 함께 예비선언의 초안을 완성했다. 그리
고 앤티텀 전투가 발발하고 5일 후인 7월 27일에 노예해방 예비선언이 발표되
었다.

링컨이 포고했던 노예해방선언의 내용은 다음과 같다.

1862년 9월 22일을 기하여 미국 대통령 링컨은 다음과 같은 내용의 선언문을
발표했다.

"현재 미국에 대해 반란 상태인 주 또는 일부 주의 노예들은 1863년 1월 1일
이후부터 영원히 자유의 몸이 될 것이다. 육군·해군 당국을 포함해 미국의 행정
부는 그들의 자유를 인정하고 지켜줄 것이며, 그들이 진정한 자유를 얻고자 노
력하는 데 어떤 제약도 가하지 않을 것이다.

미국 행정부는 앞서 말한 1월 1일에 여전히 미국에 대해 반란 상태인 주들과
주의 일부 지역이 있다면 이들 지역을 선포에 의해 (반란주로) 지정할 것이다.
그리고 그날까지 주 또는 주민 유권자의 과반수가 투표해서 선출한 대의원들을
미국 의회에 파견한다면 이를 뒤엎을 만한 다른 증언이 없는 한, 그 주와 주민은
미국에 대해 반란 상태이지 않은 것으로 간주할 것이다."

그러므로 미국의 대통령인 나, 에이브러햄 링컨은 미국 육군·해군 총사령관
으로서 부여된 권한에 의거하여, 그리고 이 반란을 진압하기 위한 적합하고 필

요한 조치로, 1863년 1월 1일부터 그 이후 100일 동안 미국에 대항해 반란 상태인 다음과 같은 주와 주의 일부 지역을 미국 정부의 권위에 대항해 무장 반란을 일으킨 반란주로 지명하는 바이다.

아칸소, 텍사스, 루이지애나(다만 세인트 버나드, 플래크민스, 제퍼슨, 세인트 존, 세인트 찰스, 세인트 제임스, 어센션, 어섬션, 테레본, 라푸세, 세인트 매리, 세인트 마틴, 올리언스 등의 지역은 제외하고 뉴올리언스는 포함한다), 미시시피, 앨라배마, 플로리다, 조지아, 사우스캐롤라이나, 노스캐롤라이나, 버지니아(웨스트버지니아로 정해진 48개 카운티와 버클리, 애커맥, 노샘프턴, 엘리자베스시티, 요크, 프린세스 앤, 노퍽 카운티는 제외하고 노퍽시 및 포츠머스시는 포함한다). 앞에서 제외된 지역에는 현재 이 포고령이 공포되지 않았다.

상기 권한과 목적을 위해 나는 이상의 반란주로 지정된 주와 주의 일부 지역에서 노예로 있는 모든 사람이 이제부터 자유의 몸이 될 것임을 선포한다. 그리고 육군과 해군 당국을 포함해 미국의 행정부는 위에서 언급한 자들의 자유를 인정하고 유지해야 할 것이다.

나는 자유가 선언된 상기의 노예들에게 자기 방어를 위해 필요한 경우가 아니라면 모든 폭력 행위를 삼갈 것을 명한다. 그리고 그들에게 허용된 모든 경우에 적합한 임금을 벌기 위해 충실히 노동할 것을 권유하는 바이다.

그리고 나는 적합한 조건을 갖춘 자는 미국 군대에 입대해 요새, 진지 및 기타 부서에 배치되고 모든 종류의 선박에도 배치될 것임을 알리는 바이다.

그리고 진실로 정의를 위한 행위이며 군사상의 필요에 의해 헌법에 의해 보증된 이 선언에 대해 인류의 신중한 판단과 전능하신 하나님의 은총이 함께하기를 기원한다.[16]

---

16 한글 번역문은 일본어 번역문과 영어 원문["Emancipation Proclamation"(https://www.pbs.org/wgbh/aia/part4/4h1549t.html)]을 대조하고, "에이브러햄 링컨: 노예해방선언(1863)"[주한 미국대사관 및 영사관(https://kr.usembassy.gov)], "노예해방선언"[한국 미국사학회(http://www.americanhistory.or.kr/book/link/d-1863.htm)] 등을 일부 참조해 재구성했다._옮긴이

이 선언은 반란에 가담한 여러 주가 1863년 1월 1일까지 연방에 복귀하지 않았으므로 그 지배하에 있는 노예는 같은 날을 기해 곧바로 자유의 신분이 된다는 것을 표명한 것이었다. 즉, 선언의 대상이 된 것은 연방군이 1863년 1월 이후 점령한 남부연합이 지배하는 지역의 노예들이었다. 링컨의 선언이 대상에서 제외한 것은 △델라웨어(1860년 기준 노예 인구 1798명), 켄터키(22만 5483명), 메릴랜드(8만 7189명), 미주리(11만 4931명) 등 4개 경계주의 노예 약 3만 명, △이미 연방군이 점령하고 있던 테네시주의 27만 5719명, △거대한 노예 인구를 보유하고 있는 2개 주, 즉 루이지애나(33만 1726명)와 버지니아(49만 865명)에서 연방군이 이미 지배하고 있던 카운티의 노예였다. 하지만 이 선언이 지닌 역사적 의의는 컸다. 즉, 이 선언에 의해 남북전쟁은 연방을 유지하기 위한 전쟁에서 노예해방이라는 사회혁명을 위한 전쟁으로 의미가 크게 변화했다.

흑인들은 1863년 1월 1일을 환희 속에서 맞이했다. 노예해방운동의 중심지 보스턴에서는 뮤직 홀과 트리몬트 템플에 6000명이 넘는 관중이 모였으며, 노예해방령이 선언되었다는 전신을 전해 받고 모두 기뻐했다. 그 장소에 함께 있었던 프레더릭 더글러스는 노예해방선언의 기념일은 "미국의 달력에서 가장 기념해야 할 축일이 될 것이다"라고 예언한 바 있다. 그 이후 전황도 북부 측에 유리하게 전개됨에 따라 전쟁은 커다란 전환점을 맞이했다.

또한 노예해방선언의 후반부에서 흑인이 군에 소속되어 국가를 위해 싸울 권리를 인정한 점도 눈여겨보아야 한다. 섬터 요새가 몰락한 이후 워싱턴에서는 곧바로 자유 흑인들이 군역을 지원했다. 전쟁에서 노예해방에 의미를 부여하는 데 계속 주저했던 링컨과 달리, 흑인에게 전쟁은 무엇보다 노예해방과 직결되었다. 당시에는 1792년 '민병법'의 규정에 따라 흑인 군대에서 무기 휴대가 금지되었으며, 그 때문에 흑인들은 북부군에 지원하지 못했다. 하지만 점령지에서는 도망쳐 온 노예를 군역에 종사시키는 장군도 있었으므로 1862년 7월에 연방의회는 '제2차 몰수법'과 동시에 흑인의 군대 편입을 승인했다. 더글러스는 1863년 7월과 이듬해 8월, 링컨과 회견하고 군대에서의 흑인 차별 철폐를 제안

〈그림 2-8〉 남북전쟁에 동원된 흑인 병사. 유색인 부대를 모집하기 위한 포스터(1865년)

했다.

그 결과 종전될 때까지 급여에서는 차별 대우했지만, 약 20만 명의 흑인 병사가 북부군의 군역에 종사할 기회를 얻었다. 흑인 부대 중에는 영화 〈글로리〉(1989)에서 다루어지기도 했던 제54 매사추세츠 보병 연대가 유명한데, 이 부대에는 더글러스의 아들 2명도 포함되어 있었다. 흑인 지도자의 사상 계보에는 전투와 자유의 이념이 견고하게 결부되어 있으며, 프레더릭 더글러스 이후에도 부커 워싱턴(Booker Washington), 두 보이스(W. E. B. Du Bois) 등은 흑인 병사들이 전투했던 기억을 계속 칭송했다.

다만 노예해방선언으로 전쟁 목적이 변하자 북부의 민주당 지지자 사이에서 응어리져 있던 불만이 분출되기도 했다. 1863년 1월 1일에 포고된 노예해방선언과 같은 해 3월에 시행된 '연방 징병법'은 북부의 미국인들에게 국가와 개인 간에 새로운 관계를 구축하도록 요청한 것이었다.

1862년에 징병이 실시된 남부에서는 징병 기피가 사회 문제로 떠올랐는데, 북부에서도 1862년부터 징병자 선발을 피하기 위해 캐나다나 다른 주로 도망하는 자가 증가했고, 위스콘신과 오하이오에서는 격렬한 저항 운동도 일어났던 것으로 알려지고 있다. 한편 '연방 징병법'은 한층 대규모의 저항 운동을 유발했다. 당시 민주당계의 신문에는 징병 반대파의 주장으로 두 가지 논점이 제시되었다. 하나는 전쟁의 목적이 처음의 연방 구제 대신 흑인 해방을 위한 전쟁이 되어버렸다는 점이다. 따라서 공화당의 노예제 즉시 폐지론과 전제정치에 의한 연방 권한 확대에는 단호히 항의해야 한다는 입장이었다.

또 하나는 징병 면제 대상자와 관련된 것이다. 대역을 세우거나 300달러를 지불하면 군역이 면제되는 부유층 우선의 계급 차별적인 규정에 대한 반발이었는데, 노동자에게 과중한 부담을 강제했다는 점에서 시민적 자유의 원칙을 침해한다는 비판을 받았다(남부에서는 1862년 10월, 20명 이상의 노예를 소유한 자는 모두 군역에서 제외한다는 악명 높은 '노예 20명법'이 제정되었다).

이러한 징병 기피 운동 가운데 최대 규모는 1863년 뉴욕에서 발발한 징병 폭동이었다. 당시 뉴욕은 후술하는 게티즈버그 전투에 의해 연방군의 방비가 허술해졌다. 7월 13일 오전 6시에 개시되는 징병 선발 행사장을 기점으로 백인 노동자 중심의 폭도들이 징병관 사무소, 경찰서, 그리고 5번가의 부유층과 공화당 의원 자택을 습격해 폭동이 시작되었다. 폭도들은 그날 오후 44번가의 흑인 고아원을 습격해 흑인뿐만 아니라 중국인까지 표적으로 삼아 린치를 가했다. 노예해방에 대한 반발로 호레이스 그릴리가 사주였던 《뉴욕 트리뷴》 본사도 습격을 받았다. 폭동은 4일간에 걸쳐 도시 기능을 마비시켰고 7월 16일 결국 군대에 의해 진압되었다.

이 폭동을 주도한 사람들은 노예가 해방되면 흑인과 일자리를 놓고 서로 다툴 것을 우려한 아일랜드계 이민 출신 백인 노동자였다. '전쟁은 부자가 일으키고 싸움터에는 가난한 자가 출전한다'라는 전쟁 구도는 동서고금을 통해 흔한 일이었지만, 남북전쟁에서 징병 명부에 특정 인종 그룹이나 노동자 계급이 많이 올라가 있었던 것은 의심할 바 없는 일이었다. 연방군에 참가했던 독일 태생은 20만 명, 아일랜드 태생은 15만 명으로 이민 비중이 인구 비율에서도 균형을 이루지 못하는 경우가 많았다.

전시하의 북부는 결코 하나의 바위처럼 통합되어 있지 않았다.

전쟁 종결

경제력에서 승리한 북부는 1862년 '홈스테드 법'을 제정해 서부 개척자에게 토지를 무상으로 제공하기로 약속했고, 그다음으로 '태평양 철도법'을 제정하는 등 서부의 지지를 확보해 더욱 우세한 위치에 섰다. 1863년 7월 1일부터 7월 3일에 걸쳐 펜실베이니아의 농촌 마을 게티즈버그에서는 남부군과 북부군이 대치해서 총 4만 5000명 이상의 사상자가 발생하는 사투를 벌였는데, 북부군이 격전을 벌이면서 제압했다.

그해 11월 그곳에서 치러진 전몰자 묘지 봉헌식에서 링컨 대통령은 유명한 게티즈버그 연설을 했다. 시간상으로 3분 정도, 영어로는 겨우 272개 단어로 구성된 이 연설의 내용은 다음과 같았다.

지금으로부터 87년 전 우리 조상은 자유로운 생활을 할 수 있고 모든 사람은 태어날 때부터 평등하다는 신조를 가지고 새로운 **나라**를 이 대륙에 창설했습니다.

지금 우리는 이와 같이 키워지고 바쳐진 이 **나라**가 영원히 이어질 수 있을지 실험하는 커다란 내전을 치르고 있습니다. 우리는 그 전쟁의 커다란 싸움터에 모였습니다. 우리는 이 **나라**가 영원하고 무궁할 수 있도록 이곳에서 생명을 바친 사람들의 최후의 안식처로 이 싸움터의 일부를 바치기 위해 모인 것입니다.

그러나 이보다 더 큰 의미에서 우리는 이 땅을 바칠 수도 없습니다. 이 땅을 성스럽게 할 수도, 깨끗하게 할 수도 없습니다. 여기서 싸운 용사들은 살아남은 사람이든 전사한 사람이든 다 같이 우리의 빈약한 힘으로는 더 보태거나 뺄 수 없을 정도로 이 땅을 성스럽게 했습니다. 세계는 지금 우리가 여기서 하는 말을 그다지 마음에 새기지 않을 것이며 오래 기억하지도 않을 것입니다.

여기서 쓰러진 용사들이 지금까지 훌륭하게 추진해 온 미완성의 과업에 몸을 바쳐야 할 사람들은 오히려 살아 있는 우리들입니다. 그 과업이란, 이들 명예로운 전사자가 최후까지 온 힘을 다해 싸운 대의에 우리가 더욱 헌신하는 것, 이들 전사자의 죽음을 헛되게 하지 않을 것임을 굳게 맹세하는 것, 이 **나라**를 하나님의 뜻 아래 새로운 자유의 **나라**로 탄생시키는 것, 그리고 국민의, 국민에 의한, 국민을 위한 정부가 지상에서 사라지지 않도록 하는 것입니다.[17]

---

17 한글 번역문은 일본어 번역문과 영어 원문["The Gettysburg Address"(https://www.pbs.

〈그림 2-9〉 링컨의 게티즈버그 연설. 플레처 랜섬의
그림(1938년)

링컨은 북부군의 승리를 결정
지은 전쟁터에서 한 연설이었음
에도 불구하고 공을 세운 부대의
명칭을 일부러 거론하지 않고 북
부군과 남부군을 구별하지 않으
면서 전사한 용사를 칭송했다.
노예제에 대해서도 언급하지 않
고 다만 독립선언에서 선언된 자
유의 이념에 대해서만 언급함으
로써 살아남은 자들이 자유의 새로운 탄생을 성취하고 미완의 과업에 헌신할
것을 호소했다. 종전 이후의 국가 재건과 국민통합을 염두에 둔 발언이었다. 또
한 이 연설에서는 이제까지 국가를 지시하는 용어로 사용해 온 연방(Union)이
라는 표현 대신 나라(Nation, 연설에서 강조한 부분)라는 말을 다섯 차례에 걸쳐
사용한 것에도 주목할 필요가 있다. 남부연합이 탈퇴 선언에서 주장했던 것은
'연방(Federal Union)이란 각각이 주권을 지닌 독립된 주의 느슨한 연합에 불과
하다'라는 주권론(州權論)적 국가관이었는데, 링컨은 이것을 부정하고 연방이
주도하는 새로운 국가 건설과 새로운 국민 창조를 구상했던 것이다(여기에 대해
서는 제3장에서 구체적으로 다룬다).

이듬해 11월의 대통령선거에서는 장기간 계속되는 전쟁에 피로해져 북부의
민주당을 지지하는 이민들 사이에 전쟁을 혐오하는 분위기가 감도는 가운데 민
주당은 링컨이 총사령관의 직에서 해임한 조지 매클렐런(George McClellan) 장

org/newshour/nation/seven-score-and-ten-years-ago-the-gettysburg-address-entered-
history)]을 대조하고, "에이브러햄 링컨: 게티즈버그 연설(1863)"[주한 미국대사관 및 영사
관(https://kr.usembassy.gov)], "링컨 대통령의 게티즈버그 연설"[한국 미국사학회(http://
www.americanhistory.or.kr/book/link/d-18632.htm)] 등을 일부 참조해 재구성했다._
옮긴이

〈그림 2-10〉 링컨
(왼쪽) 대통령선거 출마 당시의
모습(1860년 2월 27일)
(오른쪽) 생전의 최후 모습으로
추정되는 사진(1865년 2월 5일)

군을 대통령 후보로 지명했다. 매클렐런 후보는 링컨의 군대가 사람들을 자의적으로 체포하고 언론·출판의 자유를 탄압했다고 비판하면서 주의 권한 존중과 남부와의 화평 요구를 선거 공약으로 내세웠다. 하지만 링컨은 큰 표 차이로 매클렐런 후보를 이기고 재선에 성공했다(획득한 선거인 수는 212 대 21이었다). 상하 양원의 연방의회 의원 선거에서도 공화당이 완승을 거두었다.

전쟁 후반에 해당하는 이 시기에 남부 경제는 이미 파탄 나기 직전 상태였다. 1863년 이래 각지에서 식량 폭동이 일어났으며, 군대 내부에서는 탈영병이 급격하게 증가했다. 남부군의 육군장관 제임스 세던(James Seddon)은 군대의 1/3을 믿을 수 없었다고 한탄했다. 제퍼슨 데이비스(Jefferson Davis) 정권에 대해 조지아주의 주지사[18]가 징병이 "주의 주권을 침해하고 있으며 조지아주가 이 혁명에 가담할 때 지지했던 원리와 모순된다"라면서 공개적으로 징병 저지 행동을 취하는 등 전쟁 협력에 거부하는 일이 급증했다.

1864년 3월 율리시스 그랜트가 북부군 총사령관에 취임했을 무렵에는 인적 자원, 장비, 공업력 등 모든 면에서 북부군이 명백히 우세해졌다. 서부 전선에서는 그랜트에게서 지휘권을 인계받은 윌리엄 셔먼(William Sherman)이 같은 해 5월 애틀랜타를 향해 진군을 개시했고, 9월 남부의 심장부이자 조지아의 요충지인 애틀랜타를 함락시켰다.

그 이후 셔먼은 전쟁을 계속하겠다는 남부의 의지를 꺾기 위해 대서양 연안

18 조지프 브라운(Joseph Brown)을 일컫는다._옮긴이

의 사바나를 초토화하는 작전을 결행했다. 진군하면서는 80~100km에 이르는 폭으로 도로, 철도, 교량, 공장, 기계, 가축 등을 파괴하거나 도살했다. 이 대규모 대량 파괴 행위는 20세기의 총력전을 예고하는 것이었으며, 남부 사람들의 전의를 상실하게 만들었다. 애틀랜타를 무대로 만든 영화 〈바람과 함께 사라지다〉(1939)[19]는 이 전쟁의 경험을 묘사한 것이었다.

서먼이 이끄는 북부군은 더욱 북상해 사우스캐롤라이나로 진격했으며, 1865년 3월에는 찰스턴을 항복시켰다. 궁지에 내몰린 로버트 리 장군 지휘하의 남부군은 수도 리치먼드에서 철수를 개시했다. 같은 해 4월 9일, 북부군에 의해 포위되어 식량이 바닥나고 병사도 약 3만 명만 남게 된 남부군은 애퍼매턱스[20]에서 그랜트 장군에게 항복했으며, 이로써 남북전쟁은 사실상 종결되었다. 그로부터 수주일 내에 제퍼슨 데이비스가 체포되었고, 남부군 부대도 무기를 버리고 투항했다.

그러나 링컨은 4월 14일 성금요일[21] 밤에 워싱턴의 포드 극장에서 광신적인 남부 백인 출신의 존 윌크스 부스(John Wilkes Booth)[22]에게 가까운 거리에서 저격을 당해 전후 개혁에 착수하지 못한 채 이튿날 사망했다.

---

19 마거릿 미첼(Margaret Mitchell)의 소설 『바람과 함께 사라지다(Gone with the Wind)』 (1936)를 토대로 만들어진 영화이다._옮긴이
20 항복 장소는 정확하게 애퍼매턱스 코트하우스(Appomattox Court House)였다._옮긴이
21 영어로 Good Friday로 표기하며, 그리스도의 십자가 수난일을 일컫는다. 그리스도가 예루살렘에 입성한 성지주일(고난주일)로 시작되는 성 주간의 금요일이며, 부활절 직전의 금요일이다._옮긴이
22 링컨을 암살한 이후 "폭군은 언제나 이렇게 될 것이다(Sic semper tyrannis)"라고 외쳤던 것으로 알려져 있다._옮긴이

제3장

재건의 시대
미완의 혁명

해방노예
Harper's Weekly(1863.1.24)

1. 남북전쟁과 전후 개혁: '미국 국민' 창조하기

전쟁이 남긴 상처: 전사자와 미국 정치

4년이라는 장기간에 걸친 내전으로 발생한 희생자 수는 미합중국 역사상 전례를 찾아볼 수 없는 수치였다. 북부군으로 동원된 221만 3000명 중 36만 4511명이 사망했고, 남부군의 경우에는 105만 명 중 25만 800명이 사망해 모두 합쳐 62만여 명이 전사했다. 최신 소총의 등장 등 무기 기술이 혁신된 이유도 있었지만, 질병으로 사망한 병사의 수가 전쟁터에서 목숨을 잃은 자의 2배 이상에 달했다. 〈바람과 함께 사라지다〉에서 스칼릿 오하라의 첫 남편은 출정한 뒤 2개월도 되지 않아 홍역이 악화되어 폐렴으로 사망했는데, 이것은 병사 가족을 습격했던 전형적인 사건이었다. 전염성 질환, 주둔지에서 유행한 이질과 말라리아, 장티푸스 등으로 병사하는 자가 끊이지 않았다.

부상병을 간호하는 데서 여성들이 수행한 군사 봉사를 남북 모두 공식적으로는 인정하지 않았지만, 실제로는 여성 지원자 조직이 활약했다. 훗날 미국 적십자(America Red Cross: ARC)를 설립하는 클라라 바턴(Clara Barton, 1821~1912)

<그림 3-1> 남북전쟁 당시 간호 활동에 매진했던 클라라 바턴의 모습(1865년). 남북전쟁에서는 부상자의 사망률도 높았다. 클라라 바턴은 1881년 미국 적십자를 설립한다.

도 남북전쟁에서 최초로 부상병을 간호했다. 전후에 바턴은 남부군이 북부군 포로를 수용했던 앤더슨빌 포로수용소 등에서 기아와 질병으로 사망한 1만 3000명의 행방불명 병사의 유골을 수집하고 매장하는 데 힘을 쏟아 부었다.

1860년의 미합중국 총인구가 겨우 3100만 명이었음을 고려하면, 62만 명이라는 전사자 수는 <표 3-1>에서 보는 바와 같이 독립전쟁에서부터 베트남 전쟁, 테러와의 전쟁에 이르기까지 미합중국이 싸웠던 어떤 전쟁의 희

<표 3-1> 미합중국의 전쟁별 전사자와 부상자 수

	전사자	부상자	동원자 수
독립혁명	4,435	6,188	217,000
1812년 전쟁	2,260	4,505	286,730
미국-멕시코 전쟁	13,283	4,152	78,718
남북전쟁	498,332	281,881	3,263,363
미국-스페인 전쟁	2,446	1,662	306,760
제1차 세계대전	116,516	204,002	4,734,991
제2차 세계대전	405,399	671,846	16,112,566
한국전쟁	54,246	103,284	5,720,000
베트남 전쟁	90,200	153,303	9,200,000
걸프전쟁	1,296	467	2,322,332
테러와의 전쟁	1,189	5,828	1,428,383

전사자에는 전투 중에 사망하지 않은 자도 포함되어 있다.
Maris A. Vinovskis, "Have Social Historians Lost the Civil War? Some Preliminary Demographic Speculations", *Journal of American History*, 76(June 1989), pp.37~38은 독립혁명 전사자 수는 2만 5324명, 남북전쟁 전사자 수는 61만 8222명이라고 기록하고 있다. 또한 표에서 남북전쟁의 부상자 수는 연방군 측에만 해당하는 자료이다.

생자 수보다도 많았다.

당시 총인구에서 전사자 수가 차지하는 비중으로 비교해 보면, 각각 인구 1만 명당 제1차 세계대전은 11.1명, 제2차 세계대전은 29.6명, 베트남 전쟁은 2.8명인 데 반해, 남북전쟁은 181.7명이나 된다. 가장 인구가 적었던 독립전쟁에서도 117.9명이었으므로 이를 통해 남북전쟁이 사회에 미친 거대한 영향을 엿볼 수 있다. 또한 백인 남성 중에 13세부터 43세까지(북부군의 징병 대상은 20세부터 45세까지였다)의 연령층으로 산출하면 전체로는 약 8%가 사망했으며, 북부에서는 6%, 남부에서는 18%가 사망했다.

근대 전쟁에서 최초의 총력전이라고 일컬어지는 이 내전에서 이처럼 많은 전사자가 발생한 것은 전후 정치에서 발발한 남북 간의 감정적 대립이 주요 원인이었다. 한편 남겨진 가족과 제대 병사의 생활을 뒷받침하기 위해 연금 제도가 만들어지고 이 제도가 단계적으로 확충되면서 남북전쟁 이후 시기의 경제·사회 편성과 젠더 및 가족 구성에 커다란 영향을 미쳤다. 남북전쟁의 전후 공간에 형

〈그림 3-2〉 버지니아주 콜드하버 전쟁터에서 유골을 수집 중인 흑인들(1865년 4월)

성되었던 생존자들의 애국주의 형태는 전사자를 기억하고 칭송하는 정치와 깊이 관련되어 있다.

오늘날의 미국이 군사화된 사회라는 점은 모두 아는 사실인데, 병사의 남자다움과 희생을 영웅적인 것으로 간주하는 가치관은 남북전쟁의 시기 이래 사회에 정착되었다. 미국 대통령은 헌법 제2조 제2절의 규정에 따라 전시에는 최고 사령관이 되기 때문에 군인적인 자질이 요구되는데(역대 44명의 대통령 중에서 27명이 군대 경험자였다), 남북전쟁 이후의 대통령으로는 링컨 이래 율리시스 그랜트, 러더퍼드 헤이스(Rutherford Hayes), 제임스 가필드(James Garfield), 체스터 아서(Chester Arthur), 벤저민 해리슨(Benjamin Harrison)이 군대 경험자였으며, 남북전쟁에서 종군한 최후의 대통령 윌리엄 매킨리(William McKinley)까지 군대 경험자가 즐비하다.

또한 19세기 후반에는 100만 명 넘는 제대 군인이 공화당 정권의 유력한 표밭이자 지지기반이었다. 공화당 정권이 제대 병사를 포섭하려고 얼마나 노력했는지는 연방 예산에서 제대 군인을 위한 연금 지출액이 1893년까지 국가예산의 40%를 넘는 수준까지 비대해졌다는 데서 단적으로 나타난다(〈표 3-2〉 참조).

제대 병사들은 전후 얼마 지나지 않아 미국 육군군인회(The Grand Army of the Republic)[1]를 결성하고 제대 병사의 고용 확보, 생활 보조의 연금 수급에 관한 로비 단체로 정치 활동을 시작했다. 1866년 일리노이에서 발족한 미국 육군군인회는 중서부와 동부로 확대되었고, 연방에 대한 충성을 유일한 자격 요건

---

[1] 1886년 4월 6일 벤저민 스티븐슨(Benjamin Stephenson)에 의해 만들어진 일종의 군인 공제회이며, '공화국의 위대한 군대(The Grand Army of the Republic: GAR)'라는 의미이다._옮긴이

<표 3-2> 남북전쟁에 참가한 군인 연금 수급자의 추이(1865~1910)

연도	연방 제대 군인 수	군인 연금 수급자
1865	1,830,000	35,880
1870	1,744,000	87,521
1875	1,654,000	107,114
1880	1,557,000	135,272
1885	1,449,000	244,201
1890	1,322,000	-
1895	1,170,000	735,338
1900	1,000,000	741,259
1905	821,000	684,608
1910	624,000	562,615

으로 해서 회원(옛 남부군 소속 인물들은 배제했다)의 수가 급증했는데, 1890년에는 40만 9489명에 도달했다.

전사자를 언급하는 것은 고금동서를 불문하고 대중을 동원하는 데서 가장 고전적인 수단으로, 애국주의를 고무하는 정치가의 정치적 자원이 되어왔다. 남북전쟁을 계기로 출현해 확고한 지위를 획득한 미국의 출판문화, 특히 북부 뉴욕의 공화당계 신문과 삽화 신문이 전략적으로 이용한 '피투성이 셔츠를 흔드는' 논법에 대해서는 뒤에서 상세하게 설명할 것이다.

미완의 혁명인 남북전쟁과 재건 정치: '미국 국민'의 창조

이 책은 제목을 '남북전쟁의 시대: 19세기'로 정했는데, 이제까지 많은 역사가가 남북전쟁을 미국사의 분수령이라고 지적해 왔다. 건국 이래 미국의 역사는 남북전쟁을 향해 흘러들어가서 남북전쟁에서 모든 것이 흘러나왔던 것이다.

여기서는 남북전쟁과 재건 시기의 연구사에 대해 정리할 것이다. 남북전쟁이 발발한 원인에 대해서는 전쟁 불가피론과 회피 가능론(당시 정치가의 실책에 의한 결과라는 주장) 두 가지 입장으로 나뉘어 장기간 논쟁이 전개되어 왔다. 일본에서는 불가피론이 압도적이었는데, 산업자본주의였던 북부와 노예제에 의

존하는 전자본주의적 생산 양식의 남부가 대립하는 것은 필연이었다고 인식되어 왔다. 현재까지 일본 고등학교의 세계사 교과서는 대부분 남북의 서로 다른 체제가 충돌했다는 도식으로 남북전쟁의 발발을 설명하고 있다.

하지만 식민지 시대의 노예제(제1차 노예제론)와 구분해서 건국 이후의 노예제를 설명하는 최근의 제2차 노예제론에서는 노예제를 둘러싸고 남북 각각의 체제가 형성된 것은 결코 아니라는 점을 강조하고 있다. 그동안에는 노예제가 자리매김한 데 대해 혁명 시기의 모순으로 간주해 왔으나, 최근 연구에서는 이를 반전시켜 미국의 노예제가 독립 이후에 헌법에 (완곡하게 표현되기는 했지만) 들어가게 됨으로써 처음으로 국가적 제도로 인정되고 국가의 정치와 연동되어 발전했다고 주장한다. 제1장에서 살펴본 바와 같이 워싱턴, 제퍼슨, 매디슨, 먼로, 잭슨과 남북전쟁 이전의 대통령들은 다수가 노예 소유자였으므로 노예국가로서의 친노예제 정치가 발전했다는 것이다.

이매뉴얼 월러스틴이 지적하는 바와 같이, 자유노동과 강제 노동을 결합하는 것이 자본주의의 본질이다. 일라이 휘트니가 조면기를 발명한 이래 노예제는 산업 혁명 이후의 새로운 자본주의 세계 경제를 구성하는 주요 요소로 발전했으며 자본주의적 수법은 노예제에 의해 뒷받침되는 생산 체제에 본격적으로 도입되었다. 여기에 근대적 기술혁신이 노예제를 재정비함으로써 제2차 노예제는 기계-노예 복합체로 꽃을 피웠던 것으로 추정된다. 남부 노예제가 북부의 산업 자본주의를 저해한 것이 아니라 북부의 발전을 뒷받침했다는 것은 최근 미국 자본주의사의 주요 논점 중 하나이다.

미국은 남북이 하나였을 뿐만 아니라 아이티 혁명 이후 19세기의 남북 아메리카 대륙에서는 새로운 노예제 권역(브라질의 커피, 쿠바의 사탕, 미국의 면화 등)이 출현했다는 점도 잊어서는 안 된다. 남부의 노예 농장주 중에는 브라질의 아마존 유역을 미국 노예제도의 안전판으로 삼고 미국의 노예를 이용해 개발하려고 시도한 사례도 있었다. 이 때문에 패전 이후에는 옛 남부연합 관계자가 국외로 도망가서 노예 농장의 꿈을 계속 추구하는 일도 있었다. 막시밀리안 1세가 통치하는 멕시코로 도망쳤던 옛 남부군의 조지프 셸비(Joseph Shelby) 장군 등 국경을 넘어 이주한 사례가 알려져 있는데, 노예제가 존속된 브라질에는 옛 남부군 퇴역 군인, 옛 노예주 등 약 1500명이 도항했으며, 노예를 사용하는 농장을 부활하려고 기도한 족적이 남아 있다. 이러한 지역은 노예제를 단계적으로 해체시켜 나가는 과정에서 흑인 노예의 대체 노동력으로 중국인 쿨리(苦力, coolie) 등을 도입했다. 미국 서부와 남부에 도입된 중국인 노동자들도 노예제에서 자유노동제로 바뀌는 근대 세계 노동 형태의 글로벌한 변화 가운데 일부였다.

남북전쟁과 재건 시기에 관한 연구에서 매우 큰 전환은 국가 건설(state building)과 국민 창조(nation building)라는 시각을 도입하고 있다는 것이다. 미국 정치사 연구에 국가의 개념을 본격적으로 도입했던 스티븐 스코로네크 (Stephen Skowronek)[2]의 논의를 우선 살펴보자.

스코로네크에 따르면, 미합중국은 18세기 유럽 국가들에서 진행되고 있었던 국가기구의 조직화를 거부한 데서 탄생했다. '새 미국사' 시리즈 제1권에서도 언급한 바와 같이, 합중국은 근대 국가기구의 핵심에 해당하는 상비군 및 중앙집권적인 과세 권한을 거부하고 정부의 권력을 분산시켰다. 요컨대 국가 부재의 상태가 특징이었던 국가이고, 주권은 13개 주에 나뉘었으며, 각각의 주가 독자적인 헌법과 귀화법, 법 집행기관을 갖고 있었다. 행정상으로도 상비군은 원주민과 전투하기 위한 소수의 부대뿐이었다. 관료제 측면에서도 수도 워싱턴의 행정 부처는 인원이 적었으며 수도 외에 연방정부가 직접 통치하는 국가기관은 세관, 우편국, 공유지국 정도였다.

스트로네크는 이러한 국가 부재의 상황하에서 연방법원과 정당이 정부로서

---

2 미국 예일 대학 교수로 재직해 왔으며, 주요 저서로 *Building a New American State: The Expansion of National Administrative Capacities, 1877-1920*(Cambridge University Press, 1982), *The Politics Presidents Make: Leadership from John Adams to Bill Clinton*(Belknap Press, 1997) 등이 있다._옮긴이

의 일체성을 유지하는 역할을 담당했다고 지적한다. 법원은 재판을 통해 연방법을 국민에게 직접 집행하는 역할을 수행했으며, 전국적으로 통일된 법질서를 형성했다. 또한 정당은 선거와 정치적 임명에 따라 중앙정부와 지방을 연계하고 각종 기관을 연계하는 재봉실 같은 역할을 수행했다. 스트로네크는 이러한 미국형 국가를 "법원과 정당으로 구성된 국가"[3]라고 불렀다.

그렇다면 미합중국은 언제 국가 건설과 국민 창조를 시작했던 것일까? 여러 가지 설이 있지만 이 책은 남북전쟁과 재건 시기 자체가 그 기원이라고 파악한다. 연방정부는 총력전이었던 내전에서 싸우는 가운데 그때까지 주에 빼앗겼던 통화 발행권을 국가주권의 이름으로 되찾고 연방 과세를 실시하면서 재정 정책의 주도권을 장악했다. 또한 조국을 위해 목숨을 바칠 것을 강제하는 연방 차원의 징병을 단번에 실현시켰다.

또한 후술하는 바와 같이, 재건 시기에는 '시민권법' 및 수정헌법 제13조, 수정헌법 제14조, 수정헌법 제15조 등에서 연방 시민권 개념을 확립하고 그때까지의 연방과 주의 관계를 크게 바꿔 국가주권이 주보다 우월하다는 관념을 확립했다. 링컨이 게티즈버그 연설에서 'union' 대신 'nation'을 사용한 것은 남부연합이 탈퇴 선언에서 주장했던 주권론적인 국가관을 부정하기 위해서였다.

그렇다면 재건 정치에서 노예제는 어떻게 해체되었을까? 연방 주도의 국민 창조는 어떤 프로세스로 진행되었을까? 그리고 노예제를 폐지함으로써 사회혁명을 지향했던 것으로 추정되는 재건 정치는 왜 미완의 혁명으로 끝났을까? 여기에 대해서는 아래에서 살펴볼 것이다.

---

3   영어로는 "state of courts and parties"라고 표기한다._옮긴이

2. 링컨 대통령과 존슨 대통령의 재건 정책

전쟁 중의 노예해방 문제

연방을 탈퇴한 뒤 독립국가를 수립하려 했던 남부 여러 주를 어떤 조건으로 연방에 복귀시킬 것인가? 노예해방 이후 해방노예 400만 명을 어떻게 조처할 것인가? 시민권, 나아가 선거권까지 부여할 것인가? 남부연합의 지도자를 어디까지 처벌할 것인가? 노예 농장의 재산은 몰수할 것인가?

남부뿐만 아니라 미합중국 전체의 재건과 관련된 전후 처리의 난제를 연방정부와 연방의회가 적극적으로 관여해 해결하던 시대를 재건의 시대(1863~1877)라고 부른다. 그렇다면 재건의 시대란 도대체 어떤 시대였을까?

전후 구상에 해당하는 재건 정책은 전쟁이 종결되기 전 연방군이 남부연합의 영토에 진군해 점령을 개시한 이래 실질적으로 시작되었다. 앞서 여러 번 언급한 것처럼, 링컨은 처음에는 전쟁을 수행하는 목적이 남부 여러 주의 연방 탈퇴 저지와 연방 유지에 한정될 뿐, 결코 노예해방을 위한 전쟁은 아니라고 천명한 바 있다. 남부 시민이 노예를 소유하는 것은 헌법상으로도 보장된 재산권이었으며, 노예해방은 사유 재산권을 침해할 우려가 있었기 때문이다.

그러나 전장의 현실은 노예해방을 불가피하게 만들었다. 연방군이 남부에 진군하자 농장에서 도망친 수천 명의 노예가 군 캠프를 에워싸는 사태가 발생했던 것이다. 매사추세츠 출신의 벤저민 버틀러(Benjamin Butler) 장군은 1861년 5월에 일찍이도 도망 노예를 전시 금지제품[4]으로 몰수하고 군대에서 잡일에 종사하도록 했다. 같은 해 8월에는 미주리의 존 프리몬트(John Frémont) 사령관이 주 내에 있는 남부연합 지지자의 노예를 해방하는 포고를 자의적으로 발표했고, 이듬해인 1862년 5월에는 데이비드 헌터(David Hunter) 장군이 사우

---

4   전시 국제법상 적국(또는 적군)에 수송되면 적국(또는 적군)의 교전 능력을 증가시킬 가능성이 있어 수출(반출)이 금지·제한된 물품을 일컫는다. _옮긴이

스캐롤라이나에서 조지아에 이르는 해안선을 따라 줄지어 있는 시 아일랜즈의 노예에 대한 해방선언을 발표했는데, 링컨은 이 모든 발표를 취소하기 위해 분주하게 움직였다.

링컨이 남부 점령지에서 5월에 내리는 비처럼 끊어졌다 이어졌다 하면서 오래 끌었던 노예해방을 중지시키려 했던 이유는 무엇일까? 그것은 노예주이자 연방에 남았던 4개의 경계주가 남부 측에 동조할 가능성이 여전히 남아 있었기 때문이다. 전술한 노예해방 예비선언에서도 경계주의 노예를 대상 외로 삼았던 것은 이 같은 상황을 고려했기 때문이다.

10% 계획과 웨이드-데이비스 법안

링컨이 처음으로 재건 정책을 입안한 시기는 1862년 4월 버틀러 장군이 미시시피강 하구에 위치한 항만 도시 뉴올리언스를 점령했을 때로 소급된다. 그다음 해에 재선을 위한 대통령선거를 앞두고 있기도 해서 링컨은 이제 막 점령한 루이지애나에 연방에 충성을 맹세하는 주정부를 서둘러 수립할 목적으로 1863년 12월 10% 계획을 발표했다. 이 재건 구상은 첫째, 남부에서 반란에 휘말렸던 사람들이 연방에 충성을 맹세한다면 용서하고 노예 재산 이외의 모든 재산권을 보장하며, 둘째, 연방에 대한 충성을 맹세하는 자(충성 선서의 권리를 박탈당한 것은 남부연합의 고위 관료들뿐이었다)가 내전 이전에 실시된 마지막 선거의 투표자 수(주의 백인 남성)의 10%를 넘으면 주정부를 조직하는 것을 인정한다는 내용이었다.

그 결과 1864년 4월에는 루이지애나에 친연방의 새로운 주정부가 수립되었다. 하지만 사탕수수 농장주 등 연방 충성파의 농장주들이 노동력 확보를 요구하자 연방군은 해방노예로 하여금 농장주와 임금 노동자 관계로 노동 계약을 맺도록 강제했다. 이 때문에 해방노예는 자유 신분이 되었지만 농장에서 떠날 수 없었고 노예 시대와 다름없는 상황에 놓였다. 그 이후에도 연방군은 미시시피강 유역의 광대한 농장을 점령해 70만 명이 넘는 노예를 관리했지만 해방노예를 농장에 머물게 하는 노동 정책이 계승되었다. 즉, 링컨의 재건 구상은 남부의 점령 지역에 친연방 세력을 육성하고 남부연합을 약체화시켜 항복시키는 군사 전략상의 입장에 일관되게 입각해 있었던 것이다.

루이지애나에서 해방노예의 재노예화라고 할 수 있는 사태가 벌어지자 공화당 의원들은 우려했다. 공화당 급진파는 해방노예에 대한 교육 보장, 토지 제공, 투표권 부여를 재건 정책의 핵심으로 내세웠으며, 다른 의원들도 남부연합 지도자에게 지나치게 관대하게 대응하는 데 대해 불만을 가졌다. 그 결과 링컨의 재건 구상에 불만을 품은 자들이 1864년 7월 웨이드-데이비스 법안(Wade-Davis Bill)[5]을 가결시켰다. 이 법안은 주의 백인 유권자의 과반수가 합중국 헌법에 충성을 맹세할 때까지는 주정부의 수립을 인정하지 않는다는 매우 엄정한 내용이었다. 주헌법제정회의의 투표권은 과거에 자발적으로 반란에 가담한 적이 없다고 맹세한 자에게만 부여되었다. 또한 이 법안에서는 해방노예가 법 아래 평등하다고 규정했는데, 흑인에 대한 투표권 부여는 논외로 치부되었다.

링컨은 웨이드-데이비스 법안이 루이지애나를 재건하는 데 족쇄가 될 것이라고 여겨 이 법안을 묵살했고 결국 이 법안은 곧 폐안되었다. 전시하에서의 재건 구상은 내전 승리를 최우선시한 링컨과 남부 사회의 사회개혁을 구상하는 공화당 주도의 연방의회 간에 의견이 대립되어 합의를 형성하는 데는 이르지 못했다. 하지만 종전 직전에 두 가지의 커다란 결정이 이루어졌다.

수정헌법 제13조와 해방노예국 설치

그중 하나는 대통령의 전시 권한으로 포고된 노예해방선언을 합중국 헌법으로 성문화하는 수정헌법 제13조를 제정한 것이다. 1864년 6월, 공화당 전국대회 직전에 링컨은 당 위원장을 대통령 관저로 불러들여 "노예 제도를 영구히 폐

---

5   공화당 급진파였던 오하이오주의 벤저민 웨이드(Benjamin Wade) 상원의원과 메릴랜드주의 헨리 데이비스(Henry Davis) 하원의원이 발의했다._옮긴이

지하는 헌법의 수정조항을 당 강령의 중요한 논점으로 넣도록" 하는 지시를 내렸다. 이 수정헌법안에 대해서는 민주당을 중심으로 반대 의견이 많았으며, 1864년에 상원은 통과했지만 하원에서는 2/3의 지지를 얻지 못했다(찬성 93표, 반대 65표). 링컨은 국무장관 윌리엄 수어드와 함께 열심히 의회 공작을 전개해 이듬해인 1865년 1월 31일, 결국 수정헌법안이 제정되었다(찬성 119표, 반대 56표, 결석 및 기권 8표).

'새 미국사' 시리즈 제1권에서도 언급한 바와 같이, 합중국 헌법에는 '노예', '노예제' 등의 용어가 사용되지 않았으며 "자유인 이외의 모든 사람" 등의 완곡한 표현을 사용했다. 하지만 이 수정헌법 제13조에서는 합중국 헌법 역사상 최초로 '노예제'라는 용어가 등장했다. 제1항에서는 "노예제 및 본인의 의사에 반하는 고역은 적정한 절차를 거쳐 유죄로 간주된 당사자에 대한 형벌의 경우를 제외하고 합중국 내 또는 그 관할이 미치는 어떤 땅에서도 존재해서는 안 된다"라고 명시했고, 제2항에서는 "연방의회는 적절한 입법에 의해 이 수정조항을 실시할 권한을 갖는다"라고 명시했다. 이 수정조항은 36개 주 중에서 17개 주의 비준을 거쳐 전쟁 종결 이후인 12월 18일에 제정되었다(당시 부결했던 켄터키주는 1976년에 비준했고, 미시시피주에서는 130년 후인 1995년까지 비준이 이루어지지 않았다). 전시 중에 링컨이 수정헌법 제13조를 가결하는 데 분주했던 상황은 스티븐 스필버그 감독의 영화 〈링컨〉(2012)에 잘 묘사되어 있다.

그 결과 전후 곧바로 국가주권의 이름으로 노예해방선언을 성문화한 수정헌법 제13조를 비준함으로써 노예 국가로부터의 결별이 선언되었고, 연방 주도의 새로운 국민 창조 정치가 본격적으로 시작되었다.

또 하나는 1865년 3월 해방노예국(Freedmen's Bureau)[6]이 설치된 것이다. 이것은 연방 기관이 직접 개입해 해방노예를 보호하고 식료품 원조를 제공하며

〈그림 3-3〉 인종 대립에 개입하는 해방노예국
Harper's Weekly(1868.7.25)

의료 활동과 교육 활동을 실시한 획기적인 변화였다. 전후 사회에서 노예제가 해체되고 해방노예가 자유노동에 기초한 생산 양식으로 이행하는 가운데 해방노예국은 새로운 노동제도에 적응하는 것을 원조하는 시설로 활용되었다. 해방노예국은 1년 기한의 연방 기관으로 설치되었으며, 최종적으로는 남부 백인 출신의 피난민도 보호의 대상으로 삼았다.

단기간의 조직이긴 했지만 이는 이제까지 주의 관할 사항이던 주민 보호에 연방이 직접 개입하는 특례적인 조치였으며 연방정부가 해방노예에 대해 적극적으로 관여할 책임이 있다는 입장 표명이기도 했다. 긴급 식료품 지원으로 제공된 2000만 명분의 식량은 해방노예와 가난한 백인을 아사 상태에서 구출했고, 의료 행위를 통해 많은 흑인이 병에서 구제되었다. 또한 흑인 교육활동의 일환으로 4000개 이상의 학교가 설립되었다. 그 이후 북부에서 자원봉사자 백인 교사가 흑인 교육을 위해 남부로 와서 교육을 실시함으로써 남부에서의 공교육 제도의 초석을 쌓았다. 남부 여러 주에서는 1877년까지 60만 명 이상의 흑인이 초등학교에 학생으로 등록되었다.

전쟁 종결과 앤드루 존슨의 재건 정책

1865년 4월 9일에 로버트 리 장군이 항복하고 남북전쟁이 종결되었다. 이로써 남부 재건이 연방정부 최대의 과제가 되었다. 이미 루이지애나, 테네시, 아칸소, 버지니아에서는 연방 지지파의 주정부가 수립되었다. 하지만 재선된 링컨은 2기째의 대통령 취임식을 마친 지 약 1개월 후, 즉 종전되고 나서 겨우 5일째 되는 밤에 갑작스럽게 암살되어 전후 재건은 부통령에서 대통령으로 승격한

〈그림 3-4〉 앤드루 존슨
(1855~1865년 무렵)

앤드루 존슨(Andrew Johnson, 1808~1875)에게 맡겨졌다.

존슨은 남부 테네시 출신의 상원의원으로, 원래 민주당 당원이었지만 연방 탈퇴에 반대하며 워싱턴에 남아 있었던 연방주의자(Unionist)[7]라는 이색적인 경력을 지닌 정치가였다. 링컨은 테네시를 연방군의 지배하에 넣자 존슨을 임시 지사로 임명했는데, 지사로 재직하던 시기에 반란분자에게 엄정하게 대했기 때문에 공화당 의원들로부터도 신임이 두터웠다. 존슨은 자신을 남부 서민(common man)의 대표로 자임했고 남부 농장주 계급에 대해 격렬한 적대감을 품고 있었으므로 남부 재건 정책을 엄격하게 실행할 것으로 기대되었다. 하지만 대통령에 취임하자 예상했던 것과는 완전히 반대되는 정책을 취했다.

존슨은 1865년 5월 발표한 포고에서 연방에 충성을 맹세하고 노예해방을 받아들이는 것을 조건으로 남부의 백인에게 특혜(노예를 제외한 모든 재산의 회복을 포함해)를 부여하는 재건 정책을 제시했다. 또한 노예제 폐지, 연방 탈퇴 취소, 남부연합의 부채 파기를 선언하는 주헌법을 제정하는 것을 조건으로 주정부 수립과 연방 복귀를 허가했다.

남부연합에서 지도적 입장이었던 자와 과세 대상인 2만 달러 이상의 재산을 소유한 자도 대통령 특별사면을 신청할 수 있었지만, 처음에는 이러한 혜택을 부여하는 것이 존슨이 일관되게 비난해 왔던 노예주 계급에 대한 보복이자 전후 정치에서 그들을 배제하기 위한 포석으로 여겨졌다.

그러나 존슨이 임명한 임시 지사 등이 주헌법제정회의를 소집해 즉시 연방 복귀를 전제로 주정부의 조직을 만들기 시작하고 연방의회 의원 선거가 실시되

---

7 여기에서 언급된 연방(Union)은 남북전쟁 당시의 북부를 지칭하는 것으로, 남부의 연합(Confederacy)과 대비되는 용어이다. _옮긴이

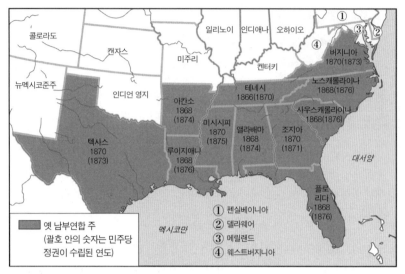

콜로라도
캔자스
미주리
일리노이 인디애나 오하이오
뉴멕시코준주
인디언 영지
아칸소
1868
(1874)
켄터키
테네시
1866(1870)
①
③ ②
④
버지니아
1870(1873)
노스캐롤라이나
1868(1876)
사우스캐롤라이나
1868(1876)
텍사스
1870
(1873)
미시시피
1870
(1875)
앨라배마
1868
(1874)
조지아
1870
(1871)
대서양
루이지애나
1868
(1876)
플로
리다
1868
(1876)
멕시코만
① 펜실베이니아
② 델라웨어
③ 메릴랜드
④ 웨스트버지니아

■ 옛 남부연합 주
(괄호 안의 숫자는 민주당
정권이 수립된 연도)

〈그림 3-5〉 옛 남부연합 주들이 연방으로 복귀한 연도

자 옛 남부연합 지지자들이 속속 당선되어 정권의 중추로 다시 돌아왔다. 존슨 자신도 방침을 전환해 관직에 취임하지 않을 것이 분명한 농장주 계급과 옛 반란분자들에게 특혜를 제공하기 시작했다. 1865년 연말에 소집된 연방의회에서는 옛 남부연합의 부통령 알렉산더 스티븐스까지 포함되어 있었다[옛 남부연합의 대통령 제퍼슨 데이비스가 체포되어 2년간 수감되긴 했지만, 남부연합의 지도자들은 아무도 사형에 처해지지 않았다. 남부군 관계자 중에서 유일하게 사형이 집행된 사람은 조지아주 앤더슨빌 포로수용소(북부군 포로를 4만 5000명 수용했던 곳으로 그중 약 1만 3000명이 적절한 조치를 받지 못하고 사망했다)의 소장 헨리 워츠(Henry Wirz)였다].[8]

존슨의 재건 구상 아래 수립된 남부 주정부는 '흑인 단속법(Black Code)'이라

---

[8] 다만 전쟁 범죄 혐의로 헨리 워츠와 함께 기소되어 처형된 남부연합의 민간인으로는 게릴라 요원 챔프 퍼거슨(Champ Ferguson)이 있었다. 이밖에 남부연합의 군인 로버트 케네디(Robert Kennedy), 샘 데이비스(Sam Davis), 존 비올(John Beall)이 스파이 혐의로 처형되었으며, 마르셀루스 클라크(Marcellus Clarke)와 헨리 마그루더(Henry Magruder)가 게릴라 혐의로 처형되었다._옮긴이

고 불리는 법체계로 흑인의 사회생활과 경제생활을 통제하려 했다. 이러한 신법은 흑인의 재산권, 결혼권, 계약권, 소송권 등은 인정했지만, 자유 신분이 확실한 전 노예에게 통행증 소지를 의무화했다. 고용되지 않은 흑인 및 정주하지 않는 흑인을 부랑자로 규정해 단속의 대상으로 삼았으며, 흑인의 토지 소유와 임대를 금지·제한했다. 즉, 이 법률은 노예제가 폐지된 이후에도 흑인들을 노동력으로 농장에 남겨두기 위한 것이었다.

3. 공화당 급진파에 의한 재건 계획

연방의회와 앤드루 존슨 대통령의 대립

1865년 12월, 전후 최초로 소집된 연방의회는 이러한 상황하에서 출범되었다. 대립하는 사태를 우려했던 공화당은 남부의 새로운 주정부가 선출한 의원의 승인을 중단하고 상원·하원 양원 합동위원회를 설치해 재건 과제를 다시 조치하고자 했다.

존슨의 남부 유화책과 관련해 연방의회에서 정면으로 대치한 것은 공화당 급진파였다. 공화당은 의회에서 민주당에 대해 다수파(약 3 대 1)를 형성했지만, 공화당 내부의 이니셔티브는 처음에 온건파가 장악했다. 급진파도 무시할 수 없는 존재로 부상하는 중이었지만 온건파는 급진파가 주장하는 '흑인에 대한 참정권 부여'가 북부의 유권자들로부터 지지를 얻을 수 없을 것이라고 여겼다. 하지만 온건파가 제안하는 의안에 존슨 대통령이 완강하게 반대함으로써, 결과적으로 소수파인 급진파가 의회 운영의 주도권을 장악했다. 아래에서는 연방의회에서 공화당 의원과 존슨 대통령이 대립한 상황을 구체적으로 살펴볼 것이다.

새해가 밝아 1866년에는 공화당 온건파의 거물 상원의원인 라이먼 트럼벌(Lyman Trumbull)이 남부 재건과 관련해 비교적 온건한 두 가지 법안을 제출했다. 하나는 3월에 기한이 끝난 해방노예국을 연장하는 법안이었다. 해방노예를 구제하고 지원하는 데서 커다란 역할을 수행하고 있는 해방노예국의 기능을 강화하기 위해 독자적인 예산을 부여하고, 해방노예국 직원에게 해방노예와 관련된 분쟁을 판가름할 수 있는 권리와 흑인의 권리를 침해한 주 공무원을 처벌할 수 있는 사법권을 부여하는 내용이었다.

또 하나는 '시민권법(Civil Rights Act)'이었다. '시민권법'은 합중국 역사상 처음으로 합중국 시민의 개념을 공적으로 정한 획기적인 법률이었다. 합중국 시민의 기본적 권리인 계약권 및 소송권, 법 아래의 평등, 행복 추구권, 재산권 등에 대해 인종 및 피부색, 과거의 노예 상태(노예였는지 여부)에 관계없이 연방정부가 보장하는 것으로, 주가 이러한 권리를 빼앗아서는 안 된다고 규정했다.

'시민권법'은 건국 이래 모호한 상태로 남겨져 있던 '합중국 시민이란 누구인가'라는 질문에 답하는 것이자 합중국 국민의 창조를 겨냥한 것이었다. 이는 기존의 주권에 대해 연방정부가 절대적으로 우월권을 지녔음을 선언한 것으로, 단순한 흑인 보호의 법에 머물지 않는 의미를 갖고 있었다.

공화당 온건파는 이 두 가지 법안이 발효된다면 남부 의원의 연방 복귀를 용인할 생각이었다. 하지만 예상과 반대로 존슨은 두 가지 법안에 거부권을 행사했다. 확고한 주권주의자였던 존슨은 전자와 관련해 연방이 각 주의 흑인 구제에 직접 개입하는 것은 월권행위라고 보았다. 후자와 관련해서는 남부 여러 주가 연방의회에 대표를 보내지 않는 회기 중에 국민의 정의와 관련된 중대한 안건을 논해서는 안 된다는 것, 연방정부에 권력이 집중될 우려가 있다는 것이 거부권 행사의 이유였다.

전후 정치의 언론 공간: '피투성이 셔츠'와 삽화 신문 저널리즘

여기에서는 연방의회를 둘러싼 정치에서 잠시 화제를 돌려, 전쟁 중과 전후 정치의 언론 공간을 살펴보자.

근대 민족주의를 형성하는 데 중요한 역할을 하는 요소로 출판자본주의에 착안한 사람은 베네딕트 앤더슨(Benedict Anderson)이었다. 근대의 출판문화는 우리라는 동포의식을 형성하는 데 중요한 역할을 담당해 왔다. 미국에서 신문 잡지가 비즈니스로 크게 발전한 시기는 노예제 문제가 국민들의 큰 관심사였던 1850년대였는데 이러한 사실은 그다지 알려져 있지 않다.

당시에는 인쇄 기술의 혁신으로 신문 잡지의 발행 부수가 급증했다. 남북전쟁이 개전될 당시에는 남북을 합쳐 신문이 2500여 개였는데, 북부에는 일간지가 383개, 남부에는 80개였으며, 뉴욕에만 17개였다. 이 전쟁을 계기로 특파원과 일명 보헤미안 여단(Bohemian Brigade)이라고 불리는 종군기자들이 전쟁 관련 보도를 시작했고, 뉴욕의 신문사들이 협정을 맺어 만든 AP통신을 통해 뉴스를 전신으로 전송했다. 각 신문이 종군 특파원으로 화가와 작가를 전쟁터에 파견해서 보도 경쟁이 과열되었는데, 그중에서도 공화당 급진파 성향의 《하퍼스 위클리(Harper's Weekly)》는 독자적인 취재로 생생한 전쟁 이미지를 독자에게 전달해 전쟁 관련 보도에서 가장 뛰어난 미디어가 되었다. 《하퍼스 위클리》에서도 매슈 브래디(Mathew Brady)의 사진 보도, 풍자화가 토머스 내스트(Thomas Nast)의 전쟁터 스케치 및 정치풍자 문화가 유명했다. 이로 인해 전쟁터에서 멀리 떨어진 가정에서도 전쟁 관련 기사를 읽을 수 있었고 남부군의 학살 행위와 흑인 노예의 비참한 상황을 시각적인 정보로 접할 수 있었다. 그 결과 독자들이 동시에 동일한 감정을 소비하는 의식이 탄생했는데, 이는 미국인이라는 국민의식을 창출하는 기반이 되었다.

여기서 '새 미국사' 시리즈 제1권의 맺음말에서 제기한 질문, 왜 성조기가 남북전쟁에서 확고한 지위를 획득했는가라는 질문에 대한 답을 제시할 것이다. 1812년 전쟁 이후 남북전쟁 발발 이전까지는 성조기가 육군과 해군뿐만 아니라 그림과 도자기에서도 이용되긴 했지만 완전히 정착했다고 말하기는 어려운 상황이었다. 기(旗) 연구자(vexillologist) 퀸터가 지적하는 바와 같이, 남북전쟁을 기점으로 성조기의 지위가 달라진 이유 중 하나는 1847년 무렵부터 성조기의 대량 생산이 가능해졌기 때문이다. 성조기가 연방과 애국의 상징으로 확고한 지위를 차지하게 됨으로써 남북전쟁 때에는 군대에서 국기를 사용하는 방법

〈그림 3-6〉「용감한 자에게 경의를 표하라(Honor the Brave)」. 성조기로 덮인 병사의 관 앞에서 애도하는 자유의 여신의 모습. *Harper's Weekly*(1863.10.24)

이 변화했다. 즉, 병사가 출정하거나 제대할 때 또는 전쟁터나 선상에서 국기를 게양했으며, 전사자의 관을 덮을 때 사용하기도 했고 교회 설교단에 설치하기도 했다. 섬터 요새에 휘날리던 33개 별이 박힌 성조기처럼 애국의 상징이 된 성조기를 북부의 공화당계 미디어가 다루면서 국기에 얽힌 이야기를 만들어낸 것도 결정적으로 작용했다.

《하퍼스 위클리》에 실린 그림을 분석해 보면, 당시부터 성조기가 연방에 대한 충성을 상징하는 지위를 확립했음을 알 수 있다. 그 과정에서 군대와 무명전사의 죽음이 성조기와 하나의 짝이 되어 대량으로 묘사되었으며, 성조기를 모티브로 삼은 충성심과 애국심이 명확하게 시각화되었다(〈그림 3-6〉 참조).

공화당은 성조기와 일체화되는 애국의 당이자 노예해방을 달성한 정당으로 자리매김하면서 국기와 함께 북부군 병사의 희생을 상징하는 '피투성이 셔츠(bloody shirt)'를 흔드는 신랄한 레토릭(수사)을 이용해 전후의 언론 공간을 지배했다.

공화당의 급진파가 재건 시기의 민주당 당원을 배신자라거나 비애국적이라고 폄하하는 미디어 전략을 취했던 것은 당내 다른 파와 불안정한 관계였고 급진적인 흑인 정책에 대한 반발로 급진파의 의회 운영이 원활하지 못했기 때문에 공화당 당원을 하나로 통합하려는 의도에서 비롯된 것이 아닐까 한다. 급진파 스티븐슨이 이러한 논법의 선봉에 섰는데, "50만 명의 동포를 대량 학살했던 사람들을 부디 용서하지 말기 바란다. (피투성이의) 셔츠가 모두 말라 교체해 입을 수 있게 될 때까지는 나의 친족의 피 냄새가 옷에 얼룩져 있는 사람들의 옆에 앉고 싶지 않다"라고 말하면서 남부 사람들의 전쟁 범죄를 각인시켰다. 또한 올리버 머턴(Oliver Murton)은 "모든 중죄의 반역자는 민주당 당원을 자칭하고 있다. 연방군 포로를 살해했던 자들은 모두 민주당 당원을 자칭하고 있다"라면서 복수심을 드러내고 노예해방의 대의를 설파했다.

북부군 전사자를 활용한 이러한 레토릭이 위력을 지녔던 이유는 전례 없는 내전 이후 공화당 정권이 이 전쟁에서 국가(연방)를 위해 싸웠던 용감한 제대 군인을 영웅으로 취급하고 그들을 전후 사회의 시민적 모델로 삼은 것과 연관된 것으로 추정된다. 거꾸로 옛 남부군은 배신자로 취급되었고 북부에서 원망의 타깃이 되었다. 이처럼 공화당은 남부와 민주당에 대한 원망과 불신감을 효과적으로 활용함으로써 약진했다.

북부군 병사의 명예로운 죽음과 관련된 이야기는 인기를 모았으며, 제대 병사를 다룬 기사에는 명예로운 부상을 입은 흑인 병사가 등장하는 빈도가 높았다. 흑인 노예해방을 위한 징병을 기피하고 폭동을 일으켰던 아일랜드계 이민이 전후의 애국적인 국민 공동체의 바깥에 놓였던 것과는 대조적으로, 토머스 내스트를 비롯한 많은 정치 풍자화가가 흑인 병사를 영웅시하며 묘사했다는 사실은 매우 흥미롭다. 당시의 미디어는 흑인을 애국주의를 담당하는 미국인으로 인지하고 다정하게 포옹했다.

수정헌법 제14조와 남부의 거절

존슨 대통령과 공화당 각 파의 대립이 격렬해지는 가운데 '시민권법'(1866년 4월)과 '해방노예국법'(1866년 7월)이 대통령의 거부권을 극복하고 제정되었다. 하지만 존슨의 완고한 자세는 공화당 전체가 강경 노선을 취하게 만들었고 당내의 이니서티브는 단번에 급진파의 수중으로 이동했다.

찰스 섬너(Charles Sumner), 새디어스 스티븐슨(Thaddeus Stevens) 등의 급진파 의원은 어떤 인물이었을까? 그들 중에는 남북전쟁 발발 이전에 노예제 폐지운동에 관여했던 자가 많았으며, 선거구는 뉴잉글랜드와 중부와 서부에 집중되어 있었다.

〈그림 3-7〉 흑인에 대한 적의에서 화해와 칭송으로

「징병을 벗어나는 방법(How to escape the draft)」
뉴욕 징병 폭동에서 아일랜드계 폭도들이 아이를 안고 있는
흑인을 구타하고 있다.
Harper's Weekly(1863.8.1)

「서로 인정하는 남자들(A man knows a man)」
한쪽 다리를 잃은 백인과 흑인 제대 병사가 악수하는 장면으
로, 용감한 측면이 강조되고 있다.
Harper's Weekly(1865.4.22)

「사면, 투표권, 미스 콜롬비아: 나는 이 사람(흑인)이 아닌 이 사람들(백인들)을 믿어야 하는가?(Pardon.
Franchise Columbia. — "Shall I trust these men, and not this man?")」
미스 콜롬비아(미국의 상징)에게 무릎을 꿇고 있는 남부군 로버트 리 장군 및 멀쩡한 모습의 백인들과,
미스 콜롬비아로부터 칭송받는 한쪽 다리를 잃은 흑인 병사의 모습.
Harper's Weekly(1865.8.5)

공화당 급진파의 정치사상은 자유노동 이데올로기와 자연권 사상에 기초한 평등주의에서 연원했으며, 강력한 연방 권한 아래에서 이질적인 분자를 가능한 한 국민화(시민화)하는 급진적인 국민통합을 그리고 있었다. 그들도 흑인이 백인보다 열등한 인종이라고 생각했지만, 노예제는 법 아래에서의 평등을 침해하며 기본적인 권리를 부정하는 것이기 때문에 도덕적으로 나쁘다고 비판했다. 만인 평등을 선언했던 독립선언으로 다시 돌아가 모든 사람의 법적·정치적 평등이 보장되어야 한다는 입장을 취했던 것이다.

이 때문에 미국인에 대한 경계가 유동적이고 국민에 대한 재정의가 이루어지는 재건 시기의 연방의회에서는 해방노예에 한정하지 않고 중국인 이민, (백인) 여성 등 다른 소수집단에 시민권과 투표권을 부여하는 방안도 토의되었다. 결과적으로는 인정되지 않았지만, 건국 초기인 1790년에 제정되어 자유로운 백인에게만 시민권 신청을 허락했던 연방의 '귀화법' 개정을 제안했고(구체적으로는 백인이라는 인종 조건을 삭제하도록 제안했다), 국민을 정의하는 데서 핵심이었던 백인성(whiteness)조차 쟁점이 되었다.

당내에서는 '시민권법'을 헌법에 편입시킴으로써 대통령의 거부권이 미치지 않도록 하기 위해 수정헌법 제14조가 제안되었다. 수정헌법 제14조는 현재까지 27개가 존재하는 수정조항 중에서도 가장 중요한 조항 가운데 하나이므로 아래에 전문을 싣도록 하겠다.

수정헌법 제14조(1868년 확정)
[제1절] 미합중국에서 출생하고 또는 귀화하고 미합중국의 관할권에 속하는 모든 사람은 미합중국 및 그 거주하는 주의 시민이다. 어떤 주도 미합중국 시민의 특권과 면책권을 박탈하는 법률을 제정하거나 시행할 수 없다. 어떤 주도 법의 정당한 절차에 의하지 아니하고는 어떤 사람으로부터도 생명, 자유, 또는 재산을 박탈할 수 없으며, 그 관할권 내에 있는 어떤 사람에 대하여도 법에 의한 평등한 보호를 거부하지 못한다.

[제2절] 하원의원은 각 주의 인구수에 비례하여 각 주에 할당한다. 각 주의 인구수는 과세되지 아니하는 원주민을 제외한 각 주의 총 인구수이다. 다만 미합중국 대통령 및 부통령의 선거인, 사법관 또는 각 주의 주의회 인원을 선출하는 선거에서, 반란이나 그 밖의 범죄에 가담한 경우를 제외하고, 그 주에 거주하고 21세에 달하는 남성 주민 중 어느 누구에게 투표권이 거부되거나 어떤 방법으로 제한되었을 때에는 그 주의 하원의원 할당수 기준을 그러한 남성 주민의 수가 그 주의 21세에 달한 남성 주민의 총수에 대하여 가지는 비율에 따라 감소된다.

[제3절] 과거에 연방의회 의원, 미합중국 관리, 주의회 의원, 또는 주의 행정관이나 사법관으로서 미합중국 헌법을 지지할 것을 선서했다가 후에 폭동이나 반란에 가담하거나 또는 그 적에게 원조를 제공한 자는 누구라도 연방의회의 상원의원이나 하원의원, 대통령 및 부통령의 선거인, 미합중국이나 각 주 밑에서의 문무의 관직에 취임할 수 없다. 다만 연방의회는 각 원의 2/3의 투표로써 그 실격을 해제할 수 있다.

[제4절] 폭동이나 반란을 진압할 때의 공헌에 대한 은급 및 하사금을 지불하기 위하여 기채한 부채를 포함하여 법률로 인정한 국채의 법적 효력은 이를 문제로 삼을 수 없다. 그러나 미합중국 또는 주의 미합중국에 대한 폭동이나 반란을 원조하기 위하여 기채한 부채에 대하여 또는 노예의 상실이나 해방으로 인한 청구에 대하여는 채무를 떠맡거나 지불하지 아니한다. 모든 이러한 부채, 채무 및 청구는 위법이고 무효이다.

[제5절] 연방의회는 적당한 입법에 의하여 본 수정조항의 규정을 시행할 권한을 가진다.

수정조항을 작성할 때 제4절에 있는 옛 남부연합의 채무 소멸과 미합중국의 전쟁 채권을 보증하는 것에는 전원이 의견을 한데 모았다. 또한 제3절에 규정하는 바와 같이, 옛 남부연합 지도자는 연방이든 주이든 관직에 취임하는 것이 금지되었다. 이 정치적 징벌의 조항을 해제하기 위해서는 연방의회 양원의 2/3의

〈그림 3-8〉 흑인이 참여한 최초의 투표
"The First Vote", *Harper's Weekly*(1867.11. 16)

지지가 필요한 것으로 규정했다.

수정헌법 제14조에서 후세에 가장 큰 영향을 미친 조항은 제1절이다. 이것은 남부 여러 주가 재건 초기에 작성했던 '흑인 단속법'을 무효로 만들고 해방 노예에게 기본적인 권리를 보장하려는 것이었다. 주에 침해되지 않는 연방 시민권이라는 개념이 헌법에서 명문화되어 불문율이 되었지만 헌법상으로는 명시되지 않았던 영국의 코먼로(Common Law, 보통법)에 기초한 출생지주의가 공식적으로 반영됨으로써 출생과 귀화 가운데 하나를 통해 시민권이 부여되는 것이 명확해졌다. 또한 어떤 주도 법의 정당한 절차 없이 생명, 자유, 재산을 빼앗는 것이 불가능하다고 규정함으로써 그 이후 소수자가 주법의 차별 입법에 저항하는 데서 강력한 무기가 되었다.

제2절은 대의원 정족수를 취급한 것인데, '새 미국사' 시리즈 제1권에서 상세하게 다루었듯이 악명 높은 3/5 조항(헌법 제1조 제2절 제3항)의 "기타 모든 사람들(흑인 노예)의 3/5"이라는 문구가 삭제된 것에 주목해야 한다. 이 조항은 공화당 의원의 인종 평등 이념을 반영한 것이기도 하지만, 뒷부분을 보면 더욱 깊은 정치적 의미가 내포되어 있음을 알 수 있다. 과거 노예의 수까지 5/5로 환산되고 게다가 흑인의 투표가 허용되지 않는다면 남부 출신의 하원의원 정족수가 증원되어 남부의 힘이 커진다. 하지만 그 때문에 조항은 남부 여러 주가 흑인에게 투표권을 부여하고자 하는 안을 마련했다. 남부가 흑인에게 투표권을 부여하지 않는다면 의원 정족수가 그에 응해 감원되며, 흑인에게 투표권을 부여한다면 의원 정족수가 그에 응해 증원된다. 후자의 경우에 공화당 당원은 새롭게 투표권을 획득한 흑인 표에 의해 남부에서 승리할 것이라는 판세가 읽혔다. 그

〈그림 3-9〉 엘리자베스 스탠턴

결과, 재건 시기의 남부 여러 주에서는 흑인들의 표에 의존해 공화당이 승리를 거두게 된다는 것이다.

또 하나, 투표권에 관해 중요한 사실은 수정헌법 제14조가 선거 자격에 관해 처음으로 '남자'라는 용어를 사용했다는 점이다. 젠더 시각에서 본다면, 백인과 흑인을 불문하고 여성 시민은 허용 범위 바깥에 두었다. 제1장에서 다룬 바와 같이, 19세기 전반부터 발발한 노예제도 폐지운동은 결국 여성운동을 연동시켰다. 수정헌법 제14조를 기초하는 단계에서 여성운동가들은 여성에 대한 참정권 부여를 청원했지만 이를 귀담아 듣지 않았다. 수잔 앤서니(Susan Anthony)와 엘리자베스 스탠턴(Elizabeth Stanton)은 이에 대해 맹렬하게 항의했는데, 결국에는 남북전쟁이 발발하기 이전 시기의 남녀의 비대칭적인 권력관계가 다시 강화되었다. 그 이후 여성운동은 흑인 운동과 결별하고 독자적인 운동을 전개하기 시작했다.

1867년 '재건법'과 존슨 대통령의 탄핵 재판

공화당 각 파와 대통령 간 대립은 갈수록 격렬해졌다. 존슨 대통령은 1868년 대통령선거에 재출마하기 위해 국가연합당(National Union Party)을 결성했고, 1866년 가을 중간선거에 나섰다. 당시로서는 드물게도 대통령 자신이 중부와 서부까지 유세를 나가 유권자에게 호소했지만 결국 공화당의 압승으로 대통령이 완패했다. 신당을 결성했다고는 해도 '재건법'에 반대하고 흑인에 대한 인종차별주의적인 태도를 보였다는 점에서 반동적인 민주당과 동류라는 사실이 명백했기 때문이다.

그럼에도 존슨 대통령은 수정헌법 제14조를 계속 거부했고 테네시주를 제외한(테네시주는 1866년 7월에 비준) 남부 여러 주도 이에 따랐다. 1866년 12월에 소집된 연방의회(제39기 의회 제2차 회기)에서는 온건파까지 존슨 대통령의 재건 정책을 파기하고 막다른 골목에 내몰린 상황을 타파하기 위해서라도 남부 주정부를 전복시킬 필요가 있다고 공언하기 시작했다.

급진파 주도로 의회는 1867년 3월에 (제1차) '재건법'을 제정했다. 이 법은 테네시를 제외하고 10개의 남부 여러 주를 5개의 군관구로 나누고 군정하에 두도록 하는 내용을 담고 있었다. 말하자면 연방 권력에 의한 군사력으로 남부를 지배하는 것으로, 존슨의 주권론적 재건과는 정반대 방향이었다.

공화당 급진파가 주도하는 연방의회는 남부의 주가 연방에 복귀하는 조건으로 흑인 참정권을 포함한 주헌법을 새로 제정할 것, 유권자의 과반수가 새로운 헌법을 승인할 것, 수정헌법 제14조를 비준할 것을 요구했다. 하지만 남부 10개 주는 '재건법'에 저항하면서 새로운 주헌법을 제정할 움직임을 보이지 않았다. 연방의회는 어쩔 수 없이 현지의 군정 사령관에게 선거권을 획득한 흑인들을 임명해 '재건법'에 정해진 프로세스를 개시하는 '제2차 재건법'을 제정하고 의회 주도로 재건을 본격화하려 했다.

하지만 존슨 대통령은 '재건법'이 제정된 이후에도 태도를 바꾸지 않았다. 그러자 헌법 제2조의 규정에 따라 대통령을 탄핵해야 한다는 안이 급진파에서 제기되기도 했는데, 공화당 온건파는 의회가 대통령의 권한을 제한함으로써 대통령에게 대항하고자 시도했다. 이를 위한 첫째 조치로, 대통령이 이제까지 결정했던 연방의회의 소집일을 의회가 결정하도록 했다. 다음으로, 대통령이 군대에 행사하는 권한을 규제하기 위해 대통령이 군사 명령을 할 때에는 반드시 그랜트 장군을 통하도록 했고, 장군이 상원의 합의 없이 워싱턴에서 현지로 출동하는 것은 인정되지 않는다고 의결했다. 또한 의회는 '관직 보유법'에 따라 중요한 지위에 해당하는 각료를 해임할 때 상원의 동의를 받는 것을 의무화했다.

존슨은 이에 대항하는 조치로 급진적인 남부 재건을 추진하려는 군정 사령관을 여러 명 해임시키고 보수적인 장군을 후임으로 정했다. 또한 링컨 정권 이래의 육군장관 에드윈 스탠턴(Edwin Stanton)을 상원의 반대를 무릅쓰고 해임시

컸다. 이로써 의회와 대통령의 대립은 정점에 달했다. '관직 보유법'을 무시한 이 행동은 대통령 탄핵에 반대해 왔던 온건파까지 대통령 탄핵을 지지하도록 만들었다.

1868년 2월 24일, 하원은 128표 대 47표로 대통령 탄핵을 결의했고, 상원에서는 3개월 동안 재판이 계속되었다. 역사상 최초의 시도로 인해 의회와 대통령의 관계를 둘러싼 삼권분립 원칙이 무너지는 것 아닌가 하는 논의가 비등했다. 5월 16일 운명의 날에 상원 회의장의 방청석은 만원이었고 회의장 바깥에도 수천 명의 사람이 모였으며, 워싱턴 전체가 긴장된 순간을 지켜보고 있었다. 정오에 대법원장 새먼 체이스(Salmon Chase)가 회의장에 입장했는데 회의장에는 전체 상원의원 45명이 모두 착석해 있었다. 피고가 된 대통령은 출두해서 발언하지는 않고 백악관에서 대기하고 있었다. 체이스는 상원의원 한 명 한 명에게 "피고 앤드루 존슨 대통령은 기소장에 적혀 있는 바와 같이 중대 범죄를 범했다고 생각하십니까?"라고 심문했다. 그 결과 35명이 "유죄(Guilty)"라고 대답했고 19명이 "무죄(No)"라고 대답했다. 이에 따라 대통령 파면에 필요한 2/3에서 1명이 부족해 존슨 대통령은 간신히 탄핵을 면했다.

실제로는 사전에 공화당 온건파와 대통령 사이에 정치적 판단이 가동해 '재건법' 실행을 방해하지 않겠다고 대통령이 약속했기 때문에 교섭이 이루어졌다는 이야기도 있다. 이로써 나머지 임기 수개월 동안 존슨은 대통령직에 남게 되었다.

미국 정치사에서 그 이후 대통령이 탄핵 재판에 회부된 사례로는 1999년 빌 클린턴 대통령이 있다(불륜 의혹과 관련된 위증에 의한 기소였으며, 유죄 판결에 필요한 2/3를 채우지 못해 파면을 면했다). 리처드 닉슨(Richard Nixon) 대통령은 1974년 워터게이트 사건을 둘러싼 사법 방해로 탄핵 소추가 결정되었지만 스스로 사임했기 때문에 탄핵 재판이 진행되지 않았다.

4. 재건하의 남부 사회: 해방노예의 생활과 상실된 대의

해방노예에게 노예해방의 의미

다음으로 연방의회의 정치 세계에서 벗어나 재건하에서의 남부 사회의 일상 생활로 화제를 옮겨보자.

해방된 흑인에게 자유란 법률이 정하는 권리 보장과는 별도로 노예제가 그들에게 강제해 온 무수한 부정행위(채찍에 의한 처벌, 가족 분열, 교육 기회 박탈, 흑인 여성에 대한 성적 착취)로부터 해방된다는 것을 의미했다(이 장 맨 앞 그림 참조).

해방된 흑인들이 전후에 최초로 했던 일은 남편과 부인, 아이들, 부모를 찾아 긴 여행을 떠나는 것이었다. 그 수는 수만 명에 달했던 것으로 추정된다. 노예제 아래에서 흑인들은 정규 결혼 제도의 틀 바깥에 놓여 가족을 만들 권리를 빼앗겼지만 단편적인 정보를 토대로 몇 개의 주를 돌아다니며 헤어진 가족을 탐색했다.

하지만 남북전쟁을 기점으로 400만 명의 흑인이 결혼하고 가족을 만든 변화는, 미국의 역사가 낸시 코트(Nancy Cott)[9]가 지적하는 바와 같이, 미국의 젠더 질서와 인종 및 시민의 경계선을 재구축하는 계기가 되었다는 점에 주목해야 한다. 앞 절에서 다룬 것처럼 흑인 병사가 그림을 통해 인종의 경계를 넘어 용감하고 남성적인 모습으로 묘사되었던 데 반해, 결혼은 동일 인종끼리 하는 것이 규범화되었다. 여기에는 민주당이 전시부터 제기했던 인종 혼교를 금기하는 감정이 밑바탕이 되었다.

공화당 급진파가 인종 차별을 하지 않는 사회를 구상하고 견인함에 따라 인종 혼교를 금지한 많은 주에서 인종 혼교를 금지하는 주법을 중단했으며, 미시시피, 사우스캐롤라이나 등 남부 7개 주에서는 금지법이 일시적으로 철폐되었

---

9   미국 예일 대학과 하버드 대학에서 교수로 재직한 바 있으며, 주요 저서로 *Public Vows: A History of Marriage and the Nation*(Harvard University Press, 2000) 등이 있다._옮긴이

다. 하지만 남부 여러 주는 결혼권을 인정받은 해방 흑인에 대한 대책으로 전전부터 시행되어 온 '이인종 간 결혼 금지법'을 갱신하고 법을 새롭게 정비했다. 재건 시기에는 최종적으로 미합중국 전역에서 10개 주가 금지법을 철폐했지만, 재건 시기 말기인 1875년에는 23개 주, 1900년에는 26개 주 등으로 금지법이 다시 확대되었다.

공화당 정권은 일부일처 제도의 가족을 형성하고 가족성을 육성하는 것을 해방노예국의 시민화 교육의 핵심으로 삼았는데, 이는 어디까지나 흑인 사이의 결혼을 전제로 하고 있었다.

해방 흑인뿐만 아니라 아시아계와의 결혼도 금지하도록 규정한 주는 1869년까지 5개 주, 1939년에는 15개 주로 확대되었다. 이밖에도 원주민, 멕시코계 등 다양한 소수자 집단까지 대상으로 하는 거대한 차별 제도였던 이러한 법체계는 백인 우월주의의 이데올로기를 일상생활에서 밑받침했다.

전전에는 해방노예에게 고려되지 않았던 또 다른 커다란 자유는 정치 참여의 기회를 획득한 것이었다. 종전 직후에 프레더릭 더글러스는 "노예제는 흑인이 투표권을 획득해야 비로소 폐지된다"라고 말했는데, '재건법'은 흑인들에게 삽시간에 정치 참여의 기회를 만들어냈다. 1868년부터 1870년에 걸쳐 흑인은 어떤 선거에서도 투표소에 열심히 발걸음하며 권리를 행사했다. 흑인의 투표율은 항상 90%를 넘었고 남부 공화당 정권은 자신들 지지표의 80%를 흑인 표에 의존하는 상황이 되었다. 흑인들에게 공화당은 자신들을 해방시켜 준 정당이었으며, 성경의 출애굽기에 비춰 해석하면 공화당 자체가 신에 의한 구제를 실현하는 정당이었다.

흑인들 중에는 이 급진적인 정치의 시대에 주의회와 연방의회의 의원이 된 사람도 있었다. 남부 백인들은 이 사태를 무지한 흑인에 의한 지배라고 격렬하게 비난했는데, 그 비판은 과녁을 빗나간 것이었다. 의원으로 선출된 흑인이 문자를 읽지 못하는 노예 출신자였던 것은 아니었다. 그들 중에 4/5는 문자를 읽었고, 1/4은 자유 흑인이었다. 또한 흑인의 관직 점유율은 15%에서 20%에 불

〈그림 3-10〉 '농장에서 연방 상원으로(From the Plantation to the Senate)'. 재건 시기에 연방 의원으로 선출된 흑인들을 기념해 작성된 포스트(1883년 무렵). 왼쪽부터 하이럼 레블스 상원의원, 벤저민 터너 하원의원, 리처드 앨런 목사, 프레더릭 더글러스, 조지아 월스 하원의원, 조지프 레이니 하원의원이다.

과했으므로 인구 비율로 보면 결코 많은 수가 아니었다(각 주의 백인과 흑인 비율은 〈그림 2-1〉 참조). 남부에서 선출된 연방 의원에 흑인(모두 16명)이 차지하는 비중(1869~1877년)은 겨우 6%에 불과했으며, 주지사 중에는 흑인이 아무도 없었다.

오히려 재건 주정부를 지배했던 것은 남북의 백인들, 즉 북부에서 남부로 이주한 카펫배거(carpetbagger)와 남부 출신의 백인 스캘러왜그(scalawag)였다. 80%의 흑인 표를 제외한 20%의 표만 가졌던 백인이 당과 관직을 독점했던 것이다.

남부 공화당과 카펫배거, 스캘러왜그

흑인 공화당 당원의 동맹자이면서 보수파로부터 자주 공격을 받았던, 카펫배거와 스캘러왜그라고 불렸던 백인은 어떤 사람들이었을까?

카펫배거란 재건 시기에 북부에서 남부로 이주해 온 백인을 지칭한다. 패전한 남부에 카펫 천으로 만든 여행용 배낭을 짊어지고 와서 전리품을 슬쩍 빼먹으려는 백인 공화당 당원을 남부 사람들이 경멸하는 의미를 담아 불렀던 호칭이다. 이 용어는 미국에서는 일종의 정치 용어로, 출생지도 아니고 아무런 연고도 없는 장소에서 정치가가 선거에 출마해 당선되었을 경우에 지금도 사용되고 있다.

최근의 연구에 따르면, 남부 사람들의 풍문과 달리, 남부에 정착했던 북부 사람들의 다수는 흑인에게 투표권이 부여되기 전에 이주해 왔던 것이라고 한다.

따뜻한 기후를 찾아 농장을 구입한 사람도 있고 해방노예를 고용했던 실업가도 있는데, 이들은 대부분 정치에는 관여하지 않았다. 한편 북부군의 제대 병사도 많았는데, 그들은 남부를 민주화하고 북부적인 개혁 정신(공업 및 공교육, 기업가 정신)을 남부에 도입하고자 했다.

또한 전후에 남부에서 공화당에 협력했던 백인은 경멸적으로 스캘러왜그(식충을 의미한다)[10]라고 불렸다. 그들 또한 해방노예나 카펫배거와 연대해 남부의 정치·경제를 새롭게 태어나도록 하는 데 열정을 불태웠다. 그들은 대부분 산악지대나 소농 지역 출신의 자영농 계급이었으며, 공화당이 추진하는 공교육의 혜택을 받을 수 있을 것으로 생각했던 평균적인 남부 백인이었다. 그들은 농장주 계급의 과두 지배에 장기간 불만을 품었던 사람들로, 공화당과 연대함으로써 남부에서 농장주의 지배를 타파할 수 있다고 여겼다.

이처럼 재건하의 남부 공화당 정권은 흑인과 백인 간의 불안한 동맹 위에 수립되었다.

해방노예의 경제 상황: '40에이커의 토지와 1마리의 노새' 및 소작농 제도

해방된 흑인들의 생활환경과 경제 상황은 어떠했을까?

전쟁 중에 흑인들은 연방군이 들이닥치자 농장을 탈퇴해 그들의 뒤를 따라갔다. 노예들에게 자유란 농장에 구속되어 있던 생활에서 해방되는 것이었으며, 이동의 자유를 획득하는 것이었다.

전쟁이 종결되자 흑인들은 농장주의 자택 부근에 있던 노예 거주구를 떠나 흑인 가정에 거주구를 조성하기 시작했다. 백인과의 사이에 거리를 두고 인종 분리를 바랐던 것은 흑인 쪽이었다. 흑인들은 감리교파와 침례교파의 독자적인 교회를 조직하기 시작했다. 해방 이후 "자유 이외에 아무것도 없다"라는 상태에 내던져진 흑인들은 커뮤니티(공동체)를 만들기 시작했던 것이다.

---

10   일반적으로 망나니, 깡패, 말썽쟁이 등을 의미한다._옮긴이

종전 이후 면화 농장의 재개를 서둘렀던 농장주는 '흑인 단속법'을 통해 흑인들의 이동의 자유를 빼앗고 흑인들을 농장에 속박시키고자 했다. 하지만 흑인들은 이를 거부했다. 전쟁 직후에 "40에이커의 토지와 1마리의 노새"라는 말이 남부 흑인들 사이에서 퍼졌는데, 흑인들은 이제까지의 무상 노동에 대한 보상으로 농장주의 토지가 분배되기를 기대했던 것이다.

이 정책은 단순한 소문이 아니었다. 공화당 급진파는 남부 개혁을 위해 농장주의 토지를 몰수해서 해방노예에게 분배하고 흑인들을 자영농으로 삼는 제안을 했기 때문이다. 경제적으로 뒷받침되지 않는다면 개혁은 실효성이 없다고 파악되었다. 하지만 실제로는 윌리엄 셔먼 장군의 지휘하에 조지아와 사우스캐롤라이나의 연안 지구 일부에서 예외적으로 분배가 행해졌을 뿐이며(나중에 존슨 대통령이 반환 명령을 내렸다), 해방노예국이 토지를 알선하기도 했지만 민주당 당원과 기타 공화당 당원들의 반대로 좌절되었다.

전술한 서부 개척을 위한 '홈스테드 법'(1862)에서는 백인의 독립 자영농에게는 1구획 160에이커(도쿄돔 14개의 크기)의 토지가 무상으로 불하되었던 데 반해, 흑인에게는 그 1/4의 구획 분배마저 성공하지 못했다.

결국 해방노예는 생활을 위해 일하지 않을 수 없었으며, 전전부터 토지를 지켜냈던 농장주들은 해방노예들과 노동 계약을 체결했다. 그 결과 소작농 제도가 생겨났다. 이것은 토지 임대료와 대부품(농기구, 노새, 종자 등)의 대금을 농민이 수확한 작물로 지주에게 지불하는 제도이다. 이 제도는 흑인 농민의 가족노동을 기반으로 1870년대에 남부 사회에 정착되었는데, 면화 생산을 강제 받는 등 농장주와의 관계는 매우 종속적이었다. 또한 농장주뿐만 아니라 농촌의 상인들로부터도 생활품을 현물로 미리 빌리고 나중에 면화로 채무를 변제하는 농작물 유치권 제도(crop-lien system)에 따라 해방노예는 빚의 굴레에서 빠져나갈수록 토지에 묶이는 신세가 되었다.

소작인 제도가 정착됨에 따라 남부 농업은 전시에 상실한 시장을 만회하기 위해 전전 시기보다 한층 면화 생산에 과잉 의존했다. 1880년대가 되면서 면화 재배에 대한 강제가 더욱 철저해졌다. 흑인뿐만 아니라 백인 빈농까지 휘말려 들어 남부 농민의 10가구 중에 8가구가 식량 자급 능력을 상실했다.

5. 재건 정치의 종언

KKK의 폭력과 그랜트 정권

1868년 5월 존슨 대통령의 탄핵 재판에 이르기까지의 정치적 긴장은 급진적인 정치에 대한 불신을 낳았고 급진파가 아닌 온건파가 득세했다. 이제까지 재건 정책을 추진해 왔던 공화당 급진파는 서서히 구심력을 상실했다. 인종 평등을 희구했던 급진적인 개혁의 시대는 끝나고 공화당은 흑인을 둘러싼 고된 투쟁으로부터 해방되었다. 그 이후로는 경제 불황과 실업, 통화·재정 정책 등의 정치 과제로 중심이 이동했다.

1868년의 대통령선거에서는 이러한 국내 경제의 발전을 담당할 안정과 평화의 회복이 공화당의 기본 방침이 되었고 내전의 영웅에서 평화의 영웅으로 안장을 교체하기 위해 율리시스 그랜트(Ulysses Grant, 1822~1885)가 후보가 되었다. 한편 민주당은 전 뉴욕주 주지사 호레이쇼 시모어(Horatio Seymour)가 후보가 되었는데, 〈그림 3-11〉의 풍자화(공화당계 신문이 민주당을 비판한 것이다)에서 묘사한 바와 같이, 민주당은 변함없이 '재건 정치 반대, 백인 통치'를 선언하는 인종 차별적인 선거 전술을 취했다.

1868년 선거에서는 남부에서 KKK(Ku Klux Klan, 쿠 클럭스 클랜)[11]에 의한 폭력 행위가 격화되어 공화당을 밑받침해 온 흑인 표를 빼앗기 위해 모든 수단이 동원되었다. 백인지상주의 비밀 결사인 KKK는 남북전쟁 직후인 1865년 12

---

11 미국에서는 '남부의 보이지 않는 제국(Invisible Empire of the South)'으로 불리기도 한다._
    옮긴이

〈그림 3-11〉 재건 정치의 증언
위 그림에서는 엉클 샘(Uncle Sam, 미국을 상징함)이 주최하는 추수감사절의 만찬에 흑인과 중국인도 참석했다(*Harper's Weekly*, 1869.11.20).
하지만 아래 왼쪽 그림에서는 3명의 백인이 흑인을 짓밟으면서 "이것은 백인의 정부이다"라고 외치고 있으며(*Harper's Weekly*, 1969.9.5), 아래 오른쪽 그림에서는 흑인 의원의 정계 진출로 의회정치가 혼란해지자 미스 콜롬비아가 분노를 드러내고 있다(*Harper's Weekly*, 1874.3.14).

월에 남부의 퇴역 군인 네이선 포레스트(Nathan Forrest, 〈그림 3-11〉에서 '이것은 백인의 정부이다'의 삽화에서 가운데에 위치한 인물)가 테네시주에서 설립한 것으로 알려져 있다. KKK는 흰색 천으로 온몸을 감싸고 삼각 두건을 착용한 차림으로 흑인에게 린치를 가하며 흑인을 폭력으로 지배하고자 했다.

1868년 선거에서는 루이지애나 및 테네시, 조지아, 아칸소에서 남부 공화당 당원과 흑인의 투표를 저지하기 위해 모든 수단이 사용되었다. 아칸소에서는 연방 의원을 포함해 200명이 살해되었고, 조지아에서는 선거 등록 명부상으로는 흑인 표가 9300표였으나 실제로 투표할 수 있었던 흑인의 표는 겨우 87표에 불과하기도 했다. 하지만 이러한 부정한 선거 방해는 도리어 북부의 반감을 샀고 그랜트의 압승을 허용하는 결과를 낳았다.

그랜트 대통령은 재건을 지원하기 위해 때로는 무력을 사용했지만 남부를 군사적으로 점령하는 것과는 거리를 두었다. 연방군에 대해 설명하자면, 급격한 동원으로 100만 명 이상으로 늘었던 병사는 1865년 중에 5만 7000명으로까지 감소했다. 그 이래 남부 점령에 동원되었던 연방군 병사의 수는 계속 감소해서 1874년에는 텍사스를 제외하고 전체 남부 여러 주에 4082명이 남아 있었을 뿐이다. 재건 시기를 통해 연방군의 최강 부대는 텍사스와 서부로 파견되었고, 다음 장에서 상세하게 설명하는 바와 같이, 이들은 남부 백인과의 전투가 아니라 원주민과의 전투를 주요 임무로 했다.

존슨에서 그랜트로 대통령이 교체된 것을 계기로 공화당 급진파는 1869년 2월 26일 수정헌법 제15조를 제안했다. 급진파의 기세는 약해졌지만, 이 수정안은 미국 시민의 투표권이 "인종 및 피부색, 과거의 노예 상태를 이유로" 주에 의해 부정되어서는 안 된다고 규정했다. 남부의 4개 주가 비준을 부결했지만 북부 여러 주가 이 원칙을 받아들임으로써 수정안은 1870년 2월 3일에 비준되었다 (발표된 것은 3월 30일이었다).

1870년과 1871년에는 KKK의 격렬한 활동과 북부에서 민주당이 자행하는 선거 관련 부정행위를 방지하기 위해 연방군을 파견할 필요성이 발생해 연방의회는 2개의 강제법('1870년 법' 및 '1871년 법')과 'KKK 법'을 제정했다.

1870년의 수정헌법 제15조는 재건 정치를 미완의 혁명으로 끝나게 만든 결정타가 되었다. 공화당은 윌리엄 수어드 국무장관이 제기했던 자유 이민 장려 원칙을 정치 이념으로 지지했으며, 그랜트 대통령은 미국과 중국 양국 간의 자유 이민을 장려하는 벌링게임 조약(Burlingame Treaty)[12]의 체결 또한 지지했다. 하지만 이러한 이민국가로서의 이상에도 불구하고, 투표권을 부여한 수정헌법에 따라 역설적이게도 각 주는 투표의 질을 유지하기 위해 인두세 및 식자 테스트, 재산 규정 등을 통해 합중국 국민에 적합한 시민을 선정하거나 배제하

---

12 '1868년 벌링게임-수어드 조약(Burlingame-Seward Treaty of 1868)'이라고도 불리며, 미국 과 중국(청나라) 사이에서 체결된 조약으로 1858년 텐진 조약을 수정하면서 미중 양국 사이 에 공식적으로 우호 관계를 확립했다._옮긴이

기 시작했다.

중국인 노동자를 적극적으로 받아들였던 캘리포니아에서도 공화당 창설의 공로자 코르넬리우스 콜(Cornelius Cole)마저 "(수정헌법 제15조에 의해) 중국인에게 투표권이 부여된다면 우리 당은 완전히 죽게 될 것이다"[13]라며 정치의 급진화를 망설였다.

1872년 대통령선거 : 자유공화 운동

그랜트가 2기째에 도전했던 1872년의 대통령선거에서는 그랜트의 재선에 반대하는 자유공화당(Liberal Republican Party) 세력이 《뉴욕 트리뷴》의 호레이스 그릴리를 대통령 후보로 추대하면서 제3의 정당 건립 운동을 전개했다.

자유공화당 세력의 도전은 그랜트 정권의 부패에 대한 불만이 고조되었음을 보여주었다. 자유공화당 세력은 깨끗한 공무원 제도를 위한 개혁을 제창했으며, 연방정부가 남부를 총칼로 강권적으로 지배하는 데 반대했다. 앞 장에서 다룬 바와 같이, 1854년에 노예제 확대 반대를 슬로건으로 내세우며 탄생했던 공화당은 자유토지당, 휘그당, 민주당 등 다양한 정당 출신자로 구성된 정당이었다. 그들은 내전에서 승리를 거두고 노예제를 해체해 남부 재건을 목표로 삼게 됨으로써 공화당의 역사적 역할을 끝마쳤다고 생각했다. 그랜트 정권에서는 신흥의 금융 자본과 정치적으로 유착해 크레디 모빌리에 사건(Crédit Mobilier Scandal, 유니언 퍼시픽 철도를 건설하는 회사가 공유지를 불하하는 과정에서 편의를 도모하기 위해 그랜트 대통령을 포함한 유력 정치가에게 회사의 주식을 시가의 반액으로 양도했던 사건) 등 부패 사건이 자주 발생했기 때문에 자유공화당 세력은 공화당이 변질되었다고 생각했다.

선거에서는 민주당도 호레이스 그릴리를 지명했지만, 자유공화당과 민주당이 연합한 역량에는 한계가 있었다. 그랜트는 북부 전체 주에서 승리를 거두었

---

13 원문은 "If the Chinese were allowed to vote, kill our party as dead as a stone"이다._옮긴이

고 일반 투표의 55%를 획득했다. 이것은 19세기 미합중국 정치사에서 최고의 득표율이었다.

하지만 2기째의 그랜트 정권에서는 부정 의혹이 제기될 때마다 국민의 불만이 고조되었다. 1874년의 중간선거에서 민주당이 남북전쟁 이후 처음으로 연방 상원의 과반수를 획득한 것이 그 증거였다. 또한 공화당이 의회와 백악관 모두를 지배하는 시대도 종식되고 말았다.

1876년 선거와 재건 정치의 종언

1874년의 중간선거에서 민주당이 승리한 것은 남부 재건 문제에 대한 그랜트 정권의 태도를 한층 취약하게 만들었다. 루이지애나에서는 주지사 선거를 둘러싼 대립으로 1872년 2000명의 연방군을 파견해서 진압하는 사태가 발생했으며, 1874년에는 백인지상주의자들이 백인 리그(White League)[14]를 결성해 옛 남부군 병사를 중심으로 3500명이 무장 봉기하기에 이르렀다. 그들은 흑인 주병(州兵)을 쫓아내고 주의회 의사당, 무기고 등 주요 시설을 점거했다. 그랜트는 같은 해에 연방군을 파견했는데, 여론도 이를 지지했다. 하지만 주의회 회의장에까지 군대가 들어가 정치에 개입하는 사건이 일어나자 여론이 바뀌어 그랜트를 비난했다. 그 이후 그랜트는 군사 개입에 신중해졌다.

1875년 9월에는 남부 공화당 당원으로부터 연이어 습격 사건을 당한 미시시피주의 주지사가 연방군을 파견해 달라며 구원 요청을 했지만, 그랜트는 그때까지와는 다르게 태도를 바꾸어 연방군을 파견하지 않았다. 그러면서 그랜트는 "미합중국의 국민들은 매년 가을이 되면 남부에서 일어나는 폭동에 매우 지긋지긋해 하고 있다"라고 말했다.

그리고 커다란 전기가 되는 1876년의 대통령선거 날이 다가왔다. 전술한 것처럼 반남부 감정을 선동하는 북부 미디어에 이끌려 공화당을 지지해 온 북부

---

14 백인 남성의 리그(White Man's League)라고도 불린다. _옮긴이

사람들도 남부 재건을 정치의 최우선 사항으로 간주하지 않았다. 1873년 이래의 경제 불황, 농산물 가격 하락, 실업, 통화 문제 등 자신들의 생활과 관련된 문제로 관심이 옮아갔다.

대통령선거에서는 남부의 강력한 지지를 획득한 민주당의 뉴욕주 주지사 새뮤얼 틸덴(Samuel Tilden)과 공화당의 오하이오주 주지사 러더퍼드 헤이스(Rutherford Hayes)가 승부를 벌였다. 선거전에서는 틸덴이 꾸준히 선거인을 획득해 과반수까지 1표를 남겨둔 상황에까지 이르렀다. 그래서 루이지애나, 사우스캐롤라이나, 플로리다 등 3개 주의 선거인이 판세를 갈랐다. 민주당과 공화당 쌍방은 이들 주에서 자신들이 승리를 거두었다고 주장했다. 이와 같은 헌법에 규정되어 있지 않은 예측 불가능한 사태와 관련해 의회는 15명으로 구성된 선거위원회를 설치했다.

이 위원회는 8 대 7로 공화당이 다수가 되었고, 이로써 러더퍼드 헤이스가 당선되었다는 결정을 연방의회에서 민주당이 승인했기 때문에 최종 마무리되었다. 국민들은 중대한 헌법적 위기에 빠져 다시 내전이 발발하는 것 아닌가 우려했지만 그러한 사태는 피했다. 그런데 1877년 4월, 이러한 움직임에 호응하듯, 연방군은 최후까지 주둔하고 있던 사우스캐롤라이나와 루이지애나에서 철수했다.

그 결과 남부 재건의 시대는 종지부를 찍었고 남부에서는 인종 차별적인 문화가 부활했다. 연방정부는 이를 묵인했다. 그로부터 머지않아 과거의 '흑인 단속법'을 연상시키는 흑인 소작인의 노동 강화와 관련된 법률이 제정되었고, 악명 높은 수인대출제도(흑인을 경미한 죄로 범죄자로 만들어 형무소에 수감시키고 죄수들의 노동력을 기업에 빌려주는 제도, 혁신주의 시기에 폐지될 때까지 남부 사회에서 확대되었다)가 확대되었다.

남부에 주둔했다가 소환되어 돌아온 연방군은 헤이스 대통령의 명령으로 1877년 웨스트버지니아에서 시작된 노동자들의 대규모 철도 파업을 진압하기 위해 투입되었다. 남부의 재건을 둘러싼 정치 이면에서 미국 사회는 급격한 공업화와 도시화를 경험했으며, 더욱 절실한 새로운 문제에 직면했다. 과거에는 흑인을 옹호하는 풍자화를 계속 묘사해 왔던《하퍼스 위클리》마저 재건 시기 말기에는 흑인의 정계 진출에 따른 연방의회의 혼란과 민주주의의 타락을 묘사하기도 했다(<그림 3-11> 참조).

제4장

도금 시대
현대 미국을 향한 태동

「뒤돌아보기(Looking Backwards)」. 이민의 자손들이 새로
운 이민을 거부하는 모습
Puck(1893.1.11)

1. 도금 시대의 정치와 사회

도금 시대의 연방정치

앞 장에서 다루었던 재건의 시대란 남북전쟁의 전후 처리에 분주했던 정치의 시대를 가리키는 명칭으로, 남부에 주둔하며 남아 있던 연방군이 1877년에 철수할 때까지의 시대 구분이다. 한편 남북전쟁 이후의 경제 발전 시대(특히 1870~1890년대)는 '도금 시대(the Gilded Age)'라는 또 하나의 명칭으로 불린다. 이 말은 19세기 미국 문학을 대표하는 마크 트웨인(Mark Twain)의 소설 제목에서 유래한 것으로, 급속한 산업화와 도시화를 이룬 미국이 외견상으로는 화려해 보이지만 사람들은 돈 벌기에 급급해지고 이상에 대한 관심이 희박해져 정계와 재계에 부패가 만연한 시대, 내실이 없는 시대라는 비판이 내포되어 있다.

재건 시기에 사회혁명을 지향했던 공화당은 1870년대 후반에 이상의 깃발을 내리면서 북부의 경제 이해에 무게를 둔 정당으로 변화했다. 도금 시대의 공화당과 민주당은 서로 유사해져 정치 쟁점도 없었다. 따라서 정치적으로는 불모의 시대였다고 일컬어진다. 하지만 1872년부터 1892년까지의 대통령선거와 중간선거의 투표율은 미국 역사상 가장 높은 80% 전후를 계속 기록하면서 정치 열기가 식지 않았던 점에는 주의가 필요하다. 재건의 시대가 종식되고 난 이후 남북 간에는 다시 원망이 남았고, '피투성이 셔츠를 흔드는' 공화당계 미디어의 영향으로 당파적인 유권자 간 대립이 계속되었다. 이 시기에는 연방정부의 연간 지출 약 2억 5000만 달러 중에서 40% 정도가 남북전쟁의 종군 병사와 그 가족에 대한 연금, 전시 채무 지불에 충당되었으며, 승자의 정치가 계속되었다. 요컨대 남북전쟁의 전후는 아직 끝나지 않았던 것이다.

군인 연금은 성역화되어 아무도 입 밖으로 꺼내지 못했는데, 정치개혁론자들은 당시의 정당정치를 풀뿌리 수준에서 밑받침하는 제도이자 직업 정치가들의 부패의 온상이던 스포일스 시스템(spoils system, spoils는 전리품을 의미한다)을 폐지하기 위해 움직였다. 당과 선거에 공헌한 정도에 따라 정부의 공직을 보상

차원에서 당원들에게 제공하는 이 제도는 전전의 잭슨 대통령 시대에 확립되었던 민주화를 상징했다. 특정 엘리트층이 관직을 독점하는 악폐를 중단하고 당의 표를 모으는 데 공을 세운 당원들에게 정치에 참가하는 기회를 제공하기 위한 '국민의 정치'의 제도이기도 했다. 하지만 남북전쟁 이후 폐해가 커져 공무원 제도를 개혁하는 일이 급선무로 인식되었다. 이러한 가운데 1881년 이제 막 취임한 제임스 가필드(James Garfield) 대통령이 공직을 요구했다가 거부당한 데 앙심을 품은 사람에게 총격을 당해 사망하는 사건이 일어나자 이를 계기로 여론도 개혁의 필요성을 인정하게 되었다. 1883년 연방 공무원법에 해당하는 '펜들턴 법(Pendleton Act)'이 제정되었는데, 이 개혁으로 연방 직원들 중 일부는 공개경쟁 시험을 통해 선발되었다.

그다음 치러진 1884년 차기 대통령선거에서도 정치 개혁의 물결은 계속되었다. 후보로 지명된 공화당의 제임스 블레인(James Blaine)은 부정부패로 얼룩진 직업 정치가의 전형으로 간주되어 머그웜스(Mugwumps, 북미 알곤킨어족 언어로 '젊은 수령'을 의미한다)가 그에 대한 지지를 거부하는 운동을 일으켰다. 정치를 고귀한 자의 의무로 간주하는 전통에 입각한 귀족주의적인 엘리트로 구성된 머그웜스는 부패한 정당정치를 미국 민주주의의 위기로 보고 이에 반발했다. 머그웜스가 벌인 제임스 블레인 당선 저지 운동으로 민주당 후보 그로버 클리블랜드(Grover Cleveland)가 근소한 차이로 승리해 제22대 대통령(1885~1889년 재임)에 당선되었다.

그 결과 불모의 시대라고 알려진 1870년대에도 연방정부는 기존대로 서부의 공유지 처분, 철도 사업에 대한 지원 등 경제 이익을 배분하는 역할을 수행했다. 한편 1880년대 이래 외국과의 무역 경쟁에서 산업 보호를 위한 관세를 어떻게 설정할 것인지를 두고 민주당과 공화당 간에 격렬한 논쟁이 벌어졌다. 세계 제일의 공업국가이자 농업국가로서의 국익을 지키기 위해 강구해야 할 시책, 그리고 민주당이 정치 부패의 원인이라고 주장하는 높은 관세에 의한 잉여 문제를 다루는 것과 관련해 논의가 가열되었다. 재선을 노리던 클리블랜드는 1888년 대통령선거에서 관세 인하를 강령에 포함시켜 선거전을 치렀으나 공화당 후보 벤저민 해리슨(Benjamin Harrison)에게 패배했다. 그 결과 해리슨 정권에서는 '매킨리 관세법(McKinley Tariff Act)'(1890)이 제정되어 평균 세율이 49.5%까지 인상되었다.

또한 급속한 산업화로 기업의 시장 독점이라는 폐해가 발생하기 시작하자 독점 행위를 단속하기 위해 '주제통상법(Interstate Commerce Act)'(1887), '셔먼 반독점법(Sherman Antitrust Act)'(1890) 등을 제정해 경제 행위도 규제했다.

이민 행정 개시: 문지기 국가로서의 미국의 탄생

또 하나 19세기 후반의 연방 행정에서 특기할 만한 사항은 기존에 주에 맡겼던 자유방임적인 이민 정책과 국경 관리에 종지부를 찍고 연방 주도의 이민 정책과 이민 입국 관리가 출범했다는 것이다.

미국의 경우 유럽의 국경 관리 체제와 달리, 주가 독자적인 권한으로 '귀화법'을 제정하고 주 시민권을 부여하는 권한을 보유하고 있었다. 그렇기 때문에 연방 기관이 직접 출입국 관리에 관여한 것은 건국 시기로부터 약 한 세기가 경과한 1882년부터로, 상당히 늦게 이루어졌다.

중국인 이민 노동자는 골드러시를 계기로 유입되기 시작해 대륙 간 횡단 철도 건설에 공헌했으나 1882년 '중국인 배척법'으로 10년간 입국이 금지되었으며, 재미 중국인은 연방법원에서도 주법원에서도 귀화가 금지되어 귀화 불능 외국인이라는 비시민 범주에 속하게 되었다. 또한 같은 해에 최초의 포괄적인 '일반 이민법'이 제정되어 50센트의 인두세 징수 및 "백치, 정신 이상자, 범죄인 및 공공의 부담이 될 우려가 있는 자"의 입국 금지가 정해졌다.

1891년에는 재무부 내에 이민관리국이 설치되었고, 같은 해에 제정된 법률에 의해 "꺼림칙한 질병 및 위험한 전염병에 걸린 자"가 입국 금지자로 추가됨으로써 입국 시의 의학적 조사에 미합중국 공중위생국이 참가[당시에는 해군병원서비스(Marine Hospital Service)가 참가했으며, 1912년부터 공중위생국이 참가했다]하

〈그림 4-1〉 엘리스섬에서 실시된 입국 심사(1900
년 무렵)

도록 결정되었다. 또한 이듬해부
터 뉴욕만에 있는 엘리스섬에서
연방 이민 입국 관리 체제가 정비
되었다. 제2장에서 자세하게 다룬
바와 같이, 미국은 이민 국가로 탄
생한 것이 아니었다. 남북전쟁에
서 노예해방이 달성될 때까지는
노예 노동에 의존했던 노예 국가

였다. 하지만 남북전쟁 이전부터 이민 국가로의 태동이 시작되었고, 이는 재건
정치가 종료되던 시기까지 단계적으로 정비되어 갔다.

구체적으로 보면, 이민이 급증함에 따라 연방의회가 주에게 맡겼던 여권 발
행권의 독점을 주장하고 여권 발행을 미국 국민에게 한정하도록 요구한 것은
1856년의 일이었다. 그 이후 공화당의 링컨 정권에서 이민 장려책을 취해 (특히
유럽 국가들이) 해외 영사관과 연대를 도모했으며, 당의 강령에서는 미국이 전
세계의 억압받고 있는 자의 피난소로 자리매김했다. 이로써 건국의 아버지들이
말했던 이념이 다시 언급되기에 이르렀다. 또한 재건 시기에 이루어진 국민통
합의 정치 과정에서 연방 시민권 개념이 확립되고 수정헌법 제14조에 의해 출
생지주의의 원칙이 명문화됨으로써 법 제도가 정비되었다.

이민의 출입국 관리와 국경 관리 제도화는 이제까지 근대 국민국가 수립을
설명하는 역사학에서 그다지 중시되는 주제가 아니었다. 1990년대 이래 일본
의 역사학계를 석권했던 국민국가론에서는 제도에 초점을 맞추는 것이 아니라
상상의 산물로서의 네이션, 즉 국민화를 구축하는 데 착안해서 민족주의를 논
했다. 하지만 사람이 이동하는 역사의 시각에서 새로운 국민국가가 형성되는
역사를 제시하는 미국의 사회학자 존 토피(John Torpey)[1]는 국민을 상상하는

---

1   뉴욕 시립대학 등에서 교수를 역임했으며, 주요 저서로 *The Invention of the Passport:*

것만으로는 국민국가가 수립되지 않는다고 비판한다. 오히려 이민 국가로서 출입국 기록을 문서화하고 실질적인 이민 행정과 문지기(gate keeping) 국가로서의 기능을 확립한 것을 국민국가 수립의 지표로 삼아야 한다고 주장한다.

토피는 국가가 이동 수단을 독점하는 것, 여권 발행권을 점유하는 것, 출입국 관리 제도를 확립하는 것 등을 지표로 제시했는데, 미국에 비춰봤을 때 이들 지표는 남북전쟁 시기부터 도금 시대까지의 연방 행정과 모두 합치된다. 미합중국은 베네딕트 앤더슨이 말하는 상상의 공동체로서도 애국심을 함양하고 남북전쟁에서 탄생한 새로운 이념(자유, 자유노동 이데올로기, 법 아래의 평등)을 토대로 해서도 애국심을 함양했는데, 이와 동시에 연방 주도하에 입국 관리와 국경 관리 제도를 정비함으로써 이민 국가로서도 공식적으로 출범했던 것이다.

이러한 연방 주도의 이민 행정은 산업계의 이해를 우선시하여 포섭과 배제의 두 가지 얼굴을 구사하면서 취사선택의 논리에 기초하는 특징을 지니고 있었다.

이민 수용이 최고 전성기를 맞이했던 20세기 전환기에는 미국에 이민 수용 입구에 해당하는 문이 19개 장소에 있었다. 그중에서 이민을 가장 많이 받아들였던 곳은 뉴욕의 엘리스섬에 위치한 연방 이민 입국 관리 시설이었다. 1892년 개설되어 1954년 폐쇄될 때까지 1200만 명의 이민이 이곳을 통해 입국했으며, 현재 미국 국민의 약 40%가 그 입국자들의 자손인 것으로 추정된다. 이민들은 여기에서 정밀한 의료 검사, 법률 검토 및 심문을 받았으며, 이민 등록을 마친 자에 한해 맨해튼에 상륙하는 것이 허가되었다.

엘리스섬의 이민박물관에서는 입국 시에 이민들이 경험했던 비극과 희극을 묘사한 〈눈물의 섬, 희망의 섬〉이라는 제목의 다큐멘터리 영화를 상영하고 있는데, 이 영화를 보면 도미해 온 이민 중에는 입국하지 못하고 눈물을 삼키며 강

Surveillance, Citizenship, and the State(Cambridge University Press, 2000) 등이 있다._옮긴이

제로 송환된 자들도 있었다. 하지만 공중위생국과 이민관리국의 역사자료에 따르면, 1892년부터 1930년까지 전체 연방 시설에 수용된 이민 수는 2500만 명이었으며, 이 중에 최종적으로 입국이 거부된 자는 7만 9000명 남짓이었다. 강제로 송환된 자는 전체 이민의 4.4% 정도였으며, 이 중에서 의학적인 이유로 강제 송환된 자의 비중은 1%를 넘지 않았다. 입국이 거부된 이유 가운데 압도적으로 많은 것은 1882년 '일반 이민법'에서 규정한 "공공의 부담이 될 우려가 있는 자", 이른바 생활 곤궁자였던 것으로 추정된다.

환언하자면, 역사자료에서도 알 수 있듯이, 미국 사회에는 노동 수요가 항상 많았기 때문에 유럽 이민을 위한 연방 행정은 산업 시민으로서 유용한 이민 노동자를 환영하고 노동력을 창출하기 위한 거대한 포섭 메커니즘으로 기능했다.

하지만 다른 한편으로는 아시아 이민에 대해서는 전혀 다른 면모를 보였다. 연방정부는 철도 부설과 지방 고유의 산업을 위해 노동력을 필요로 하는 캘리포니아 산업계의 의향에 따라 1868년 중국인 이민의 수용을 증가하는 벌링게임 조약을 체결했다. 하지만 백인 노동자 계급에 의해 배척 운동이 고조되자 1880년에는 앙겔 조약(Angell Treaty)[2]을 체결해 이민을 제한하는 것으로 방향을 전환했다. 〈그림 4-2〉에서 보는 바와 같이, 미국 내에서는 인종 융화의 사회혁명을 지향한 재건 정치가 실패함으로써 해방 흑인이 정치 공간에서 배제되는 것과 함께 중국인 이민도 배척되었다. 이렇듯 자본주의 경제의 요청과는 거꾸로 이민을 선별해서 시민에 적합한 자의 범위를 점점 좁혀가는 방향으로 흘러갔다.

1882년의 '중국인 배척법'에 의해 재미 중국인의 출입국 관리(등록증 소지)가 시작되었고 입국 규제 대상 외의 중국인(비노동자)이 도미할 때에도 청나라 정부가 발행한 증명서가 필요했다. 이는 미국에서 여권 시스템의 원형이 되었으며, 전체 이민으로 확대되었다. 불법 이민이라는 개념도 중국인 이민 문제에서 발생했다.

---

2 'Treaty Regulating Immigration from China'로 일컬어지기도 한다._옮긴이

〈그림 4-2〉 「니그로는 떠나라, 중국인은 떠나라」. 재건 정치가 미완의 혁명을 끝나버린 결과 남부의 흑인과 서부의 중국인은 정치적으로 암살되었다.
Harpers' Weekly(1879.9.13)

더욱 중요한 것은 누구에게 입국을 허가하고 누구를 입국 금지할 것인가 하는 이민 행정이 누구에게 시민권을 부여할 것인가 하는 연방정치와 직결되었다는 점이다. '중국인 배척법'은 신규 중국인 이민 수용을 중단하면서 재미 중국인을 귀화 불능 외국인으로 간주하고 시민화의 길을 닫아버렸다. 이로써 중국인들은 이주자라면 누구나 귀화와 국민화의 길을 걷는 이민 국가 미국에서 예외적인 존재가 되었다. 아시아계를 비시민으로 취급하는 이러한 관행은 후술하는 미국-스페인 전쟁에서 필리핀을 영유했을 때에도 반복되었다. 하와이 합병과 달리 필리핀의 영토는 비편입 영토로 규정되었고, 필리핀인은 시민권 없는 합중국인이라는 특수한 범주에 들어갔다.

도금 시대가 미국에 가져온 것

남북전쟁으로 국내를 통일한 미국은 전후에 철도 건설을 견인차로 삼아 전국적인 경제 발전의 기반을 정비했다. 링컨이 1862년에 서명한 '태평양 철도법'은 유니언 퍼시픽 철도와 센트럴 퍼시픽 철도를 잇는 대륙 횡단 철도의 건설을 촉진시켰고, 1869년 프로먼터리에서 개통식이 열렸다. 대륙 횡단 철도의 동쪽 절반은 아일랜드계 이민이 만들었고 서쪽 절반은 중국계 이민이 만들었다는 말이 있을 정도로 철도 건설에는 수많은 이민 노동자가 고용되었다. 철도 건설로 대량의 레일, 기관차, 차량 등 다양한 철강 제품에 대한 수요가 생겼고 철강 산업을 위한 거대한 시장이 만들어졌을 뿐만 아니라 침목과 차체를 위한 목재 수요는 임업을 발전시켰다.

1865년부터 1890년까지 미합중국의 철도는 5만 6000km에서 32만km로 확장되었다. 철도학자에 따르면, 1910년에는 전 세계 철도 궤도의 1/3이 미합중국에 집중되었다. 1890년의 철도 수입은 10억 달러로, 연방 수입의 2.5배였다. 철도는 농산물과 원자재의 물류를 크게 바꾸었을 뿐만 아니라, 미국 사회의 시간 및 공간 감각까지 변화시켰다. 대륙 횡단 철도가 완성되자 교회의 종소리로 시작되던 각 지방의 생활 관습이 바뀌었고, 철도 시각이 미국 전역에서 통일 표준시가 되었으며, 미국 전역은 4개의 표준 시간대로 나뉘었다.

또한 연방의회는 철도 사업에 역사상 가장 많은 수준의 정부 보조금을 지출했다. 철도회사는 철도 부설권과 함께 철도 연선에 30km에서 130km 폭의 가늘고 긴 토지를 제공받았는데, 이 토지를 채무의 담보로 삼거나 매각해 현금화해서 자금을 조달했다. 또한 철도 건설의 비용은 주식회사 방식으로도 마련되었는데, 다른 산업에도 보급된 이 방식은 대기업의 발전을 촉진시켰고 월스트리트를 미국의 금융 및 증권 거래의 중심지로 자리 잡도록 추동했다.

도금 시대의 미국에서는 철도 이외의 업종에서도 기술혁신으로 새로운 산업을 발전시킨 거물급 기업가들이 출현했다. 존 록펠러(John Rockefeller)는 석유 정제업의 장래성을 주목해 1870년에 석유회사 스탠더드 오일(Standard Oil)을 설립했다. 그는 경쟁 상대의 주식을 매입해 압도적인 지위를 획득했으며, 1898년까지 국내 총생산량의 84%의 원유를 정제하고 파이프라인의 대부분을 지배하에 둠으로써 석유왕이 되었다.

스코틀랜드에서 이민 온 앤드루 카네기(Andrew Carnegie)도 무일푼에서 철강왕으로 등극한 대기업가이다. 철도회사에서 사직하고 1872년에 제강업으로 옮긴 카네기는 슈피리어호 주변에서 철광석 광맥이 발견된 것을 활용해 제강업을 급성장시켰으며, 카네기 철강회사(Carnegie Steel Company)는 세계 제일의 고수익을 올리는 회사가 되었다.

2. 최후의 프런티어: 서부 개발과 원주민의 19세기 역사

대평원 개발: 광산, 목축

남북전쟁 이후부터 19세기 말에 이르는 시기는 미시시피강 서쪽의 최후의 프런티어에 해당하는 그레이트플레인스, 즉 로키산맥 동쪽 산기슭까지의 대평원에서부터 산악 고원 지대까지 정복해 서부 개척의 이주자에게 개방함으로써 농업, 목축업, 광산 개발, 임업이 발전했던 시대였다. 미국으로서는 세계 제일의 공업국가로 등극하는 것과 함께 세계 제일의 농업국가가 되는 것도 중요했다. 이를 위해 추진한 것이 원주민을 배제하는 서부 개발이었다. 여기에서는 서부 개발이 어떻게 전개되었는지 살펴볼 것이다.

남북전쟁 이후 미시시피강 서쪽 개발에서 선두를 달린 것은 광산 개발이었다. 남북전쟁 전에 일어난 캘리포니아의 골드러시는 1855년까지 전 세계로부터 약 30만 명의 일확천금을 꿈꾸는 남자들을 끌어 모았는데, 그 이후에도 콜로라도(파이크스피크 금광)와 네바다(콤스톡 금맥) 등에서 귀금속 광맥이 연이어 발견되었다. 그 결과 광산 프런티어는 태평양 연안에서 동쪽으로 향하며 백인의 정착지를 꾸준히 확대시켰다.

서부 로키산맥 부근에 백인 정주지가 형성되자 공화당 기반의 새로운 주가 서부에 만들어졌다. 네바다는 남북전쟁 와중이던 1864년에는 인구가 2만 명밖에 되지 않았지만 공화당의 강력한 정책으로 주로 승격되었고, 콜로라도 역시 재건 시기 말기인 1867년에 주가 되었다. 재건 정치가 종료된 이후에는 민주당에 의해 저지되어 서부 지역의 연방 가입이 늦어졌지만, 1888년 선거에서 공화당이 압승을 거두자 이듬해인 1889년에는 사우스다코타, 노스다코타, 몬태나, 워싱턴을 동시에 주로 승격시키는 법안이 통과했고, 1890년에는 주 승격이 아이다호, 와이오밍으로 이어졌다.

연방의회는 유타의 주 승격과 관련해서만 논쟁을 벌였다. 유타주 인구의 과반수를 차지하는 몰몬교도가 일부다처제를 인정하고 있었기 때문이었다. 하지만 유타주의 주 승격도 몰몬교회가 일부다처제를 포기하는 데 합의함으로써 1896년에 승인되었다. 서부의 여러 주는 남성이 압도적이고 여성이 적었기 때문에 1869년에는 와이오밍준주에서 여성 참정권이 인정되었고, 1890년의 주 승격 시에도 여성 참정권이 인정되었다. 그로부터 3년 후에는 콜로라도에서, 1896년에는 유타 및 아이다호에서도 여성 참정권이 인정되었다. 수정헌법 제19조(1920)에 의해 미국 전역에서 여성 참정권이 부여된 것은 한참 나중의 일이었다.

그다음으로 대평원에 진출한 것으로 소를 끌고 왔던 목축업자였다. 강수량이 적어 그레이트 아메리칸 사막(Great American Desert)[3]이라고도 불리는 지역에 농민들이 본격적으로 이주한 것은 1870년대 중엽 이래의 일이었지만, 그 대신에 공유지를 이용한 개방 목지에서는 소를 왕성하게 방목했다. 〈그림 4-3〉에서 보듯이, 남북전쟁이 끝나고 약 15년이 지난 뒤, 대평원은 텍사스의 수천 마리 소를 캔자스, 네브래스카 방면으로 북상시키는 장거리 이동의 무대가 되었다. 소는 애빌린 등 북쪽의 종착지에서 열차에 실려 시카고와 세인트루이스에서 식육 가공된 후 전국으로 배송되었다. 소의 마을에는, 광산 마을과 마찬가지로, 상점, 호텔, 주점이 형성되었고, 목동, 무법자, 보안관 등으로 북적거리는 개척 시대의 낭만적인 서부 이미지가 만들어졌다. 그런데 가혹한 목동 업무에는 백인뿐만 아니라 흑인과 멕시코인도 많이 종사했다.

대평원의 장관 가운데 하나였던 소몰이도 남부 및 중서부에 철도망이 확충됨에 따라 1880년대에 종언을 맞이했다. 한편 1873년에 유자철선(가시가 돋친 철선)이 발명되어 저렴한 울타리가 도입되자 개척 농민들이 토지의 점유권을 주장하게 되었고, 이로써 개방 목지에서 목축하던 것이 목장에서 사육하는 것으로 전환되었다.

---

3   대평원의 서쪽 지역을 지칭하는 말로 사용되었다._옮긴이

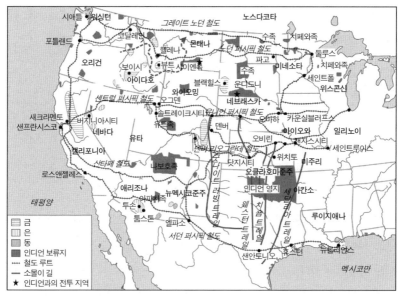

〈그림 4-3〉 서부 개발(1860~1890년)

프런티어의 소멸과 프런티어 학설

그 결과 1870년대 중반 이래 농민들은 대평원으로 본격적으로 이주하기 시작했다. 서부 및 중서부의 인구는 1860년 약 972만 명에서 1890년에는 약 2554만 명으로 증가했는데, 이로부터 대평원 및 서부로의 이주가 엄청난 규모였음을 알수 있다. 물론 이들 이주자의 대다수는 동부 여러 주 출신이거나 유럽에서 온 이민이었다. 전체 농가 수도 1860년 200만 호에서 1910년에는 600만 호 남짓으로 3배 증가했다.

이러한 농민들의 이주 붐에는 몇 가지 배경이 작용했다. 첫째, 앞 절에서 다룬 바와 같이, 링컨 정권 이래 공화당이 이민 장려정책을 채택해 철도회사 등 각종 사업자와 함께 서부로 이주하도록 선전함으로써 대량 이민 시대가 시작되던 것이다. 캘리포니아의 철도 부설, 과수원, 야채 농장 업종에서는 멀리 일본에서도 사람들을 모집해 1890년부터 1907년까지 약 12만 명의 일본인 이민이 유입되었다. 둘째, 동시기에 진행된 농업혁명이다. 여름에는 혹서, 겨울에는 혹한, 대규모 메뚜기 떼에 의한 습격 등 대평원의 자연 환경은 혹독했지만, 건조농법 도입, 풍차 펌프 이용, 환경에 적합한 품종 개량 등으로 생산성이 비약적으로 높아졌다. 국내외의 식량 수요 증가와 농장과 시장을 잇는 철도망 확충에 자극을 받아 농업 기술의 진보에 속도가 붙었다. 1862년 제정된 '홈스테드 법'에 따라 160에이커의 토지가 할당되었는데 이 토지에서는 파종기, 콤바인, 예초기 등 새로운 농업 기계가 개발되면서 가족 경영으로도 충분히 경작할 수 있게 되었다.

그 결과 이주 열풍과 투기 열풍이 비정상적인 수준으로 확산되자 1890년 인구조사국은 더 이상의 프런티어 라인(frontier line)은 없다고 선언했다. 보고 백서는 이렇게 밝혔다. "1880년까지 본국에는 이주민의 프런티어[1평방마일당 인구(원주민은 제외)가 2명 이상 6명 이하인 지역]가 있었다. 하지만 현재는 미식민 이주지의 이곳저곳에 이주민의 정주지가 점재해 프런티어 라인이라고 부를 수 있는 것이 사라졌다. 따라서 이 인구조사 보고서에서는 더 이상 프런티어의 범위와 서부 개척에 대해 논할 여지가 없다."

이 보고에 따라 1893년 시카고에서 개최된 미국역사학회 연례 대회에서 역사학자 프레더릭 터너(Frederick Turner,[4] 1861~1932)는 「미국 역사에서 프런티어의 의의(The Significance of the Frontier in American History)」라는 제목의 글을 발표했다. 터너는 "프런티어의 소멸로 미국사의 제1기가 끝났다"라고 공언하면서, 프런티어의 존재와 개척민의 서부 개척은 독자적인 민주주의, 자주독립 정신, 기회 평등 같은 미국의 국민성을 형성하는 데 결정적인 역할을 수행했다고 설명했다. 당시 역사학계에서는 미국의 정치 제도의 기원을 유럽에서 찾는 학설이 유력했는데, 터너의 학설은 미국 고유의 발전 모델을 제시하는 시

---

[4] 위스콘신 대학과 하버드 대학에서 교수를 역임했으며, 주요 저서로 *The Frontier in American History*(Holt, 1920) 등이 있다. _옮긴이

도이기도 했다. 이 역사관은 그 이후의 미국사 연구와 제2차 세계대전 이후의 미국 연구에까지 지대한 영향을 미쳤다. 하지만 분명 노예제와 비유럽계 이민의 공헌을 배제하고는 미국의 발전을 논할 수 없다. 이 프런티어 학설(Frontier thesis)은 전적으로 유럽계 이주자 중심의 역사관이며, 이민 국가에 국민의 이야기를 제공하는 것이었다.

원주민의 19세기 역사: 원주민과의 전쟁

최후의 프런티어를 개발한 것이 미국의 경제 발전에 크게 기여했음은 틀림없다. 하지만 이 같은 개발로 인해 그 토지를 고향으로 삼았던 원주민 여러 부족의 생활이 완전히 파괴되고 최종 전쟁으로 원주민 토벌을 완수한 행위를 간과해서는 안 된다. 콜럼버스가 신대륙을 발견했던 15세기 말 이전의 북미 대륙의 원주민 인구에 대해서는 여러 가지 설(90만~1800만 명)이 있지만, 최근 연구에서는 500만~700만 명으로 추정하고 있다. 하지만 남북전쟁이 끝난 시점인 1865년에는 30만 명, 프런티어의 소멸이 선언된 1890년에는 25만 명으로 감소했다.

터너의 학설에 따르면, 소유자와 거주자가 없는 미개척 토지인 자유 토지(free land)의 존재가 미국의 발전을 설명하는 관건이다. 과연 그러할까? 원주민 입장에서 본다면 자유 토지는 여러 부족의 생활공간이지, 결코 누구도 존재하지 않는 토지가 아니었다. 미국-멕시코 전쟁 이후 미국령에 남은 멕시코계 주민에게 보장되었던 토지 역시 19세기 후반에 백인이 대부분 수탈했는데, 이러한 토지 수탈의 폭력을 등한시해서는 안 된다.

터너의 역사관에 내포된 서북 개척의 미화를 수정하기 위해 서부 개발을 다른 시각에서 칭송했던 인물, 즉 아돌프 히틀러(Adolf Hitler)의 평가를 여기에서 소개할 것이다. 최근 연구에서는 수백만 명이나 되는 인디언을 총으로 살상해 수십만 명으로 감소시킨 뒤 적은 수의 생존자만 울타리 안에 가둬놓고 감시하는 미국의 서부 개발 수법을 모델로 삼아 히틀러가 레벤스라움(Lebensraum)[5]을 구상했다는 사실이 밝혀졌다. 히틀러는 1940년대에 대량 학살을 수반해 동방을 정복하는 과정에서 미국의 서부 개척을 자주 거론하면서 자신의 행동을 정당화했던 것이다. 이처럼 인종국가 나치와도 유사한 측면이 있었던 미국의 서부 개발 과정에서 원주민에 대한 폭력은 어떻게 이루어졌을까?

제1장에서 살펴본 것처럼 잭슨 대통령이 '인디언 강제 이주법'을 제정한 이후에도 시민들은 당시까지 원주민이 점유하고 있던 광대한 토지를 개방할 것과 그곳에 매장된 천연자원을 확보할 것을 연방정부에 요구했다. 이 때문에 연방정부는 1849년에 인디언 사무국을 육군부에서 내무부로 이관하고, 원주민 여러 부족과의 조약을 거의 강제적으로 체결해 부족별로 분열·격리시켰다. 또한 1867년에 인디언 평화위원회가 설치되자 평화 정책의 명목으로 이제까지 실시하던 단일한 대보류지역은 인디언 영지임을 보장하는 정책을 폐기하고, 부족별로 더욱 협소한(백인이 필요로 하지 않는 불필요한) 보류지로 이주시켜 격리하는 정책을 추진했다. 백인과 원주민 부족 간에 맺어진 이 조약은 기회가 있을 때마다 파기되었고 보류지에 침입하는 백인이 끊이지 않았다. 이에 원주민들은 반발하여 전투에 나섰다. 그 이후 1860년대부터 약 30년간에 걸쳐 연방군과 인디언 간의 항쟁이 대평원을 무대로 벌어졌다.

전투가 벌어지기 이전에 우선 대평원에 서식하는 동물이자 미국 전역에 있는 철도 부설 노동자의 식량이 되기도 했던 버팔로(일명 아메리카들소)가 토벌 대상으로 떠올랐다. 버팔로는 집단으로 움직이면서 전신주를 무너뜨리거나 철도를 탈선시켜 버리기도 하는 골칫거리였다. 그래서 철도회사는 사냥꾼을 고용해 버팔로 토벌 작업을 시작했고, 1850년대에는 1300만 마리였던 것으로 알려진 버팔로는 1880년대에는 거의 수백 마리로 격감되었다. 버팔로를 없애는 것은 원주민에게 커다란 타격이었다. 이 지역에서 버팔로는 원주민 문화의 기반이었기 때문이다. 버팔로는 식용으로 수렵되었을 뿐만 아니라 이동이 빈번한 수렵 부

---

5   Lebensraum은 1901년 독일의 지리학자 프리드리히 라첼(Friedrich Ratzel)이 인문지리학 용어로 사용한 것으로, 처음에는 생활권을 의미했으나 히틀러의 나치 시대에 대게르만 제국을 건설하기 위한 공격적인 확장을 뜻하는 의미로 사용되었다._옮긴이

족의 주거용 티피(텐트)는 버팔로 가죽으로 만들었다. 버팔로가 감소하자 원주민의 자급자족 생활양식이 바뀌었고, 원주민은 백인 상인과 정부에 의존할 수밖에 없었다. 이것이 원주민의 저항 의지를 사그라지게 만들었다.

연방군의 압도적인 군사력 앞에서 원주민은 승산이 없었다. 남북전쟁의 종군 경험자들은 전후 실시된 원주민 토벌에 대거 동원되었다. 제7기병 연대를 이끌었던 조지 커스터(George Custer) 장군도 그중 한 명이었다. "좋은 인디언은 죽은 인디언일 뿐이다"라는 말이 있는데, 원주민은 죽는 것 말고는 국가 건설에 공헌할 수 없는 것으로 간주되었다. 남북전쟁에서 활약했던 흑인 병사들도 전쟁 직후부터 아파치 전쟁에 동원되어 버팔로 솔저(buffalo soldier)로 활약했던 것으로 알려지고 있다(흑인 병사들은 1890년 원주민 토벌이 완료된 이후 미국-스페인 전쟁, 미국-필리핀 전쟁에도 투입되었다).

원주민 측은 1876년 몬태나의 리틀빅혼강에서 수족과 샤이엔족의 연합군이 커스터가 이끄는 기병대를 섬멸시키는 승리를 거두기도 했지만, 대부분의 전투에서는 패배했다. 원주민 측에서 최후까지 저항했던 상징으로는 치리카후아 아파치족의 제로니모(Geronimo, 1829~1909)를 들 수 있다. 하지만 1886년 제로니모가 전투에 지쳐 결국 항복함으로써 세 세기에 걸친 아메리카 인디언의 항쟁사는 사실상 종식되었다. 1890년에는 사우스다코타의 운디드니[6]에서 눈이 내리는 가운데 도망치려고 우왕좌왕하던 수족 200여 명이 학살되는 비극도 발생했다. 프런티어의 소멸이 선언되었던 1890년은, 운디드니 학살로 상징되는 바와 같이, 원주민 토벌이 완료되었음을 의미했다.

연방정부의 원주민 동화 정책

1871년 연방의회는 '인디언 지출법'을 가결하고 보류지 확정에 대한 여러 부족과의 교섭을 중단한다고 선언했다. 이로써 원주민은 갈수록 궁지에 내몰

---

6   운디드니 크리크(Wounded Knee Creek)를 일컫는다. _옮긴이

렸다. 백인 중에는 잔학한 연방정부의 수법을 비판하는 자도 있었는데, 헬렌 잭슨(Helen Jackson)이 일반 대중을 위해 1881년에 간행한 『치욕스러운 한 세기(A Century of Dishonor)』[7]는 비참한 원주민에 대한 미국 내 여론의 관심을 높였다.

연방정부는 1887년 제정된 '일반 토지할당법(General Allotment Act)'[일명 '도스 법(Dawes Act)']8에 따라 원주민에 대한 정책을 크게 전환했다. 이 법률은 여러 부족이 공유했던 거류지의 토지를 하나하나 세분화해서 원주민과 비원주민의 개인 소유자에게 할당하는 것으로, 토지의 공동 소유를 기반으로 하는 원주민의 전통적인 생활양식을 바꾸는 한편 원주민을 백인 이주자와 마찬가지로 자영농으로 만들어 시민으로 촉진시키는 동화주의적인 정책이었다.

원주민 가장에게는 160에이커, 18세 이상의 독신에게는 80에이커의 토지를 할당했는데, 연방정부는 그 토지를 25년간 신탁하에 두어 매각 및 임대를 금지했다. 하지만 연방정부가 잉여라고 간주한 토지는 모두 백인의 수중으로 넘어갔고, 토지 투기업자, 철도회사 등의 사기적인 거래에 의해 빼앗겼다. 또한 신탁 기간 25년이 종료된 이후에는 토지가 과세 대상이었기 때문에, 납세를 할 수 없는 원주민은 인접해 있는 백인 농가에 매우 저렴한 가격으로 토지를 매각해야 했다. 그 결과 '도스 법'이 시행된 지 반세기가 채 지나지 않아 원주민의 보유지는 1억 3800만 에이커(1887)에서 5220만 에이커(1934)로 급격하게 감소했다. '도스 법'은 일본에서 메이지 32년(1899)에 제정된 '홋카이도 구토인보호법'에도 영향을 미친 것으로 추정된다. '홋카이도 구토인보호법'은 일본 아이누족을 보호한다는 명목으로 농업을 위한 토지를 불하하고 일본어 교육 등을 통해 아이누족을 동화시키는 것이었다.

내무부 인디언 사무국의 정책은 원주민의 야만적인 생활양식을 문명화하기

---

7   전체 제목은 A Century of Dishonor: A Sketch of the United States Government's Dealings with Some of the Indian Tribes이다._옮긴이
8   이 법은 1891년 수정된 이후 1906년에 다시 '버크 법(Burke Act)'으로 개정되었다._옮긴이

〈그림 4-4〉 카라일 기숙학교에서 동화 교육을 받는 오마하족 아이들(1880년)

위해 원주민에게 백인의 가치관을 받아들이도록 강제하고 부족 문화를 파괴하고자 노력했다. 원주민을 주류 사회에 동화시키는 또 다른 정책은 기숙학교에서 실시된 동화 교육이었다. 이 교육의 계기가 된 것은 1879년 원주민과의 전쟁에 참여했던 리처드 프랫(Richard Pratt)이 펜실베이니아주에 설립한 칼라일 기숙학교에서 실시한 군대식 교육이었다. 여기서 내세운 교육 이념은 "인디언(원주민)을 죽이고 인간을 구한다(Kill the Indian, Save the Man)"였다. 이를 위해 원주민의 언어와 종교를 금지했고, 원주민으로서의 삶을 빼앗았으며, 기독교로 개종시키고 영어 교육을 실천했다. 칼라일 기숙학교가 설립된 이후 1909년까지 거류지 안팎에 다수의 학교가 설립되었다. 이러한 학교에서 10만 명 이상의 원주민 자손들이 학습하면서 동화 교육을 받았다. 기숙생 중에는 본인이나 부모의 동의 없이 인디언 사무국의 직원에 의해 납치되어 강제로 입교된 아이도 다수 있었다고 한다. 한편 캐나다에서도 기숙학교에서 원주민을 동화하는 교육이 1883년부터 1998년까지 실시되었다(132개 학교 15만 명). 이처럼 원주민에 대한 인종적 유린은 글로벌한 백인 공동체에서 공통되는 문화였으며 국경을 초월했다는 사실을 부언해 둔다.

그 결과 1880년 전후부터 인디언 사무국이 동화 정책을 강화했는데, 그 정책의 대다수는 성공적으로 이행되지 못했다. 원주민을 자영농으로 만드는 계획은 매우 일부만 가능했으며, 기숙학교에서 아이들이 자신들의 문화를 포기하는 일도 매우 적었다. 제3자의 눈으로 보면 원주민에게 다가서는 것처럼 보였던 정책이 사실은 문화제국주의적인 파괴력을 지니고 있었던 사례는 또 있다. 이 시기에 미국에서는 옐로스톤(1872년 세계 최초의 국립공원으로 지정, 1978년 유네스코 세계유산 등재)을 시작으로 요세미티 계곡(1890년 국립공원으로 지정, 1984년 유네스코 세계유산 등재), 메사베르데(1906년 국립공원으로 지정, 푸에블로 인디언의 거주 유적, 1978년 유네스코 세계유산 등재) 등이 원생자연 보호, 경관 보호의 명목으로 국립공원으로 지정되었다. 하지만 이들 지역을 국립공원으로 지정한 것은 원주민의 성지를 빼앗는 행위나 다름없었으며, 원주민에게 입장료를 지불하지 않고는 고향에 들어가지 못하는 장벽을 만든 것이나 마찬가지였다.

원주민을 문명화하고 동화하는 정책은 1933년 프랭클린 루스벨트(Franklin Roosevelt) 정권하에서 존 쿨리어(John Collier)[9]가 인디언 사무국 국장에 취임해 자치를 촉진하는 방침으로 전환할 때까지 계속되었다.

3. 노동자와 농민의 운동: 아메리칸 드림의 어두운 그림자

노동기사단에서 노동총연맹으로

이제 남북전쟁 이후의 노동자와 농민의 세계를 살펴볼 것이다. 흑인 노예의 해방으로 누구나 자유노동자가 되었던 도금 시대에 노동자와 농민은 어떻게 시대에 적응하고 있었을까?

남북전쟁 이후의 노동자가 가장 먼저 요구했던 것은 임금노동제로부터 자신들을 해방해 생산자로서 자립하는 것이었다. 이는 공화당이 제기한 자유노동 이데올로기로부터 강하게 영향을 받은 노동관이었다고 할 수 있다. 예를 들어, 전후 초기의 노동조합의 주장을 살펴보면 잘 알 수 있다. 1866년에 결성된 최초의 전국노동조합(National Labor Union: NLU)은 규약에서 "인종 및 국적에 의해 (노동자를) 분열시켜서는 안 된다. …… 분열되어야 할 경계선은 단지 하나, …… 스스로 일하는 계급과 타인의 노동으로 살아가는 계급이다"라고 선언했다

9　미국의 사회학자로 1933년부터 1945년까지 인디언 사무국 국장을 맡았으며, 주요 저서로 *The Indians of the Americas*(W. W. Norton, 1947) 등이 있다. _옮긴이

(전국노동조합은 최고 전성기에는 65만 명의 조합원을 보유했으나 1870년대의 불황으로 해체되었다).

또한 1869년에 필라델피아에서 비밀 결사로 결성된 노동기사단(Knights of Labor: KOL)[10]의 교의에서는 노동의 가치에 대해 "신은 인간이 일하도록 정했는데, 그것은 신의 저주 때문이 아니며", 노동은 "신성하고 고결한 것"이라고 거듭해서 언급했다. 또한 노동기사단은 직종, 직능, 인종, 민족, 성별의 차이를 초월한 모든 노동자 계급의 단결을 지향했다는 점에서도 재건 시기에 흑인과 기타 소수자까지 포섭한 연방정치와 유사한 측면이 있었다. 제2차 세계대전 이전의 미국 노동조합 역사에서 비숙련 흑인 노동자와 여성 노동자를 숙련된 백인 노동자와 동등하게 보는 평등주의를 채택해서 실천한 노동조합은 노동기사단이 유일했다.

노동기사단이 지닌 비밀 결사로서의 의례주의와 교의를 시대착오적인 것으로 평가하는 연구도 많다. 하지만 도금 시대가 결사의 전성 시대였기 때문에 노동자의 비밀 결사가 인기 있었다는 점을 간과해서는 안 된다. 노동기사단의 테런스 파우덜리(Terence Powderly) 단장을 포함해 단원들은 모두 프리메이슨(Freemasonry) 등 여러 파트너 비밀 결사에 소속되어 있었으며, 결사 문화에 적극적으로 참여하고 있었다. 비밀의 존재를 조직 통합의 핵심으로 삼는 결사는 미국 사회가 유동화한 도금 시대에 가장 강력한 사회적 틀로 기능했던 것이다.

하지만 파우덜리가 노동기사단의 근대화를 도모하기 위해 1881년에 비밀 의식을 포기하고 공개 조직으로 전환함으로써 노동기사단은 커다란 전기를 맞이했다. 1880년대 중반에 회원 수에서 최고 전성기를 맞이하며 70만 명이 넘는 회원을 보유했고, 8시간 노동제도를 요구하면서 일어서기도 했지만, 동시기에 일어난 두 가지 사건을 계기로 노동기사단은 쇠퇴·분열하게 되었다.

---

10   전체 명칭은 '고귀하고 신성한 노동기사단(Noble and Holy Order of the Knights of Labor)'이다._옮긴이

그중 하나는 서부의 광산 지구로 지부를 확대하던 노동기사단이 중국인 노동자를 자본가 측의 앞잡이로 간주하고 배척 운동을 개시함으로써 전체 노동자의 단결이라는 간판을 내리기 시작했던 것이다. 1882년에 이민 국가로서 최초로 특정 국적의 노동자를 대상으로 삼았던 '중국인 배척법'이 제정되고 광산 지구에서 중국인이 자주 파업 약속을 어기는 자로 여겨지자 회원들 사이에서 중국인을 배척하는 감정이 고조되었다. 그 결과 1885년 9월 2일에 와이오밍주의 록스프링스에서 노동기사단 소속의 백인 노동자들이 폭동을 일으켜 중국인 28명이 사망하고 15명이 부상을 입는 사건이 발생했다.[11] 또한 수백 명이 마을로 추격당했고 차이나타운이 불타올랐다. 이 폭동으로 전체 노동자의 단결이라는 이상이 무너져버렸다.

다른 하나는 1886년 5월에 시카고의 헤이마켓 광장에서 일어난 경찰과 노동자 간 항쟁을 계기로 노동기사단이 무정부주의와 결부되어 있다고 보도되어 노동기사단을 탈퇴하는 사람이 다수 발생했던 것이다. 8시간 노동을 요구하는 파업 와중에 경찰의 발포로 2명의 단원이 사살된 데 항의하며 모였던 집회에서 경찰 부대 측에 폭탄을 던져 7명이 사망하고 67명이 부상을 당하는 대참사가 일어났다. 그 이후 다수의 무정부주의자와 조합원이 체포되었고 4명이 사형에 처해졌다.

그 결과 노동기사단은 쇠퇴하기 시작했는데, 유럽의 노동 운동사와 비교하면 노동기사단이 처음에 지향했던 운동 방침은 영국이나 프랑스와 공통되는 사항이 많았다. 이 시대에는 유럽에서도 작업 공정이 기계화됨에 따라 비숙련공의 존재를 무시할 수 없었고 임금노동자라는 공통의 정체성 아래 노동자의 재결집이 도모되었다. 영국과 프랑스에서는 이러한 요청에 따라 임금노동자를 광범위하게 결집한 노동자 계급에 입각해서 사회주의 운동이 전개되었다. 하지만 미국에서는 노동기사단의 쇠퇴를 계기로 20세기 초부터 노동 운동이 독자 노선을

---

11 주로 광부 노동자였으며, 이 폭동에서 중국인 집 78호에 대한 방화가 자행되었다._옮긴이

걷기 시작한 것으로 추정된다.

이 같은 대조적인 전개는 구미 노동시장의 차이이기도 했다. 새로운 이민이 대량 유입되는 시기였던 1890년에 미국에서는 총인구의 14.7%가 외국 태생이 었던 데 반해, 영국 사회에서는 외국 태생이 2.3%, 프랑스 사회에서는 2.8%에 불과했다. 이처럼 다양한 이민으로 구성된 사회라는 현실이 노동자의 단결을 파괴하고 백인성을 핵심으로 하는 계급의 인종화를 만들어냈으며, 배외주의적인 성격을 띠는 계기가 되었다. 인종 차별적인 노동조합 문화는 아래에서 살펴볼 미국노동총연맹으로 계승되었다.

1886년 헤이마켓 광장 사건 이후 노동기사단이 쇠퇴하자 미국노동총연맹 (American Federation of Labor: AFL)이 출현했다. 초대 회장은 런던 태생의 유대 계 이민 새뮤얼 곰퍼스(Samuel Gompers, 1850~1924)였다. 곰퍼스는 13세의 나 이에 미국으로 건너와 국제시가협회(Cigar Makers' International Union: CMIU)[12] 의 지도자가 되었으며, 1886년에 전국 직능별 조합의 연합인 AFL을 결성했다. 곰퍼스는 임노동으로부터의 해방을 지향하며 전체 노동자의 단결을 내세웠던 노동기사단과 같은 이상주의적인 레토릭을 피하고 사용자 측에게 (파업 등으로 인해) 대체하기 어려운 숙련공만 조직해 임금 인상, 노동 시간 단축, 단체교섭권 등의 현실적인 목적으로 싸우는 방침을 채택했다. 곰퍼스는 사회주의 이론에도 정통했는데, 그는 사회주의 이론이 미국 사회에서 인기가 없다는 것을 알고 있 었으므로 노사 간의 교섭과 파업을 병용해 목표를 달성하고자 했다. 이러한 현 실주의적인 운동 방침은 숙련공들의 지지를 얻었다. AFL은 1901년에는 100만 명 이상의 조합원을 보유하게 되었고, 1917년에는 250만 명으로까지 성장했다.

한편 남겨진 비숙련 노동자들의 입장은 취약했다. 대량 이민의 시대였으므 로 사용자 측은 언제든 파업에 호소하는 노동자를 해고하고 새로운 이민 노동 자를 고용할 수 있었다. 또한 사용자는 자주 연방정부와 주정부의 힘을 활용해

12　전체 명칭은 The Journeymen Cigar Makers' International Union of America이다. _옮긴이

그들의 운동을 진압했다.

농민들의 '국민의 정치': 인민당 결성을 향하여

이제 '홈스테드 법'을 통해 이주한 자영농과 남부 농민들의 세계로 눈을 돌려 볼 것이다.

미국은 급속한 공업화를 달성했던 도금 시대에도 세계 제일의 농업국가로서 의 지위를 유지했으며, 19세기 말까지 농산물의 수출은 수출 총액의 70%대를 유지했다. 하지만 1860년대 후반부터 1890년대 말까지 농산물의 국제 가격이 만성적으로 혼란한 상태였기 때문에 농민의 실질 소득은 증가하지 않았고 대부 분의 농민은 큰 부채를 떠안았다.

자영농들은 무상으로 토지를 공여받긴 했지만 실제로는 철도회사가 좋은 토 지를 독점했기 때문에 비옥한 토지를 얻기 위해서는 고리의 빚을 져야만 했다. 또한 농산물을 시장으로 운반하는 데서 완전히 철도회사에 의존했던 농민들은 철도회사가 자의적으로 운임을 설정하자 어려움을 겪었고, 은행과 철도 같은 거대 자본과 대치하는 처지에 내몰렸다.

전후에 남부의 농민이 처한 상황은 더욱 가혹했다. 전쟁으로 전체 역축(경작 이나 운반 등의 노역에 활용되는 가축)의 1/3이 도살되었고 농기구의 절반이 파괴 되었기 때문에 복구되기까지는 많은 시간이 필요했다. 하지만 소작농 제도가 남부에서 정착되자 농장에서 소작농이 차지하는 비율이 1880년에는 남부 농장 의 1/3 이상, 1920년에는 2/3까지 상승했다. 전후 초기에는 소작농 대다수가 흑인이었지만, 19세기 말에는 백인이 흑인을 상회했다. 소작 계약에 따른 농작 물 품질 관리나 가불 제도로 인해 흑인들은 많은 빚을 지게 되었고, 어느덧 채무 노예화되었다. 그럼에도 흑인들은 재건 정치가 종료된 이후에도 자신들의 무기 인 투표권을 행사해 남부 공화당을 뒷받침했으며, 흑인들 중에는 주의회 의원 에 선출되는 자도 있었다.

하지만 1877년 조지아주를 시작으로 남부 여러 주에서 흑인의 투표권을 제한하는 움직임이 확대되었다. 이러한 움직임 중 하나로 투표세를 부과하는 제도가 시행되었는데, 빚투성이인 흑인에게는 가령 1달러의 적은 돈이라 하더라도 투표세를 부과한다는 것은 투표 금지를 의미했으며, 간단한 형태의 식자 테스트도 도입되어 흑인들은 서서히 정치적 목소리를 빼앗겼다.

그 결과 괴롭고 힘든 처지에 놓인 농민들은 단결을 모색하면서 활발하게 정치운동을 전개해 나갔다. 그 첫걸음은 농민의 친목단체로 1867년에 설립된 농업공제조합의 지방 지부 그랜지(Grange)였다. 그들은 1870년대 농민의 경제적 이익을 지키기 위해 중서부를 중심으로 농작물 공동 출하, 농기구 공동 구입 등의 상호부조 활동을 전개하면서 86만 명의 회원을 모았다. 이러한 그랜저 운동(Granger Movement)은 철도 운임 등을 규제하는 주법을 제정하도록 만드는 등 일정한 성과를 올렸지만 투자 실패 등으로 1870년대 후반에는 쇠퇴했다.

그다음 농민 측이 정치운동으로 전개한 것은 그린백당(Greenback Party, 1874~1889)의 결성이었다. 구체적으로는 남북전쟁 중에 연방정부가 법정 통화로 한시적으로 발행했던 그린백 지폐를 다시 찍어서 농민들의 채무 부담을 경감하고 농산물 가격을 상승시키자는 인플레이션 운동이었다. 이 운동의 방침은 후술하는 인민당(People's Party)[13]의 강령에도 계승되었다.

또한 1880년대 후반에는 전국농민동맹이 대두했다. 텍사스의 농업협동조합 운동에서 출발한 남부 농민동맹은 농업 불황이던 1880년대 이래 확대되어 1890년대에는 회원을 300만 명 보유했으며, 별도 조직인 흑인동맹은 125만 명의 회원을 보유했다. 그들은 공동 출하 등 상호협력 사업에 적극적으로 나섰으며, 연방정부에 수확물을 담보로 삼았던 농민에게 직접 융자를 제공하면서 스스로 정치 세계로 진출했다.

이러한 농민 정치운동의 결과로 1892년 2월 각지의 농민동맹, 흑인농민동

---

13 인민당 당원을 흔히 포퓰리스트라고 불렀기 때문에 포퓰리스트당(The Populist Party)으로 불리기도 했다._옮긴이

맹, 노동기사단 등이 결집해서 설립한 것이 인민당이다. 같은 해 7월에 채택된 오마하 강령(Omaha platform)의 전문에는 "지금에 이르러 우리나라는 도덕적·정치적·물질적 파멸에 직면하고 있다. 부패가 투표소, 주의회, 연방의회를 뒤덮고 있고, 법원에까지 미치고 있다. …… 그 결과, 몇몇 소수자가 인류 역사상 전례가 없을 정도의 막대한 부를 쌓기 위해 수백만 국민의 노동의 과실을 대담하게 도둑질하고 있다. …… 지금은 정부의 불공정이라는 동일한 자궁에서 두 가지 계급, 즉 부랑자와 백만장자가 태어나고 있다. …… 건국기념일에 모여 우리는 서민의 손으로 공화국 정부의 재건을 추구하는 바이다"라고 밝히고 있다. 즉, 인민당은 국민의 정치를 부흥시킬 것을 요구한 운동이었다.

구체적인 정책으로는 연방정부만 통화를 발행하는 건전한 통화 제도, 연방농업창고 구상(농민을 위한 정부 융자기관 설치), 은화의 무제한 주조, 철도·전신·전화의 공영화, 누진 소득세 도입 등을 내세웠다. 1892년 대통령선거에서는 인민당의 후보 제임스 위버(James Weaver)가 그때까지의 제3정당으로서는 최다 득표인 100만 표를 획득해 미국 전역, 특히 남부 사회에 커다란 충격을 주었다[하지만 최종적으로는 1896년 선거에서 인민당이 민주당 후보인 윌리엄 제닝스 브라이언(William Jennings Bryan)을 연합해 밀었으나 패배했고 결국 내부에서 와해되었다].

홈스테드 철강파업과 풀먼 파업

인민당이 농촌 지역에서 커다란 세력이 되었을 무렵, 공업 지대에서는 노사 간 대립이 격화되었다. 1890년대 최대의 노동 쟁의는 1892년 여름부터 가을에 걸쳐 피츠버그 근교 홈스테드에 있는 카네기 철강회사의 공장에서 발생했다. AFL 산하의 유력한 노동조합인 철강노동자 연합노동조합(Amalgamated Association of Iron and Steel Workers: AA)에 회사 측이 임금 인하를 압박하자 노동자 측이 이 제안을 거절하고 공장을 점거하며 농성에 들어갔다. 회사 측은 탐정회사 핀커턴(Pinkerton)의 용역 300명을 투입했는데, 노동자 측은 이들을 격퇴했다. 그러자 이번에는 회사 측이 펜실베이니아주의 주지사에게 요청해 8000명의 군인

<그림 4-5> 홈스테드 폭동. 피츠버그 근교에 위치한 카네기 철강회사의 공장에서 발생한 노동 쟁의.
Harpers' Weekly(1892.7.16)

을 파견했다. 쟁의에 가담했던 노동자 대부분은 해고되었고, 주동자는 소란죄 및 살인죄를 추궁당했다. 쟁의 이후 러시아 태생의 무정부주의자[14]가 카네기 철강회사의 총지배인[15]을 습격하는 암살 미수 사건이 발생한 일까지 더해서 이 폭동은 한 시대를 상징하는 사건이 되었다.

또한 1893년에는 전례 없는 경제 공황이 발생해 많은 기업과 은행이 도산했고 길거리는 수백만 명의 실업자로 넘쳐났다. 노동자는 연방정부에 실업 대책을 위한 공공사업을 진행하고 급료를 정부 발행의 지폐로 지불하도록 요구하는 운동을 전개했지만 연방의회는 움직임을 보이지 않았다. 분노한 실업자들은 오하이오주의 인민당 지도자 제이콥 콕시(Jacob Coxey, 1854~1951)를 지도자로 삼고 전국의 실업자를 조직해 수도 워싱턴으로 도보로 행진하는 시위를 계획하고 실행했다(일명 콕시의 군대). 하지만 시위 행동을 했을 뿐인데도 경찰관은 콕시의 군대를 구타하며 해산시켰고 콕시는 체포되었다.

노동자의 대규모 쟁의는 계속되었다. 1894년에는 풀먼 파업이 발생했다. 조지 풀먼(George Pullman)은 1867년에 풀먼 팰리스 카 회사(Pullman Palace Car Company)를 설립했는데, 이 회사는 그때까지 존재하지 않았던 외관이 화려한 철도 차량을 제작·개발하고 침대차를 운행하는 서비스로 급성장을 이룬 기업이었다. 풀먼 회사의 사원들은 회사의 모델 타운에 거주했다. 회사는 그곳을 이상 사회처럼 선전했지만, 사원들이 보기에는 가난한 이민들이 거주하는 일종의 임대 주택(연립 형태의 빈곤층을 위한 공동 주택)과 큰 차이 없는 대체물이었다. 임금

---

14 알렉산더 버크먼(Alexander Berkman)을 일컫는다._옮긴이
15 헨리 프릭(Henry Frick)을 일컫는다._옮긴이

인하를 통보받고 집세가 상향 조정될 것이라는 소식을 접한 노동자들은 전미철도노조(American Railway Union: ARU)의 젊은 지도자 유진 뎁스(Eugene Debs)의 지도 아래 파업에 돌입했다. 회사 측은 공공 업무인 철도 업무와 우편 수송이 지연되지 않기 위해 법원이 파업 중단 명령을 내리도록 법무장관에게 지원을 요청했으며, 클리블랜드 대통령은 시카고에 연방군을 투입했다. 1개월 정도 지나 파업은 마무리되었고, 회사는 파업 참가자를 전원 해고했다. 뎁스는 중단 명령을 무시한 혐의로 6개월 동안 투옥되었다.

정부와 군대가 대기업 측의 손을 들어준 결과 대기업에 맞섰던 노동 쟁의는 하나씩 패배했다. 남북전쟁 이후의 반세기 동안 미국의 노동자들은 아주 극소수만 제외하고는 조합에 가입하지 않았다는 점도 잊어서는 안 된다. 또한 조직 노동자의 조합은 여성, 흑인, 중국계 등의 소수자를 대체로 배제했다.

여성의 취업 인구는 1880년 260만 명에서 1900년에는 860만 명으로 급증했으며, 과거의 가사 돌보기, 요리, 세탁업 등의 직종에 비해 타자수, 판매원, 경리 등의 사무원으로 종사하는 비중이 급증했다. 이러한 사무직에 여성이 진출하는 데 대해 AFL 등의 노동조합은 여성이 아버지나 남편과 경합할 가능성이 있다고 우려했으며, 남성보다 임금이 낮은 여성과의 공동 투쟁은 논외로 삼는 자세를 취했다. 이 때문에 여성들은 문호를 개방했던 그랜저 운동과 농민동맹에는 참가하는 한편으로, 1903년에는 따로 여성 노동조합연맹[16]을 결성하고 여성 참정권 운동에 참가했다.

계급과 인종의 정치의 결말: 차별 제도 확립

마지막으로 도금 시대의 사회 사조와 이 시대의 계급과 인종을 둘러싼 정치의 결말을 정리할 것이다.

---

16 공식 명칭은 National Women's Trade Union League of America이며 1903년 보스턴에서 조직되었다. _옮긴이

도금 시대는 확실히 누구나 성공을 꿈꿀 수 있는 시대였다. 1860년대 후반부터 1870년대에 걸쳐 호레이쇼 앨저(Horatio Alger, 1832~1899)는 가난하더라도 성실하게 일하고 노력하면 누구라도 출세할 수 있다는 이야기를 계속 전했는데[대표작으로는『누더기 소년 딕(Ragged Dick)』이 있다], 그의 책은 청소년에게 널리 읽혔다. 또한 이 시대에는 선박의 선주에서 철도 경영자로 등극한 코닐리어스 밴더빌트(Cornelius Vanderbilt,[17] 1794~1877), 이민으로 미국으로 건너와 면직공장인 방적공장의 소년 일꾼에서 철강왕이 된 앤드루 카네기(1835~1919), 주식 중매점의 중간대리인에서 출발해 석유왕이 된 존 록펠러(1839~1937), 골드러시 당시 금광으로 몰려든 사람들에게 식료품을 파는 도매업자에서 철도왕이 된 릴런드 스탠퍼드(Leland Stanford,[18] 1824~1893) 등 성공 스토리를 몸소 보여준 실업가들이 속출했다.

　하지만 빈털터리에서 대부호가 되는 꿈을 실현한 사람은 극히 일부였으며, 시대에 뒤처진 노동자와 농민들은 링컨이 말했던 "국민의, 국민에 의한, 국민을 위한" 정치를 꿈꾸고 고도화하는 산업사회에서 민주주의의 재생을 꿈꾸면서 이의신청을 제기하는 직접적인 행동을 일으켰다. 실제로 1890년대에는 당시 미국 전체 인구의 10%를 차지하던 부유층이 국내 총자산의 70%를 소유했던 것으로 알려져 있다. 오늘날 사회 양극화로 일컬어지는 미국에서 부가 집중되는 현상은 19세기 말 이래 현저해졌던 것이다.

　경쟁이 격화되고 계급 분열이 선명해지자 이러한 사회적 풍조를 자유로운 경쟁이라는 측면에서 정당화하는 사회진화론이 등장했다. 찰스 다윈(Charles Darwin)이『종의 기원(On the Origin of Species)』(1859)에서 동식물의 진화를 설명하는 데 사용한 자연 도태의 사고방식을 경쟁을 통한 인간 사회의 진화에 응용했던 것이다. 영국의 철학자 허버트 스펜서(Herbert Spencer)가 제창한 이

17　1873년 밴더빌트 대학을 설립했다._옮긴이
18　1861년 캘리포니아주의 주지사에 당선되었고, 1884년과 1890년에 연방의회 상원의원에 각각 당선되었으며, 1891년에 스탠퍼드 대학을 설립하기도 했다._옮긴이

이론은 당시 제국주의적인 약육강식의 국제관계와 함께 미국 내에서 부의 집중과 계급 분열을 설명하는 데에도 사용되었다.

혁신주의 시대의 이데올로기였던 우생사상도 이 흐름의 연장선상에 있다. 인간을 사회 적격자와 사회 부적격자로 나누고 차별하는 이 과학은 도금 시대에는 남부의 '백인 쓰레기'를 대상으로 한 가계 연구를 본격화했고, 20세기에는 이민 제한법을 제정하는 데에도 깊이 관여했다. 미국 최초의 우생학 관련 단체인 미국육종협회(American Breeders Association)는 원래 농산물 및 소와 말의 품종 개량을 목적으로 하는 단체였는데, 1906년에 인간의 육종[19] 및 인종 개량을 연구하는 우생학 부문을 설립했고, 1914년 이래 미국유전학회(American Genetic Association)라는 명칭으로 개명해 우생학 운동을 견인했다.

이러한 19세기 말의 사회 사조는 흑인의 사회적 지위에도 심각한 영향을 미쳤다. 남북전쟁 이후의 남부에서는 인종 격리 관습이 법제화되었는데, 1883년에 연방대법원이 노면 전차, 호텔, 극장 등의 공공시설에서 격리를 금지하는 1875년 '시민권법'을 각하한 일이 이러한 분위기를 한층 부추겼다. 법원은 "수정헌법 제14조는 주정부에 의한 차별을 금지"했던 것이며, 사적 개인의 차별 행위를 규제하는 것이 아니라는 판단을 내렸던 것이다. 이러한 흐름 속에서 1896년 '플레시 대 퍼거슨(Plessy v. Ferguson) 재판'의 판결로 연방대법원을 통해 "분리되어 있지만 평등하다(separate but equal)"[20]는 원칙이 확립되었다[흑인인 호머 플레시(Homer Plessy)가 철도의 백인 차량에 탑승한 일로 체포되어 수정헌법 제

---

19 생물이 가진 유전적 성질을 이용해 새로운 품종을 만들어내거나 기존 품종을 개량하는 것을 일컫는다._옮긴이

20 분리 평등 정책으로 일컬어지기도 한다. 원래 1868년 미국 연방대법원이 인종 분리 정책이 수정헌법 제14조에 위배되지 않는다는 판결을 내리면서 등장했다. 이 원칙은 공공시설, 학교 등에서 그 시설과 서비스의 질이 비슷할 경우 인종별로 사용 구역을 제한하고 분리해도 모두 평등하다고 주장한 것이다. 이 원칙 아래 미국 연방정부는 '짐 크로 법'과 인종분리 정책을 제정하고 집행해 심각한 인종 차별 문제가 발생했다. 그러나 이 원칙은 1954년 연방대법원의 '브라운 대 토피카 교육위원회(Brown v. Board of Education of Topeka) 재판' 결과에 의해 결국 폐기되었다._옮긴이

14조의 '법 아래의 평등'을 쟁점으로 진행된 재판이었다.

흑인 차별 제도('짐 크로 법' 등)가 확립된 데에는, 법원의 판결과는 별도로, 1890년대에 전개된 인민당의 정치운동도 큰 역할을 했다. 이 운동은 백인 사회의 계급 분열 위기를 가져오는 데 일조했다. 그 계기는 인민당의 백인 활동가들이 소작인으로서 경제적 이해를 함께했던 흑인들에게 공동 투쟁을 호소한 것이었다. 흑인의 대다수는 백인 농민에 대한 경계심을 풀지 않았기에 그러한 호소에 응하지 않았다. 하지만 인종을 초월한 계급 연대를 모색하는 인민당의 이러한 전략은 남부 백인의 농장주 계층에 충격을 가했다. 부르봉파[21]라고 불렸던 남부의 민주당 지도자들은 백인 농민의 정치적 요구에 양보하고 백인 지배의 원칙을 내세움으로써 인종을 초월한 계급 연대의 가능성을 봉쇄했으며, 흑인에 대해서는 투표권을 철저히 박탈함으로써 흑인을 정치 세계에서 완전히 배제하는 길을 선택해 인종 차별 제도를 확립하고자 했다.

이러한 백인의 일체성을 연출하는 사회적 의례로 백인 여성을 강간한 범인으로 흑인 남성을 지목하고 그 흑인 남성에게 린치를 가하는 일이 빈발했다. 인민당의 정치운동이 득세했던 1891년 이래 1894년까지 매년 1000명이 넘는 흑인이 린치를 당해 살해되었다. 린치라고 불리는 공개 처형 의식은 일종의 구경거리였는데, 수천 명의 구경꾼이 지켜보는 가운데 흑인 남성의 성기를 잘라내고 나무에 매달아 살아 있는 상태에서 화형을 집행했다고 한다. 검게 타버린 시체를 잘라내어 그 자리에 있던 구경꾼이 일종의 기념품으로 가지고 돌아가는 일도 많았다.

린치의 근거가 되었던 백인 여성과 흑인 남성 간 성적 관계는 대부분 날조되

---

21 구체적으로 부르봉 민주당 세력(Bourbon Democrats)을 지칭한다. 1872년부터 1904년까지 보수주의 또는 고전적 자유주의와 이념적으로 연대하면서 1872년 대통령 후보 찰스 오코너(Charles O'Conor), 1876년 대통령 후보 새뮤얼 틸덴, 1884년과 1892년 대통령 후보 그로버 클리블랜드, 1904년 대통령 후보 앨튼 파커(Alton Parker)를 지지했던 미국 남부 지역의 민주당 세력을 주로 일컫는 말로, 이 용어는 특히 1860년대와 1870년대에 토머스 제퍼슨과 앤드루 잭슨의 사상을 고수했던 보수적인 민주당 세력을 가리키는 말로 사용되었다. _옮긴이

었던 것으로 추정된다. 하지만 이러한 사회적 의례의 효과는 절대적이었다. 흑인 강간범에게서 백인 여성의 순결을 지키는 행위는 지배 인종으로서의 백인의 권위를 유지하는 한편 백인 여성은 남성의 전유물로 종속되는 남부 가부장제의 논리를 보강했다. 인종의 질서가 결국 성적인 관념과 결부되어 보강되는 것이 미국 사회였다.

그 결과 남부에는 컬러 라인(인종에 의한 분열선)의 정치문화가 만연했고, 이윽고 흑인은 밑바닥의 시대로 돌입했다. 앨라배마주의 흑인 직업교육학교 터스키기 인스티튜트(Tuskegee Institute)의 교장 부커 워싱턴(Booker Washington, 1856~1915)은 흑인을 위한 경제적 기회를 확보하려 했으며, 실용적인 직업 훈련과 자립 노력을 설파했다. 한편 독일에서 유학하고 하버드 대학에서 박사 학위를 취득한 두 보이스(W. E. B. Du Bois, 1868~1963)는 부커 워싱턴이 남부 백인에게 타협적인 태도를 보이는 것을 비판하면서 흑인이 미국인으로서 완전한 권리를 회복할 것을 호소했다. 또한 두 보이스는 세기 전환 시기의 제국주의를 비판하면서 "20세기의 문제란 컬러 라인의 문제이다"라고 논박했으며, 아시아 및 아프리카의 유색 인종과 백인 간 관계로까지 시야를 확대하면서 시대를 전망했다.

4. 미국 제국주의의 형태

미국의 제국주의

터너의 프런티어 학설에 따르면 19세기의 미국은 대륙 내에서 팽창하는 것과 서부를 개척하는 데 전념해 온 것으로 추정된다. 하지만 과연 그러했을까? 국토를 2배로 증가시킨 루이지애나 구입에서 시작된 19세기의 역사는 플로리다, 오리건, 텍사스의 병합, 미국-멕시코 전쟁을 통한 서부 지역 할양, 개즈던 구입, 남북전쟁 이후 윌리엄 수어드의 알래스카 구입까지 영토 확대의 욕망을

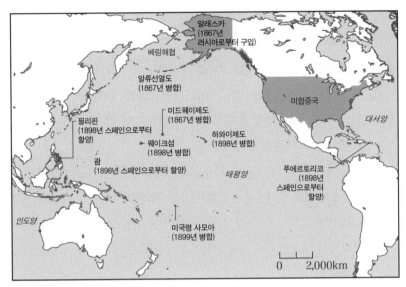

베링해협

알래스카
(1867년
러시아로부터 구입)

알류선열도
(1867년 병합)

미드웨이제도
(1867년 병합)

필리핀
(1898년 스페인으로부터
할양)

웨이크섬
(1898년 병합)

괌
(1898년 스페인으로부터 할양)

하와이제도
(1898년 병합)

미합중국

대서양

태평양

푸에르토리코
(1898년
스페인으로부터
할양)

인도양

미국령 사모아
(1899년 병합)

0   2,000km

〈그림 4-6〉 미국 제국주의(1898년)

마음껏 발휘했던 제국 형성의 역사이기도 했다.

남북전쟁으로 미합중국의 팽창은 일시적으로 중단되었다. 하지만 전쟁이 종
결되자 윌리엄 수어드는 쿠바를, 율리시스 그랜트는 산토도밍고를 획득하려 했
으며, 대륙 횡단 철도를 건설하기에 앞서 아시아·태평양으로 진출하려 기도한
사람도 있었다.

19세기 말 제국주의 시대에는 앵글로색슨의 사명이자 반세기 전의 슬로건인
'명백한 운명(Manifest Destiny)'이라는 표현이 부활했다. 터너도 국내의 프런티
어가 소멸하더라도 미국인의 확장주의적인 국민성은 변하지 않을 것이라고 지
적하면서 해외 프런티어로의 진출을 예언하기도 했다.

미국이 해외 영토에 대한 관심을 강화하는 가운데 남북전쟁에서는 해상 봉쇄
작전에 가담했던 제독이자 해군 전략가 앨프리드 머핸(Alfred Mahan)[22]의 해군

---

22 주요 저서로 *The Influence of Sea Power upon History*(1890)가 있다._옮긴이

중강론이 주목을 모았다. 대양은 장벽이 아니라 교통 통로라고 설명했던 머핸은 외국과의 무역이 미국의 번영을 위한 핵심이며 따라서 상선을 지키기 위한 해군력과 전략적 해군 기지가 필요하다고 설명했다. 태평양의 중계기지인 하와이 제도를 겨냥하기로 결정한 미국은 1875년의 조약을 통해 하와이산 사탕을 세금 없이 미국 시장에 반입할 수 있도록 했으며, 1887년에는 진주만에 해군 기지를 건설할 수 있는 권한을 획득했다.

19세기 말에는 남북전쟁의 상처도 아물기 시작해 공화당도 노예해방의 당으로서의 간판을 내리고 산업계에 보호관세를 실시하도록 요구했다. 남북전쟁에서 연방군에 의해 쫓겨난 남부 출신자들은 미국-스페인 전쟁, 미국-필리핀 전쟁을 일종의 통과 의례로 삼아 제국 건설이라는 남성적인 프로젝트에 매료되었던 것으로 추정된다.

그 결과 시어도어 루스벨트(Theodore Roosevelt, 1899년 당시 40세), 헨리 캐벗 로지(Henry Cabot Lodge,[23] 1899년 당시 48세)와 같은 신세대 정치인들은 당시의 사회진화론과 '백인의 임무론'[이 말은 러디어드 키플링(Rudyard Kipling)[24]의 시[25]에서 유래했다], 앵글로색슨 공동체론으로부터 영향을 받으면서 팽창주의적인 대외 정책의 견인차 역할을 수행했다.

미국-스페인 전쟁과 제국주의 논쟁

1895년에 호세 마르티(José Martí) 등은 쿠바를 스페인으로부터 독립시키려는 운동을 벌였는데, 이 운동은 미국이 해외 팽창을 시작하는 계기가 되었다. 미국의 재건 시기에 쿠바에서는 스페인 본국과 10년 전쟁(1868~1878)이라고 불

---

23 하버드 대학에서 역사학 전공으로 박사 학위를 취득했으며, 공화당 소속으로 연방의회 상원 의원 등을 역임했다._옮긴이
24 1865년 인도에서 출생한 영국의 시인이자 소설가, 언론인이다. 주요 작품으로 『정글북(The Jungle Book)』(1894) 등이 있으며, 1907년 노벨 문학상을 수상했다._옮긴이
25 1899년 2월에 발표된 「백인의 임무: 미국과 필리핀(The White Man's Burden: The United States and the Philippine Islands)」을 일컫는다._옮긴이

<그림 4-7> (위) 하바나항에서 발생한 미국 전함 메인호의 침몰 사건을 보도한 신문 《뉴욕 월드》(1898.2.17). (아래) 침몰 당시의 모습을 유지하고 있는 메인호(1902)

리는 독립전쟁이 벌어졌는데, 그 결과 노예제는 폐지되었지만 독립은 인정되지 않았다. 망명에 내몰렸던 마르티는 주로 뉴욕을 거점으로 삼아 자금과 무기를 조달하면서 동료를 모았다. 미국 정부도 쿠바산 사탕에 과세해 쿠바 경제에 타격을 가함으로써 측면에서 지원했다.

1895년의 봉기 이후 스페인은 쿠바를 가혹하게 탄압해 쿠바인의 1/4이 목숨을 잃었으며, 스페인군이 농촌을 약탈해 미국으로 수출되는 담배와 사탕의 출하 규모가 1894년 7600만 달러에서 1898년 1500만 달러로 격감했다. 미국인은 자신들의 독립전쟁을 떠올리며 쿠바를 동정했는데, 당시 미국의 선정적인 황색언론이 이를 다루기도 했다

(<그림 4-7> 참조).

1898년 2월, 하바나항에 정박 중이던 미국 전함 메인호가 폭발해 침몰하는 사건이 발생했다. 장병 260명이 사망한 이 사건을 계기로 그로부터 1년 전인 1897년 대통령에 취임했던 공화당 출신의 윌리엄 매킨리(William McKinley)가 3월 말에 스페인 측에 최후통첩을 보냈다. '메인호를 잊지 말자'라는 슬로건이 유행하는 가운데 매킨리는 쿠바의 평화를 회복하기 위해 미국이 간섭할 수 있는 권한을 의회 측에 요구했고, 회의는 쿠바의 독립을 위해 무력을 행사하기로 결정했다.

그런데 첫 전쟁 소식은 지구의 반대쪽에 위치해 있는 스페인령 필리핀에서 날아왔다. 멀리 떨어져 있는 아시아로부터 날아든 뉴스에 미국 국민들은 매우 놀랐다. 미국은 태평양에서 꾸준히 세력을 확대하고 있었는데, 당시 4억 명 규

모의 중국 시장에 진출하려 꿈꾸고 있던 기업가들에게는 아시아로 나아가는 기회가 찾아왔던 것이다. 1898년 5월 1일, 조지 듀이(George Dewey) 제독이 이끄는 미국 해군이 마닐라만을 침공해 스페인 함대를 격파했다. 이로 인해 스페인군은 쿠바와 필리핀 양방에서 반란군 및 미군과 대치해야 했고, 결국 모두 무너져버렸다. 스페인의 카리브 함대가 산티아고항에서 포위되었고, 7월 3일에 미군에 의해 격침되었다. 미군은 수일 후에 푸에르토리코섬 또한 점령했다. 8월에는 미군과 에밀리오 아기날도(Emilio Aguinaldo)가 이끄는 필리핀 반란군에 의해 마닐라가 함락되었다. 나중에 미국 국무장관 존 헤이(John Hay)[26]는 이일련의 전투를 "훌륭한 소규모 전쟁"이라고 불렀는데, 이처럼 미군은 적은 희생으로 완승을 거두었다.

미국-스페인 전쟁은 1898년 8월 12일 휴전 협정을 체결했다. 스페인은 쿠바를 포기하고 푸에르토리코와 괌을 미국으로 할양할 것을 약속했다. 같은 해 12월 체결된 파리 강화조약으로 미국의 필리핀 영유가 공식적으로 결정되었다. 이 사이에 5년 전 철회되었던 하와이 병합이 의회에서 승인되었다(7월). 이로써 미국은 단번에 카리브해에서 태평양으로까지 영토를 확대했으며, 미국 제국의 건설을 향해 나아갔다.

파리 강화조약이 체결되는 와중에 미국 내에서는 필리핀 영유에 대한 반대운동이 활발하게 일어났다. 반대파는 1898년 10월에 반제국주의연맹[27]을 결성했는데, 반제국주의연맹에 이름을 올린 이는 마크 트웨인, 앤드루 카네기, 공화당 소속의 상원의원 조지 호어(George Hoar), 민주당의 대통령 후보 윌리엄 제닝스 브라이언, 철학자 윌리엄 제임스(William James)[28] 등이었다. 반대론의 핵

---

26 1898년 9월 30일부터 1905년 7월 1일까지 미국 국무장관을 역임했다._옮긴이
27 1898년 6월 15일 수립되었으며, 공식 명칭은 American Anti-Imperialist League이다._옮긴이
28 1842년 뉴욕에서 출생한 미국의 철학자이자 심리학자로, 하버드 대학 메디컬스쿨의 해부학·생리학 강사를 거쳐 하버드 대학 심리학 교수를 역임했으며, '미국 심리학의 아버지'라고 불린다. 주요 저서로 *The Principles of Psychology* 등이 있다._옮긴이

심은 쿠바 해방을 위한 전쟁이 미국 제국의 건설을 유도했다는 것으로, 독립선언으로 탄생한 공화국 미국이 이민족을 지배하는 제국이 되는 것은 미국 민주주의의 타락이라고 주장했다. 그중에는 AFL의 새뮤얼 곰퍼스처럼, 필리핀 병합이 혼혈아의 반야만인에 대항하는 이민족 노동자의 유입을 초래하고 미국 노동자를 위협할 것이라고 우려하면서 반대 운동에 가담했던 자도 있었다. 하지만 반대파의 논의는 미국이 백인의 임무로 미개하고 자치 능력이 결여된 필리핀을 민주화해야 한다는 주장과 통상 확대가 경제 효과를 가져올 것이라는 논의에 의해 힘을 잃었다.

필리핀에서는 미국이 필리핀을 영유하기로 결정하자마자 에밀리오 아기날도가 이끄는 필리핀 독립군과의 격렬한 전투가 개시되었다(일명 미국-필리핀 전쟁). 1901년에 아기날도가 체포되면서 독립운동은 진압되었는데, 그때까지 미국 내의 원주민에 대한 전쟁을 방불케 하는 잔학한 행태로 20만 명 이상의 필리핀인이 사망했다.

문호개방 선언과 아시아 진출

그 결과 미국은 쿠바와 푸에르토리코를 획득해 카리브해에 대한 지배권을 확립했다. 게다가 필리핀, 괌, 하와이에서 1899년 획득한 사모아의 동쪽 절반을 더함으로써 태평양으로 진출하기 위한 발판을 마련하고 미국 제국의 기초를 굳혔다. 하지만 19세기 말 제국주의 논쟁을 거치면서 미국 제국은 공식적으로 식민지를 획득하는 일에 나서지 않았으며, 식민지주의가 아닌 비공식적인 제국을 형성해 나아갔다. 그 전형적인 예가 문호개방 선언이었다.

19세기 말 미국의 대중국 무역은 미국의 전체 대외 무역에서 2%에 불과했다. 하지만 미국-스페인 전쟁 이후 태평양으로 향하는 가교가 구축됨에 따라 중국 시장의 꿈에 매료되었던 무역상들은 미국 아시아협회[29] 등 경제 관련 압력단

---

[29] 1898년에 설립된 American Asiatic Association을 일컫는다. 이 협회와 중국 시장 간의 관계

체를 차례로 만들었고 미국 정부를 향해 적극적인 극동정책을 펴도록 요구했다. 하지만 청일전쟁(1894~1895) 이후 일본과 유럽 열강이 청나라로부터 조차지를 획득하고 중국 분할을 추진하자 후발국가였던 미국이 중국 시장에 비집고 들어가기가 불리해졌다.

이에 미국의 존 헤이 국무장관은 1899년과 1900년 두 차례에 걸쳐 중국의 문호를 개방하도록 요청하는 통첩을 열강에 보냈다. 헤이는 열강의 세력 범위 내에서도 상업상의 평등한 권리를 인정할 것, 중국의 영토적·행정적 보전을 존중할 것을 요구했다. 이에 대해 열강은 조건부로 애매하게 답변했는데, 헤이는 동의를 얻었다고 주장했으며 그 이후 1940년대에 이르기까지 이 방침을 고집했다. 필리핀 영유에 반대했던 미국 여론도 식민지주의에는 반대하면서 경제 진출을 노리는 문호개방 노선을 지지했다.

대중국 통상 문제를 국익 차원에서 중시하는 미국 정부의 이러한 방침은 이제까지 노동조합이 중국인을 배척하도록 압력을 가했음을 인정해 온 미국 정부의 정책에 전환을 가져왔으며, 1905년의 반미 보이콧 운동[30]의 성과까지 더해져 미국 내의 중국인 배척 문제가 수습되기 시작했다.

에 대해서는 James Lorence, "Organized Business and the Myth of the China Market: The American Asiatic Association, 1898-1937", *Transactions of the American Philosophical Society*, 71(1981), pp. 5~30을 참조하기 바란다._옮긴이

30 일명 'Chinese Boycott of 1905'라고 불리는 미국 제품 불매 운동으로, 1905년 5월 10일 중국 (청나라)에서 미국이 중국인을 배척하는 조치에 항의하는 차원에서 개시되었다._옮긴이

맺음말

남북전쟁의 끝나지 않은 전후

전후의 종언

이 책은 '새 미국사' 시리즈 제2권으로, 1812년 전쟁부터 미국-스페인 전쟁까지의 19세기 역사를 다루었다. 제4장 도금 시대는 '새 미국사' 시리즈 제3권에서 다루는 현대 미국의 탄생, 특히 혁신주의의 여러 개혁으로 연결되며, 그 역사적 문맥은 '새 미국사' 시리즈 제3권 『20세기 아메리칸 드림』에서 상세하게 다룬다.

여기서는 마지막으로 '새 미국사' 시리즈 제2권에 왜 '남북전쟁의 시대'라는 제목을 붙였는지, 그리고 제2권에서는 왜 19세기의 미합중국사를 설명했는지에 대해 설명하고 이 시기가 오늘날의 미국과 갖는 연계점을 규명하면서 마무리 짓고자 한다. 2016년 미국 대통령선거 당시 공화당 소속 도널드 트럼프 후보의 정치 집회에서는 지지자들이 남부군 깃발을 들고 있는 경우가 많았다. 이것은 무엇을 의미하는 것이었을까?

전쟁은 결국 전후라는 특수한 정치, 사회, 언론 공간을 만들어내고 구질서의 해체와 새로운 질서의 형성을 촉진한다. 일정한 세월이 경과하면 사회는 결국 전후의 종언을 이야기하기 시작하는데, 그것은 사회가 전쟁으로부터 떨어져나간 시간을 기록하기 시작했다는 증거이다. 하지만 전쟁의 전사자와 피해 규모가 막대할수록 승자와 패자의 전쟁관, 정부의 공식 견해와 개인 및 지역의 전쟁에 대한 기억 사이에는 깊은 골이 만들어지며, 이는 종종 화해를 향해 나아가기 어렵게 한다.

미국 남북전쟁의 전후론을 시작하기에 앞서, 일본의 전후(제2차 세계대전의 패전 이후)가 종언된 과정과 관련된 논의를 간단히 살펴보자. 미국의 남북전쟁은 내전으로 승자인 북부와 패자인 남부가 경험했던 전후인 데 반해, 일본의 전후는 대외 전쟁(그것도 세계대전)에서 패전한 전후 경험이므로 성격이 크게 다르다. 하지만 필자의 견해에 따르면, 양국에서는 전쟁 자체에 의의를 부여하는 것과 전후개혁(남북전쟁의 전후는 재건 정치, 일본의 전후는 GHQ[31] 점령하의 개혁)에 역사적 의의를 부여하는 것을 둘러싸고 논쟁이 지속되고 있으며 아직까지 끝나지 않은 전후가 생성되고 있다는 점에서 공통점이 많다.

주지하는 바와 같이, 일본에서는 전후의 종언이 수차례 언급되었다. 고도 경제 성장기에 진입해 『경제백서』(1956)가 "이미 전후가 아니다"라고 밝혔지만, 그 이후에도 당시 나카소네 야스히로 총리가 '전후 정치의 결산'(1982)을, 제1차 내각 당시 아베 신조 총리가 '전후 레짐으로부터의 탈퇴'(2006)를 각각 공약으로 내세운 바 있다. 이처럼 전후는 70년 이상 흐른 지금도 계속되고 있는 것으로 보인다.

미국의 일본사 전문가 캐럴 글럭(Carol Gluck)[32]은 일본의 전후가 긴 특수성에 대해 "대부분의 국가에서 자국의 역사를 말할 때 (제2차 세계대전의) 전후라는 형용사를 덧붙이는 것은 1950년대 후반까지의 일이며, 그 이후는 현대로 취급한다. 일본의 긴 전후는 일본의 독자적인 것이며 또한 시대착오적인 것이기도

---

31 연합군 최고사령부(General Headquarters: GHQ)를 지칭하며, 공식 명칭은 Supreme Commander for the Allied Powers(SCAP)이다._옮긴이

32 컬럼비아 대학 역사학 교수로 1996년 미국 아시아학회(Association for Asian Studies: AAS) 회장을 역임했으며, 주요 저서로 *Senso no Kioku[War Memory]*(New York: Columbia University Press, 2019) 등이 있다._옮긴이

하다"라고 말한다. 또한 일본의 공적 기억이 전후라는 시대의 명칭에 연연해 온 이유는 그것이 "새로운 일본의 건국 신화, 1945년의 재출발"이었기 때문이며 "지금의 일본은 민주주의도, 평화도, 번영도, 모두 전후에서 기원하고 있으므로 (전후에) 진정성을 빚지고 있다. 전후에 대해 연연하는 것은 현 상황에 만족하고 있다는 표현이었다"라고 설명한다.

전후 민주주의와 관련된 글럭의 설명은 단순하고 명쾌해서 이해하기 쉽다. 하지만 문제점도 있다. 아시아·태평양 전쟁에서 겪은 역사 경험과 관련된 공적 기억을 국민 모두가 공유하는 것은 아니다. 오키나와 전투를 경험했던 가족, 히로시마와 나가사키의 원자폭탄 피폭자 가족, 전몰자와 상이병의 가족 등 개인과 지역에 새겨진 무수한 개별 기억을 무시하고는 공적 기억을 논의할 수 없다. 아시아 국가들의 전쟁 희생자 가운데 일본 정부에 전후 보상을 요구하는 사례가 계속 나오는 것처럼, 전후 처리가 충분하지 못했던 것도 전후라는 말이 사어(死語)가 되지 못한 이유라고 할 수 있을 것이다. 전쟁의 기억과 관련된 지배적인 존재양식을 둘러싼 상징 투쟁에서 전후는 끝나야 할 용어이기도 하고 끝나서는 안 될 용어이기도 한 것이다.

남북전쟁의 기억을 둘러싼 투쟁: 재건 정치의 종언

이제 남북전쟁의 전후론으로 다시 화제를 돌려보자. 이제까지 서술한 바와 같이, 남북전쟁의 성격이 연방을 유지하기 위한 전쟁에서 노예를 해방하기 위한 전쟁으로 바뀌자 전시 아래에서 강화된 연방의 권한에 의거해 노예제 폐지를 헌법에 명문화하기에 이르렀다. 해방된 400만 명의 흑인 노예에게 남북전쟁은 노예해방을 달성한 전쟁이라 할 수 있다. 재건의 시대는 미합중국이 다시 출발한 기점으로 자리매김했다. 기본적 인권, 투표권 등 흑인들이 획득한 정치적 자원은 모두 이 시대에서 기원했다.

재건 시대의 전후개혁을 담당했던 공화당 급진파 의원에게도 내전이 지닌 가장 큰 역사적 의의는 노예해방을 달성한 것이었으며, 미완의 혁명으로 끝났다고는 해도 해방노예의 국민화와 인종 평등의 실현을 도모했다는 데서 전후개혁의 의의를 찾을 수 있다.

남북전쟁은 1877년에 연방군이 남부에서 완전히 철수함으로써 종료되었기 때문에 이 시점을 계기로 남북전쟁의 전후개혁이 종식되었다고 보는 것이 타당할 것이다. 전후의 일본 사회는 또 다른 전쟁을 직접적으로 겪지 않았던 반면, 포스트 재건 시기의 미국 사회는 미국-멕시코 전쟁 이래 수많은 대외 전쟁을 경험했으며 그때마다 그 전쟁의 전후가 시작되었다. 그 결과 여러 가지 전후 경험에 의해 남북전쟁의 전후가 상대화되었고 그 의미가 상실되어 갔다.

그러나 남북전쟁의 전후는 다른 전쟁의 전후와 결코 겹칠 수 없다. 1877년 이래에도 남북 쌍방의 미국 사회는 남북전쟁의 전후를 계속 형성해 냈다. 남북전쟁은 전례 없이 많은 전사자가 발생한 내전이었다. 이 때문에 전쟁에 대한 평가가 국민 사이에서 확정되지 못했으며, 전후 처리에 대한 평가 역시 마찬가지였다.

이 내전을 기억하는 방식이 복잡하다는 것은 다양한 호칭에서도 나타난다. 가장 흔히 사용되는 '내전(the Civil War)'은 전전 및 전중부터 사용되어 정착되었는데, 전후 남부에서 사용되기 시작한 '주 간 전쟁(the War between States)'은 20세기 이래 널리 정착되었다(전쟁 중에 남부연합이 사용했던 문서도 있다). 그밖에도 '반역 전쟁(The War of the Rebellion)'(연방군 측의 호칭), '남부 독립전쟁(The War for Southern Independence)'(남부군 측의 호칭), '북부 침략전쟁(the War of Northern Aggregation)'('상실된 대의'를 제창한 남부 사람들이 사용한 호칭) 등이 있다.

남부 사회에서 기억하는 전쟁: 상실된 대의론

제3장에서 다룬 바와 같이, 재건 정치 시기에는 공화당 급진파 주도의 급진적인 전후개혁이 와해되었고 공화당이 인종 평등이라는 이념의 깃발을 내리면서 남부 사회에 인종 차별주의가 부활하는 것을 묵인했다. 이로써 남북 간에 정

치적 타협과 화해가 달성되었던 것으로도 보인다.

그러나 남북전쟁에서는 남부군과 북부군 쌍방의 병사 326만 명이 서로 살해하고 살해당하는 전쟁터에 던져져 그중에 60만 명 이상이 전사했다는 사실을 경시해서는 안 된다. 이는 남북 분열의 깊은 골이자 남북 화해를 어렵게 만든 최대의 요인이었다. 공화당계 미디어는 '피투성이 셔츠'를 흔들며 민주당 당원을 '배신자', '비애국적'이라고 폄훼했으며 민주당이 전후의 재통일된 국가의 애국주의를 담당하기에는 어울리지 않는다며 배제했다.

이 때문에 남부에서는 전시 시기의 남부의 입장을 정당화하는 상실된 대의론이 필요해졌다. 남부에서는 종전 직후에 백인 여성을 중심으로 남부군 전몰자의 추도식을 거행하고 기념비를 제작했다. 재건 시기에는 옛 노예주 계급을 포함한 엘리트 남자가 드러내놓고 활동할 수 없었기 때문이다. 하지만 포스트 재건 시기가 되자 옛 남부군 퇴역 군인이 상실된 대의 운동을 담당했으며, 재건 시기에 남부의 애국주의를 담당했던 해방 흑인과 여성은 공식 행사에서 배제되었다. 남부의 퇴역 군인 연합[33]이 수립된 것, 그리고 남북의 옛 병사가 모두 참가하는 합동 기념행사가 지역 수준에서 개최된 것은 이 무렵이었다. 제1장의 맨 앞에 실린 그림처럼 노예제하의 농장을 향수에 젖어 회고하는 글이 유행했던 것도 이 시대였다.

제3장에서 다룬 바와 같이, 남북에서는 이 무렵 미국 육군군인회를 중심으로 퇴역 군인들의 존재감이 커지고 있었으며, 군사적인 남성다움을 찬미하는 전쟁물 관련 서적이 붐을 일으켰다. 또한 북부의 백인 남성과 남부의 백인 여성 간 연애를 주제로 한 소설과 연극이 증가했는데, 이는 남북의 화해와 북부 주도의 국민 재통합을 뒷받침했다.

이러한 준비 과정 중에 발발한 미국-스페인 전쟁은 그때까지 연방군에 공식

---

33 남부군 퇴역 군인을 중심으로 창립된 연합으로는 Sons of Confederate Veterans(1896년 창립), Association of Confederate Soldiers(1887년 창립), United Confederate Veterans(1889년 창립) 등이 있다._옮긴이

〈그림 5-1〉 게티즈버그 전투 50주년을 기념하는 행사에서 남북의 퇴역 군인이 화해하는 모습(1913년)

적으로 참가할 수 없었던 옛 남부군 장교에게 전쟁에 참가할 수 있는 기회를 제공했다. 이를 통해 옛 남부군과 북부군 군인들은 급속하게 화해했고 제국 건설이라는 남성적인 프로젝트에 매진했다는 사실은 제4장에서 언급한 바 있다.

전후 50년: 남북 병사의 화해와 국민의 탄생

그 결과 남북의 퇴역 군인을 전쟁의 주축으로 삼는 화해의 담론이 지배적인 가운데, 1913년에 개최된 게티즈버그 전투 및 노예해방선언 50주년을 기념하는 행사에서는 남북 퇴역 군인 간의 화해 세리머니가 대대적으로 행해졌다.

남북의 퇴역 병사가 서로를 형제라고 부르면서 남북전쟁의 성과인 흑인 노예해방의 역사적 의의를 축소시켰고, 전쟁의 기억 가운데에서 인종 문제를 지워버렸다. 이 기념행사에서 우드로 윌슨 대통령은 푸른색(북부군)과 초록색(남부군)의 군복을 착용한 노병들 앞에서 이 반세기를 "평화, 단결, 활력, 그리고 위대한 국가의 성숙과 역량"의 시대라고 총괄하면서, 남부군과 북부군 병사는 "더 이상 적이 아니라 형제이자 위대한 친구"이며 "전투는 먼 과거의 일이며 소란은 잊었다"라고 강조했다. 또한 기억해야 할 것은 "병사들의 훌륭한 용기와 남성다운 (국가에 대한) 헌신"이라는 점이다.

이 무렵은 북부에서 '미국 혁명의 딸들(Daughters of the American Revolution: DAR)'[34] 등 애국주의 단체가 차례로 설립되던 시기였다. 공립학교 교육에서는 1892년 프랜시스 벨러미(Francis Bellamy)[35]가 기초한 충성의 서약(Pledge of

---

34 1889년에 만들어진 '미국 혁명의 아들들(Sons of the American Revolution: SAR)'이 여성을 회원으로 받아들이는 것을 거부한 것을 계기로 1890년에 창립되었다._옮긴이
35 1855년 출생해 로체스터 대학에서 신학을 공부했으며, 기독교사회주의를 신봉했다._옮긴이

Allegation to the Flag of the United States of America)을 미국 전역의 아이들이 암기해서 제창하는 것이 관습이 되었다. 충성의 서약을 제창할 때에는 기립해서 성조기를 바라보며 오른손을 왼쪽 가슴 위에 올려놓아야 했다. 이 서약의 내용은 다음과 같다. "나는 미합중국의 국기와 이 국기가 표상하는 공화국에 대해, 모든 사람을 위한 자유와 정의가 함께하고 하나님 아래 갈라질 수 없는 하나의 국가인 공화국에 대해 충성을 맹세합니다."[36]

남부에서는 짐 크로 체제가 확립되는 20세기의 전환기 이래 남부군 깃발을 디자인에 넣은 새로운 주기가 남부 각 주에서 채택되기 시작했다. 또한 남부연합과 관련된 기념비와 조각상(로버트 리 장군, 토머스 잭슨 장군 등)을 설치하는 붐이 일었던 것도 이 시기였다. 남부 빈곤법률센터(Southern Poverty Law Center: SPLC)[37]의 조사에 따르면, 지금도 남부연합과 관련된 기념비와 조각상이 718개 남아 있으며(그중 절반은 조지아, 버지니아, 노스캐롤라이나에 설치되어 있다), 남부연합의 이름을 본떠 설립한 공립학교가 109개, 미군 기지가 10개 존재한다. 남부연합 기념비는 남북전쟁 직후에는 자금 부족 때문에 대부분 설치되지 못했지만 수십 년간 이어진 짐 크로 시대에 남부연합과 관련된 제1차 붐이 도래하자 공공 공간에 기념비가 차례로 설치되었다.

또한 남부 출신의 데이비드 와크 그리피스(David Wark Griffith) 감독이 영화 〈국가의 탄생(The Birth of a Nation)〉을 세상에 내놓으면서 남북전쟁을 백인끼리의 형제 싸움으로 재해석한 것도 동일한 시대인 1915년의 일이었다. 그리피스는 남북전쟁과 재건의 시대를 흑인 남성이 남부 백인 여성을 강간하고 KKK가 이를 기사도적으로 제재하는 이야기로 다시 묘사함으로써 미합중국이

---

36 이 내용은 1954년부터 사용되고 있는 것으로, 원문은 "I pledge allegiance to the flag of the United States of America, and to the republic for which it stands: one nation, under God, indivisible, with liberty and justice for all"이다._옮긴이

37 1971년 앨라배마주 몽고메리에서 설립된 단체로 인권과 시민권, 공공의 이익과 관련된 사무에 종사하는 비영리 법률지원기구이다._옮긴이

백인 공화국으로 새롭게 탄생했다는 건국 신화를 확산시켰다.

역사학에서도 20세기 초부터 더닝 학파(Dunning School)[38]가 공화당 급진파의 정치를 부정적으로 평가하고 급진파의 당파적 에고와 독선을 비판하면서 흑인을 멸시하는 역사관을 형성했다. 한편 1930년대에는 혁신주의학파(Revisionists)[39]가 공화당 급진파에 대해 북부 자본의 이익을 대변하고 남부를 정치적으로 종속시키기 위해 흑인의 정치적 권리를 이용했을 뿐이라고 폄하했다.

하지만 1960년대의 시민권 운동(Civil Rights Movement)을 거치면서 인종 격리 시대의 역사학에 대해 근본적인 전환을 요구하는 목소리가 등장했다. 대표적인 연구가 1988년 출간된 에릭 포너(Eric Foner)의 『재건: 미완의 혁명』[40]이다. 이 책은 노예해방을 달성하고 사회혁명을 지향했던 공화당 급진파의 정치를 정당하게 평가하면서 이 운동이 왜 미완의 상태로 끝났는지 묻는다.

끝나지 않은 남북전쟁: 전후 100년과 시민권 운동

미국 사회는 제1차 세계대전과 제2차 세계대전의 전후를 경험했지만, 그 과정에서도 남북전쟁의 기억을 매몰시키지는 못했다.

제2차 세계대전 이후에는 연방정부가 남부 여러 주의 인종 문제에 간섭하는 것에 반대하는 주권민주당(Dixiecrat)[41] 당원들이 선거 운동에서 남부군 깃발을 사용하기 시작했다. 연방 주도의 인종 차별 철폐 움직임과 남부에서 전개된 시

---

38 윌리엄 더닝(William Dunning)과 존 버게스(John Burgess)의 주도하에 형성된 학파로 1900년부터 1930년대까지 지배적인 위상을 차지했다. 특히 미합중국 재건 시기(1865~1877)의 공화당 급진파에 대해 보수적인 관점에서 비판했다. _옮긴이

39 주요 학자로는 하워드 빌(Howard Beale), 윌리엄 두 보이스(William Du Bois), 코머 반 우드워드(Comer Vann Woodward), 토머스 해리 윌리엄스(Thomas Harry Williams), 윌리엄 헤셀틴(William Haseltine) 등이 포함된다. _옮긴이

40 원서 제목은 *Reconstruction: America's Unfinished Revolution, 1863-1877*(Harper & Row, 1988)이다. _옮긴이

41 정식 명칭은 States' Rights Democratic Party이며, 남부 지방을 통칭하는 딕시(Dixie)와 민주당 당원을 의미하는 데모크랫(Democrat)을 합쳐 '딕시크랫(Dixiecrat)'이라고 불렀다. 1948년 대통령선거를 위해 조직된 정당이었다. _옮긴이

민권 운동은 '새 미국사' 시리즈 제3권에서 자세하게 다루고 있지만, 이 시기에 남부군 깃발은 인종 통합에 저항하기 위한 상징으로 미군 기지에 반입되었다. 남부군 깃발은 시민권 운동에 저항하는 운동에서도 빈번하게 사용되었으며, KKK도 자신들의 상징으로 사용하기 시작했다. 또한 미국 전역에서 시민권 운동이 전개된 시기에는 시민권 운동에 대한 반동 차원에서 남부연합과 관련된 제2차 붐이 도래했다.

하지만 흑인들의 시민권 운동으로 존 케네디 대통령이 포괄적인 '시민권법'의 제정을 요청할 무렵, 남북전쟁의 기억은 100년 전의 노예해방이 지닌 의의를 강조하는 해방의 이야기로 강한 인상을 남겼다. 노예해방선언으로부터 100년이 지난 1963년, 20만 명이 넘는 참가자가 모인 워싱턴 대행진(March on Washington)에서 마틴 루터 킹 주니어(Martin Luther King, Jr.)는 링컨의 조각상이 세워진 돌로 만든 계단에서 다음과 같이 호소했다.

100년 전, 한 위대한 미국인이 노예해방령에 서명을 했습니다. 지금 우리가 서 있는 이곳이 바로 그 상징적인 자리입니다. 그 중대한 선언은 불의의 불길에 시들어가고 있던 수백만 명의 흑인 노예에게 희망의 횃불로 다가왔습니다. 그 선언은 오랜 노예 생활에 종지부를 찍는 즐겁고 새로운 날의 시작으로 다가왔습니다. 그러나 그로부터 100년이 지난 오늘, 우리는 흑인들이 여전히 자유롭지 못하다는 비극적인 사실을 직시해야 합니다. 100년이 지난 후에도 흑인들은 여전히 인종 차별이라는 속박과 굴레 속에서 비참하고 불우하게 살아가고 있습니다. 100년이 지난 후에도 흑인들은 이 거대한 물질적 풍요의 바다 한가운데 있는 빈곤의 섬에서 외롭게 살아가고 있습니다. 100년이 지난 후에도 흑인들은 여전히 미국 사회의 한 귀퉁이에서 고달프게 살아가고 있습니다. 그들은 자기 땅에서 유배당한 것입니다. 그래서 우리는 오늘, 이 끔찍한 현실을 알리기 위해 이 자리에 나온 것입니다.[42]

케네디 대통령은 같은 해 11월 22일에 암살자의 총에 맞아 쓰러졌지만 존슨 정권하에서 이듬해 7월에 '시민권법'이 제정되었다.

남북전쟁의 기억을 둘러싼 현대 미국의 싸움: 증오 시대의 남부군 깃발

포스트 시민권 운동의 시대, 특히 1980년대가 되자 공적인 공간에 남부군 깃발을 게양하는 것은 시민권 개혁 이후에 잔존하는 인종주의의 상징으로 간주되어 깃발 철거를 요구하는 운동이 시작되었다. 하지만 옹호파는 남부군 깃발은 남부 지역의 긍지이자 상실된 대의의 상징이며 노예제나 인종주의와는 아무런 관련이 없다고 반론을 폈다.

하지만 2015년 남북전쟁 종전 150주년을 경축하는 기념식이 거행된 지 얼마 되지 않아 사우스캐롤라이나주 찰스턴에서 총기 난사 사건이 발생했는데, 이 사건은 오늘날까지 이어지고 있는 남부연합 관련 기념비와 남부군 깃발을 철거하는 운동의 발화점이 되었다. 사건의 발단은 6월 17일, 백인지상주의자 청년[43]이 이매뉴얼 아프리칸 감리교회를 습격해 9명의 아프리카계 미국인 신도를 살해한 증오 범죄였다. 사건 이후 발견된 범죄자 백인 청년의 웹사이트에는 총과 남부연합 깃발을 손에 든 사진이 있었다.

이제까지 남부군 깃발을 사용하는 것에 대해 상실된 대의의 상징으로 허용해 온 남부 사람들도 대부분 이 사건을 계기로 남부군 깃발이 백인지상주의자의 상징으로 바뀌었음을 인식했다. 사우스캐롤라이나주 주지사 니키 헤일리(Nikki Haley,[44] 도널드 트럼프 정권하에서 UN 주재 미국대사를 역임했다)는 주의회 의사당 앞에 있는 남부군 깃발을 철거할 것을 제안했고, 주의회의 승인을 거쳐 7월 10

---

43 한글 번역문은 일본어 번역문과 영어 원문["I Have a Dream…"(https://www.archives.gov
/files/press/exhibits/dream-speech.pdf)]을 대조하고, "마틴 루터 킹 주니어 목사 '나에게
는 꿈이 있습니다' 연설"[주한 미국대사관 및 영사관(https://kr.usembassy.gov)] 등을 일부
참조해 재구성했다._옮긴이

43 딜런 루프(Dylann Roof)를 일컫는다._옮긴이

44 2011년 1월 21일부터 2017년 1월 24일까지 사우스캐롤라이나주 주지사를 역임했다._옮긴이

<그림 5-2> 샬러츠빌 폭동. 2017년 8월 12일, 버지니아주의 샬러츠빌 시의회가 남부군의 영웅 로버트 리 장군의 동상을 철거하기로 결정한 것을 계기로 백인지상주의자들이 대규모 집회를 개최했다. 이에 항의하는 사람들에게 차량이 돌진해 1명이 사망하고 10여 명이 부상을 입었다.

일에 공식적으로 철거했다. 그 이후 남부 각 주의 지자체에서는 남부군 깃발을 철거하는 움직임이 확산되었다.

2016년 대통령선거에서 남부의 트럼프 지지자 가운데 다수가 남부군 깃발을 들었던 것은 트럼프의 백인지상주의 정치 신조에 찬동한다는 의사 표시이기도 했다.

트럼프 정권이 발족한 이후 증오 범죄가 급증해 미국 사회의 분열이 심화되는 가운데 상징 철거를 둘러싼 소동이 계속되었다. 대안우파[Alternative-Right, 약칭 알트라이트(Alt-Right)]라고 불리는 새로운 백인지상주의자들이 남부에서 조각상을 철거하는 데 반대하는 운동을 본격화한 것도 이를 배경으로 한 것이다.

특히 버지니아주 샬러츠빌에서는 2017년 8월 12일 로버트 리 장군의 조각상을 철거하는 문제를 둘러싸고 비극이 야기되었다. 전날 밤부터 백인지상주의자들이 모여들기 시작해 "이민 반대, 다문화주의 반대" 등의 슬로건을 외치면서 버지니아 대학 구내에서 나치를 방불케 하는 횃불 행진을 했다. 이튿날에는 나치 깃발과 남부군 깃발을 소지한 참가자들이 더욱 증가해 최대 규모의 백인지상주의자 집회가 되었다. 주최자인 리처드 스펜서(Richard Spencer)[45]는 "백인의 시민권 운동이 시작되었다"라고 선언했다.

조각상이 있던 공원에서는 대안우파 세력과 그들에게 항의하는 집단 간에 격렬한 충돌이 벌어졌으며, 공원 부근 도로에 모여 항의하던 집단을 향해 백인지상주의자가 차량을 돌진해 여성 1명이 사망하고 19명이 중경상을 입기도 했다.

---

45 1978년 미국 보스턴에서 출생했으며, 2016년 도널드 트럼프가 대통령에 당선된 이후 "1933년 시기와 같은 정당", 즉 독일에서 히틀러가 집권했을 때처럼 집권해야 한다고 주장했다. 백인지상주의자의 관점에서 유대인을 계속 비난하고 있다._옮긴이

이 사건으로 현재 미국에서는 조각상과 기념비를 철거하는 두 번째 물결이 일어나고 있다. 앨라배마주 등 남부의 일부 주에서는 공유지에 설치된 역사적 기념물의 철거를 금지하는 법안을 가결하는 등 대항 조치를 강구하고 있다. 이처럼 미국에서는 남북전쟁의 기억을 둘러싼 투쟁이 지금도 현재 진행형이다.

토머스 잭슨 장군의 자손은 "(남부연합과 관련된) 동상이 인종 차별주의자들에게 자신들의 주장의 근거를 부여한다는 것을 알게 되었다"라면서 버지니아주의회 의사당에 있는 장군상을 철거하는 데 동의하기도 했다.[46]

트럼프 대통령은 자유주의자들이 노예 소유자였다는 이유로 초대 조지 워싱턴 대통령과 제3대 토머스 제퍼슨 대통령의 기념비를 철거하도록 요구하는 것은 시간문제라면서 인종 차별 문제의 논점을 흐리고 있으며, 철거 운동을 수습하기 위해 분주히 노력하고 있다.

이처럼 19세기 남북전쟁의 시대는 지금도 미국 사회와 연결되고 있다. 건국 이래 미국의 역사는 남북전쟁을 향해 흘러들어가서 남북전쟁에서 모든 것이 흘러나왔던 것이다.

---

46 버지니아주에서는 로버트 리 장군의 탄생일 1월 19일을 1889년부터 법정 기념일로 정해왔다. 1904년부터는 토머스 잭슨 장군의 탄생일 1월 21일을 로버트 리 장군의 탄생일과 합쳐 '리-잭슨 데이(Lee-Jackson Day)'로 일컬으면서 법정 기념일로 기념하고 있다. _옮긴이

지은이 후기

1년 동안 두 권의 이와나미 신서를 간행하는 고행이 마무리되고 있다. 이 책의 집필에 몰두했던 나날은 대학에서는 평의원을, 2개의 학회에서는 부회장을 맡아 이제까지 교원으로 보낸 가운데에서도 가장 분주한 시기였다.

'이와나미 신서' 편집부의 스기타 모리야스 씨가 신서의 집필과 관련된 이야기를 전한 것은 2016년 여름의 일이었다. 미국 이민사를 주제로 한 책을 집필하고 싶다는 생각은 이전부터 있었으므로 기쁜 마음으로 제안을 받아들였다. 책을 집필하면서는 유럽계 이민 중심의 이민국가 미국의 신화적 자화상을 무너뜨리고 흑인 노예를 포함한 글로벌한 '사람의 흐름' 속에서 이민의 역사를 다시 쓰는 것, 또한 일본과 중국 등 아시아계 이민의 역사 경험에 초점을 맞춰 이민의 역사가 역사의 교훈으로서 미국 사회에 어떻게 활용되고 있는지를 전하는 것을 목표로 삼았다.

그렇게 하여 2018년 10월에 두 권 가운데 첫째 책인『이민국가 미국의 역사(移民國家アメリカの歷史)』가 완성되었다. 도널드 트럼프 정권이 발족한 이후 이민국가 미국을 뒤흔드는 대통령 명령이 남발되는 바람에 예기치 않게도 이 책이 시의적절해졌다.

필자는 미국 연구를 지향했을 무렵부터 사이토 마코토의『미국이란 무엇인

가(アメリカとは何か)』(1995) 또는 혼다 소조의 『미국 흑인의 역사(アメリカ黒人の歴史)』(1991)처럼 미국사의 정수를 전할 수 있는 책을 집필하고 싶다고 생각했다. 이 신서를 통해 아시아에서 미국 이민사를 다시 묻는 역사적 관점이 의의가 있는지에 도전했는데, 이 도전이 성공했는지 여부에 대한 판단은 독자들에게 맡길 수밖에 없다. 하지만 나 말고는 쓸 수 없는 미국 이민사를 모두 집필했으므로 해야 할 임무를 나름대로 수행했다는 만족감을 느끼고 있다.

그런데 앞에서 언급한 책과 병행해 기획했던 것이 '새 미국사' 시리즈였다. 이와나미 신서에서는 이제까지 『일본 근현대사(日本近現代史)』 시리즈(전 10권)와 『중국 근현대사(中國近現代史)』 시리즈(전 6권)를 간행해 왔다. 그런데 미국사 관련 시리즈를 출간한다는 이야기를 전해 듣고선 집필자 4명이 모여 미국의 차기 대통령선거까지 간행하는 것을 목표로 각 권의 집필을 시작했다.

미국사 통사 시리즈로서 유사한 서적은 약 30년 전에 고단샤 현대신서에서 간행된 세 권[1]으로 구성된 시리즈뿐인데, 그 시리즈는 냉전이 종식된 이후 21세기 미국의 혼란은 다루지 않았다. 미국사는 1990년대 이래 예외주의적인 일국사의 틀이 대대적으로 다시 쓰이는 중인데, '새 미국사' 시리즈는 이러한 최신 연구 성과에 입각해서 통사를 묘사했다는 데 의의가 있다.

하지만 정직하게 말하자면, 통사로 역사를 서술하는 것은 간단해 보여도 결코 쉽지 않은 일이었다. 제2권에서 다루는 19세기를 10만 자 분량으로 정리하는 것은 지극히 어려웠다. 어떤 사건을 다루고 어떤 사건을 다루지 않을지 취사선택하는 작업은 고통의 연속이었다. 다만 노예 국가였던 미국이 19세기에 이민국가로 형성되어 갔다는 사실과, 이 시리즈를 관통하는 주제인 '미국의 통합과 분열'의 연원 가운데 하나로 남북전쟁이라는 전례 없는 내전이 얼마나 중요

---

1   언급된 책은 구체적으로 ① 安武秀嶽, 『大陸國家の夢)』, 新書アメリカ合衆國史1(講談社現代新書, 1988), ② 野村達朗, 『フロンティアと摩天樓』, 新書アメリカ合衆國史2(講談社現代新書, 1989), ③ 上杉忍, 『パクス·アメリカーナの光と陰』, 新書アメリカ合衆國史3(講談社現代新書, 1989)이다._옮긴이

했는지를 충분히 이해할 수 있도록 기술하는 데 중점을 두었다.

2019년 봄의 휴식 기간에 필자는 미국 워싱턴에서 역사자료를 조사하면서 마지막 원고를 마무리하고 있었다. 그때까지 워싱턴 시내의 동상을 주의 깊게 본 적이 없었는데, 워싱턴에는 지금도 남북전쟁과 관련된 기념비와 동상이 도처에 남아 있었다. 조금만 발걸음을 옮기면 게티즈버그, 리치먼드, 샬러츠빌 등 이 책에 등장하는 남북전쟁과 관련된 유서 깊은 장소를 방문할 수 있으므로 이 신서를 손에 들고 역사 산책을 해보는 것도 즐거운 일이 될 것이다.

마지막으로 '새 미국사' 시리즈 전체 네 권의 구상을 확정한 편집회의 때부터 각 권이 간행될 때까지 나가누마 고이치 편집장을 비롯한 이와나미 신서 편집부의 여러 분들로부터 많은 도움을 받았다. '새 미국사' 시리즈 제2권을 간행하는 데서는 이다 겐 씨가 함께해 주었으며, 『이민국가 미국의 역사』에 이어서 스기타 모리야스 씨도 도움을 주었다. 마음으로부터 감사를 전한다.

옮긴이 후기

역사적으로 한미 관계는 정치적 자율성을 포함해 민주주의 가치를 공유하는 중요한 이웃이면서 수레의 두 바퀴와 같은 밀접한 관계를 맺어왔다. 이러한 측면에서 미국의 역사를 심층적이고 포괄적으로 이해하는 것은 한반도의 평화와 번영은 물론 동아시아와 세계의 발전 과정을 관찰하고 조망하는 데서도 반드시 필요하다.

이 책 『남북전쟁의 시대: 19세기』는 일본의 이와나미 쇼텐사에서 출간하고 전체 네 권으로 구성된 '새 미국사' 시리즈의 제2권으로, 19세기의 미국 역사를 매우 독창적인 시각에서 다루고 있는 역작이다. '새 미국사' 시리즈는 다음과 같이 구성되어 있다.

제1권 『미합중국의 탄생: 19세기 초까지』
제2권 『남북전쟁의 시대: 19세기』
제3권 『20세기 아메리칸 드림: 전환기부터 1970년대까지』
제4권 『글로벌 시대의 미국: 냉전 시대부터 21세기까지』

이 책은 전례 없는 내전이자 연방을 양분시켰던 미국 남북전쟁의 실태를 묘사하면서 전후의 재건과 국민의 창조, 그리고 황금시대로 향하는 여정을 서술하고 있다. 구체적으로는 총력전을 방불케 하는 격렬한 전쟁, 분열된 미국의 고뇌와 재생, 그리고 미완의 전후개혁을 거쳐 미국이 노예국가에서 이민국가로 변모하는 19세기의 빛과 그림자를 묘사하고 있다.

이 책은 인물 위주의 역사 또는 정권 중심의 역사에 치중되기 쉬운 미국사를 통합과 분열의 거시적인 동학을 통해 규명한다는 '새 미국사' 시리즈의 관점에 입각해 독창적으로 서술하고 있다. 특히 미국과 영국에서 이루어지는 미국사 연구와 담론이 인종적·문화적 편견에 치우칠 수 있는 단점을 지니고 있는 반면, 이 책의 저자가 일본 학계를 대표하는 미국사 및 이민 연구 분야의 권위자라는 점은 사식(史識, 역사의 내용과 이치에 대한 사학자의 식견)을 담보하므로 학술적 차별성이 두드러진다.

이 책을 옮기면서 세 가지 측면을 중시했다. 첫째, 일반 독자들이 쉽게 이해할 수 있도록 생소한 용어에는 영어를 비롯한 다른 언어를 병기해 정확성을 추구했다. 둘째, 본문 내용에 설명이 필요한 항목에는 '옮긴이 주'를 추가했다. 셋째, 이 책의 저자가 수정사항을 전해준 것을 본문 내용에 추가로 반영하고 아울러 일부 오기가 있던 내용을 바로잡아 정확성을 기했다.

무엇보다 어려운 여건 속에서도 이 책이 세상에 나올 수 있도록 물심양면으로 지원해 준 한울엠플러스(주)의 김종수 사장님, 그리고 출간을 위한 제반 작업에 노력을 기울여준 모든 분에게 진심으로 감사를 전한다. 모쪼록 이 책을 통해 독자들이 남북전쟁의 시대를 거쳐 나아가는 미국의 역사와 그 이후의 흐름을 심층적으로 파악할 수 있기를 바라며, 이 책이 미래의 역동적인 한반도 시대를 조망하고 대비하는 데 조금이라도 도움이 되기를 진심으로 기원한다.

2024년 9월
이용빈

도표 자료

웹사이트는 조직 명칭만 간략히 표기했다.

책 첫머리 지도: 貴堂嘉之, 『移民國家アメリカの歷史』, p.70을 기초로 작성

〈그림 1〉: 프랑스 국립도서관(Bibliothèque nationale de France)

〈그림 3〉: 久米美術館 編, 『特命全權大使'米歐會覽實記'銅版畵集』(久米美術館, 1985), p.35.

제1장 맨 앞쪽 〈그림 1-3〉, 〈그림 1-4〉, 〈그림 2-2〉, 〈그림 2-5〉, 〈그림 2-10〉, 〈그림 3-1〉, 〈그림 3-2〉, 〈그림 3-4〉, 〈그림 3-9〉, 〈그림 4-7(아래)〉, 〈그림 5-1〉: 미국 의회도서관(Library of Congress)

〈그림 1-1〉: Eric Foner, *Give Me Liberty!*, Vol.1, p.444를 토대로 작성

〈그림 1-2〉: 『世界歷史大系 アメリカ史』1, p.315를 토대로 작성

〈그림 1-5〉: Eric Foner, *Give Me Liberty!*, Vol.1, p.341, p.436을 토대로 작성

〈그림 1-6〉: The Abby Aldrich Rockefeller Folk Art Museum, the Colonial Williamsburg Foundation.

〈그림 1-7〉: Eric Foner, *Give Me Liberty!*, Vol.1, p.440.

〈그림 1-8〉: ノートン 外, 『アメリカの歷史2 合衆國の發展』, p.344를 토대로 작성

〈그림 1-10〉: Eric Foner, *Give Me Liberty!*, Vol.1, p.501을 토대로 작성

〈그림 1-11〉: Derek Hayes, *Historical Atlas of California with Original Maps*(University of California Press, 2007), p.91.

〈그림 2-1〉: ノートン 外, 『アメリカの歷史3 南北戰爭から20世紀へ』, p.51을 토대로 작성

〈그림 2-1〉: 『世界歷史大系 アメリカ史』1, p.395.

〈그림 2-6〉: Eric Foner, *Give Me Liberty!*, Vol.1, p.543을 토대로 작성

〈그림 2-7〉: 『世界歷史大系 アメリカ史』1, p.402를 토대로 작성

〈그림 2-9〉, 〈그림 5-2〉: Getty Images

〈그림 3-1〉: United States Department of Veterans Affairs(September 2004)를 토대로 작성

〈그림 3-2〉: Theda Skocpol, *Protecting Soldiers and Mothers: The Political Origins of Social Policy in the United States*(Harvard University Press, 1995), p.109를 토대로 작성

〈그림 3-5〉: Eric Foner, *Give Me Liberty!*, Vol.1, p.621을 토대로 작성

〈그림 4-1〉: Barry Moreno, *Ellis Island*(Arcadia 2003), p.39.

〈그림 4-3〉: ノートン 外, 『アメリカの歷史3 南北戰爭から20世紀へ』, p.200을 토대로 작성

〈그림 4-4〉: 국립문서기록관리청(National Archives)

〈그림 4-6〉: Eric Foner, *Give Me Liberty! An American History*, Vol.2: From 1865, Seagull 3rd ed. (W.W.Norton, 2005), p.663을 토대로 작성

지도: 마에다 시게미(前田茂實)(책 첫머리 지도, 〈그림 1-1〉, 〈그림 1-2〉, 〈그림 1-5〉, 〈그림 1-8〉, 〈그림 1-10〉, 〈그림 2-1〉, 〈그림 2-7〉, 〈그림 3-5〉, 〈그림 4-3〉, 〈그림 4-6〉)

참고문헌

荒このみ 編. 2005. 『史料で讀むアメリカ文化史② 獨立から南北戰爭まで 1770年代─1850年代』, 東京大學出版會.

有賀貞·大下尚一·志邨晃佑·平野孝 編. 1994. 『世界歷史大系 アメリカ史1 19世紀~1877年』, 山川出版社.

有賀貞·大下尚一·志邨晃佑·平野孝 編. 1993. 『世界歷史大系 アメリカ史2 1877~1992年』, 山川出版社.

上杉忍. 2013. 『アメリカ黑人の歷史: 奴隷貿易からオバマ大統領まで』, 中公新書.

川島正樹 編. 2005. 『アメリカニズムと'人種'』, 名古屋大學出版會.

貴堂嘉之. 2009. "アメリカ合衆國における'人種混交'幻想: セクシュアリティがつくる'人種'", 竹澤泰子 編, 『人種と表象の社會的リアリティ』, 岩波書店.

貴堂嘉之. 2012. 『アメリカ合衆國と中國人移民: 歷史のなかの'移民國家'アメリカ』, 名古屋大學出版會.

貴堂嘉之. 2018. 『移民國家アメリカの歷史』, 岩波新書.

紀平英作 編. 1999. 『新版世界各國史24 アメリカ史』, 山川出版社.

S.M.グインター著. 和田光弘 外 譯. 1997. 『星條旗: 1777-1924』, 名古屋大學出版會.

佐々木隆·大井浩二 編. 2006 『史料で讀むアメリカ文化史③ 都市産業社會の到來, 1860年代-1910年代』, 東京大學出版會.

高佐智美. 2003. 『アメリカにおける市民權: 歷史に搖らぐ'國籍'概念』, 勁草書房.

辻内鏡人. 1997. 『アメリカの奴隷制と自由主義』, 東京大學出版會.

イアン·ティレル 著. 藤本茂生 外 譯. 2010. 『トランスナショナル·ネーション: アメリカ合衆國の歷史』, 明石書店.

エレン·キャロル·デュボイス, リン·デュメニル著. 石井紀子 外 譯. 2009. 『女性の目からみたアメリカ史』, 明石書店.

トクヴィル 著. 松分禮二 譯. 2005. 『アメリカのデモクラシー』第1卷, 岩波文庫.

トクヴィル 著. 松分禮二 譯. 2008. 『アメリカのデモクラシー』第2卷, 岩波文庫.

メアリー·ベス·ノートン 外 著. 白井洋子 外 譯. 1996. 『アメリカの歷史2 合衆國の發展, 18世紀末-19世紀初半』, 三省堂.

メアリー·ベス·ノートン 外 著. 上杉忍 外 譯. 1996. 『アメリカの歷史3 南北戰爭から20世紀へ, 19世紀後半-20世紀』, 三省堂.

メアリー·ベス·ノートン 外 著. 上杉忍 外 譯. 1996. 『アメリカの歷史4 アメリカ社會と第一次世界大戰, 19世紀末-20世紀』, 三省堂.

野村達朗. 1996. 『大陸國家アメリカの展開』, 山川出版社.

エリック·フォーナー 著. 横山良 外 譯. 2008. 『アメリカ自由の物語: 植民地時代から現代まで』上, 岩波書店.

古矢旬. 2002. 『アメリカニズム: '普遍國家'のナショナリズム』, 東京大學出版會.

本田創造 編. 1989. 『アメリカ社會史の限界』, 三省堂.

本田創造. 1991. 『新版 アメリカ黑人の歷史』, 岩波新書.

A.R.ミレット, P.マスコウスキー 著. 防衛大學校戰爭史研究會 譯. 2011. 『アメリカ社會と戰爭の歷史: 連邦防衛のために』, 彩流社.

ルイ·メナンド 著. 野口良平 外 譯. 2011. 『メタフィジカル·クラブ: 米國100年の精神史』, みす

　　ず書房.

和田光弘 編著. 2014. 『大學で學ぶアメリカ史』, ミネルヴァ書房.

Froner, Eric. 2005. *Give Me Liberty! An American History*, Vol.1: To 1877, 3rd ed.,
　　W.W.Norton.

Wells, Jonathan Daniel, ed. 2017. *The Routledge History of Nineteenth-Century America*,
　　Routledge.

머리말

久米邦武 編. 1985. 『特命全權大使 米歐回覽實記』第1卷, 岩波書店.

佐伯影一. 1984. 『外から見た近代日本』, 講談社學術文庫.

レオ・ダムロッシュ 著. 永井大輔・高山裕二 譯. 2012. 『トクヴィルが見たアメリカ: 現代デモク
　　ラシーの誕生』, 白水社.

大內兵衛・細川嘉六 監譯. 1966. 『マルクス=エンゲルス全集』第16卷: 1864-1870, 大月書店.

Blackburn, Robin. 2011. *An Unfinished Revolution: Karl Marx and Abraham Lincoln*,
　　Verso.

제1장

ジョナサン・アール 著. 古川哲史・橫珣英 譯. 2011. 『地圖でみるアフリカ系アメリカ人の歷史:
　　大西洋奴隸貿易から20世紀まで』, 明石書店.

池本幸三 外. 1995. 『近代世界と奴隸制: 大西洋システムの中で』, 人文書院.

井野瀬久美惠. 2007. 『大英帝國という經驗』, 講談社.

エリック・ウィリアムズ 著. 山本伸 監譯. 2004. 『資本主義と奴隸制: 經濟史から見た黑人奴隸制
　　の發生と崩壞』, 明石書店.

ショーン・ウィレンツ 著. 安武秀嶽 監譯. 2001. 『民衆支配の讚歌: ニューヨーク市とアメリカ勞
　　動者階級の形成 1788~1850』上・下, 木鐸社.

デイビッド・エルティス, デイビッド・リチャードソン 著. 增井志津代 譯. 2012. 『環大西洋
　　奴隸貿易歷史地圖』, 東洋書林.

岡田泰男. 1994. 『フロンティアと開拓者: アメリカ西漸運動の研究』, 東京大學出版會.

ブルース・カミングス 著. 渡辺將人 譯. 2013. 『アメリカ西漸史: ‘明白なる運命’とその未來』, 東
　　洋書林.

貴堂嘉之. 2016. “サンフランシスコ: 西部開拓・帝國都市・近代”, 羽田正 編, 『地域史と世界史』,
　　ミネルヴァ書房.

佐久間亞紀. 2017. 『アメリカ教師敎育史: 敎職の女性化と專門織化の相剋』, 東京大學出版會.

フレデリック・ダグラス 著. 岡田誠一 譯. 1993. 『數奇たる奴隸の半生: フレデリック・ダグラス
　　自傳』, 法政大學出版局.

田中きく代. 2000. 『南北戰爭期の政治文化と移民: エスニシティが語る政黨再編成と救貧』, 明
　　石書店.

トクヴィル 著. 大津眞作 譯. 2018. 『合衆國滯在記』, 京都大學學術出版會.

中嶋啓雄. 2002. 『モンロー・ドクトリンとアメリカ外交の基盤』, ミネルヴァ書房.

西崎文子. 2004. 『アメリカ外交とは何か: 歷史の中の自畵像』, 岩波新書.

野村達朗. 2013. 『アメリカ勞動民衆の歷史: 働く人びとの物語』, ミネルヴァ書房.

アイラ・バーリン著. 落合明子 外 譯. 2007. 『アメリカの奴隸制と黑人: 五世代にわたる捕囚の歷
　　史』, 明石書店.

宮本正興・松田素二 編. 2018. 『新書アフリカ史 改訂新版』, 講談社現代新書.

安武秀嶽. 2007. “アメリカ合衆國憲法體制の展開: 奴隸主國家の出現”, 《北海學園大學人文論
　　集》36.

安武秀嶽. 2011. 『自由の帝國と奴隷制: 建國から南北戰爭まで』, ミネルヴァ書房.

山岸義夫. 1995. 『アメリカ擴張主義の展開: マニフェスト・デスティニーと大陸帝國』, 勁草書房.

Murphy, Gretchen. 2005. *Hemispheric Imaginings: The Manroe Doctrine and Narratives of U.S. Empire*, Duke University Press.

제2장

ゲリー・ウィールズ 著. 北澤榮 譯. 1995. 『リンカーンの三分間: ゲティズバーグ演説の謎』, 共同通信社.

上杉忍. 2019. 『ハリエット・タブマン: 'モーゼ'と呼ばれた黒人女性』, 新曜社.

ドリス・カーンズ・グッドウィン 著. 平岡緑 譯. 2011. 『リンカン』上・下, 中央公論新社.

高野フミ 編. 2007. 『'アンクル・トムの小屋'を讀む: 反奴隷小說の多樣性と文化的衝擊』, 彩流社.

長田豊臣. 1992. 『南北戰爭と國家』, 東京大學出版會.

エリック・フォーナー 著. 森本奈理 譯. 2013. 『業火の試練: エイブラハム・リンカンとアメリカ奴隷制』, 白水社.

布施將夫. 2014. 『補給戰と合衆國』, 松籟社.

松本昇 外 編. 2016. 『ジョン・ブラウンの屍を越えて: 南北戰爭とその時代』, 金星堂.

高木八尺・齋藤光 譯. 1957. 『リンカーン演說集』, 岩波文庫.

Foner, Eric. 1970. *Free Soil, Free Labor, Free Men: The Ideology of the Republican Party before the Civil War*, Oxford University Press.

제3장

ナンシ・アイゼンバーグ 著. 渡辺將人 監譯. 2018. 『ホワイト・トラッシュ: アメリカ低層白人の四百年史』, 東洋書林.

五十嵐武士. 1990. "アメリカ型'國家'の形成: その豫備的な考察",《日本政治學會年報政治學》(18 世紀の革命と近代國家の形成).

大井浩二. 2005. 『アメリカのジャンヌ・ダルクたち: 南北戰爭とジェンダー』, 英寶社.

大森一輝. 2014. 『アフリカ系アメリカ人という困難: 奴隷解放後の黒人知識人と'人種'』, 彩流社.

岡山裕. 2005. 『アメリカ二大政黨制の確立: 再建期における戰後體制の形成と共和黨』, 東京大學出版會.

貴堂嘉之. "'血染めのシャツ'と人種平等の理念: 共和黨急進派と戰後ジャーナリズム", 樋口映美・中條獻 編, 『歴史のなかの'アメリカ': 國民化をめぐ語りと創造』, 彩流社.

ドルー・ギルパン・ファウスト(Drew Gilpin Faust) 著. 黒沢眞裏子 訳. 2010. 『戰死とアメリカ: 南北戰爭62萬人の死の意味』, 彩流社.

Chernow, Ron. 2017. *Grant*, Head of Zeus.

Foner, Eric. 1988. *Reconstruction: America's Unfinished Revolution, 1863-1877*, Harper and Row.

Skowronek, Stephen. 1982. *Building a New American State: The Expansion of National Administrative Capacities, 1877-1920*, Cambridge University Press.

제4장

ジェイムズ・Q. ウィットマン 著. 西川美樹 譯. 2018. 『ヒトラーのモデルはアメリカだった: 法システムによる'純血の追求)』, みすず書房.

ハーバート・G. ガットマン 著. 大下尚一 外 譯. 1986. 『金ぴか時代のアメリカ』, 平凡社.

鎌田遵. 2018. 『ネィティブ・アメリカン: 先住民社會の現在』, 岩波新書.

貴堂嘉之. 2007. "移民國家アメリカの'國民'管理の技法と'生-權力'", 古矢旬・山田史郎 編著, 『シリーズ・アメリカ研究の越境 第2卷 權力と暴力』, ミネルヴァ書房.

高橋章. 1999. 『アメリカ帝國主義成立史の研究』, 名古屋大學出版會.

1975. 『アメリカ古典文學9 フレデリック・J. ターナー』, 研究社.

常松洋. 2006. 『ヴィクトリアン・アメリカの社會と政治』, 昭和堂.

イアン・ティレル, ジェイ・セクストン 編著. 藤本茂生 外 譯. 2018. 『アメリカ'帝國'の中の反帝國主義: トランスナショナルな視點からの米國史』, 明石書店.

ジョン・トービー 著. 藤川隆男 監譯. 2008. 『パスポートの發明: 監視・シティズンシップ・國家』, 法政大學出版局.

富田虎男. 1997. 『アメリカ・インディアンの歴史』第3版, 雄山閣.

中野聰. 2007. 『歴史經驗としてのアメリカ帝國: 米比關係史の群像』, 岩波書店.

水野由美子. 2007. 『'インディアン'と'市民'のはざまで: 合衆國南西部における先住社會の再編過程』, 名古屋大學出版會.

맺음말

大森一輝. 2017. "自由で描かれた'國民の創生': 20世紀初頭のアメリカ合衆國における'建國神話'と人權", 《歴史學研究》959.

兼子步. 2017. "アメリカ南北戰爭の記憶の社會文化的研究: 南北戰爭後の半世紀をめぐる議論を中心に", 《明治大學教員論集》527.

貴堂嘉之. 2005. "未完の革命と'アメリカ人'の限界: 南北戰爭の最後50年論", 川島正樹 編, 『アメリカニズムと'人種'』, 名古屋大學出版會.

キャロル・グラック 著. 梅崎秀 譯. 2007. 『歴史で考える』, 岩波書店.

コナ・シルバー 著. 兼子步 譯. 2016. 『南北戰爭のなかの女と男: 愛國心と記憶のジェンダー史』, 岩波書店.

中野耕太郎. 2015. 『20世紀アメリカ國民秩序の形成』, 名古屋大學出版會.

ジョン・ボドナー 著. 野村達朗 外 譯. 2015. 『鎭魂と祝祭のアメリカ: 歴史の記憶と愛國主義』, 青木書店.

Blight, David W. 2002. *Race and Reunion: The Civil War in American Memory*, Harvard University Press.

Bodnar, John. ed. 1996. *Bonds of Affection: Americans Define Their Patriotism*, Princeton University Press.

O'leary, Cecilia E. 2000. *To Die for: The Paradox of American Patriotism*, Princeton University Press.

Pennsylvania Commission. 1913. *Fiftieth Anniversary of the Battle of Gettysburg*, WM. Stanley Ray.

Schwartz, Barry. 2000. *Abraham Lincoln and the Forge of National Memory*, University of Chicago Press.

미국사 연표(1816~1901)

[   ] 안에 표기한 것은 그 해에 취임한 미국 대통령을 의미한다.

1816년

12월   대통령선거

1817년 [제5대 제임스 먼로(공화당)]

1818년

4월   제1차 세미놀 전쟁; 앤드루 잭슨, 플로리다 침공

1819년

2월   스페인으로부터 플로리다를 매수

1820년

3월   미주리 타협
12월   대통령선거에서 제임스 먼로 재선

1821년

6월   콜롬비아 공화국을 승인

1823년

1월   칠레와 아르헨티나의 독립 승인
5월   브라질의 독립 승인
12월   먼로, 연차 교서에서 먼로 독트린 공표

1824년

3월   헨리 클레이, 미국 시스템을 제창
12월   대통령선거

1825년 [제6대 존 퀸시 애덤스(공화당)]

10월   이리 운하 개통

1828년

5월   '1828년 관세법' 제정
12월   대통령선거

1829년 [제7대 앤드루 잭슨(민주당)]

1830년

5월 볼티모어·오하이오 철도 개통; '인디언 강제 이주법' 제정

1832년

5월 민주공화당(일명 공화파), 민주당으로 당명 변경
7월 잭슨, 제2합중국은행의 특허 갱신을 거부
11월 사우스캐롤라이나주, 합중국 '관세법'의 적용을 거부
12월 대통령선거에서 잭슨 재선

1834년

4월 국민공화당, 휘그당으로 당명 변경

1835년

토크빌, 『미국의 민주주의』 출간

1836년

2월 알라모 요새 공방전(~3월)
3월 텍사스 공화국, 독립 선언; 면화 가격 폭락, 경제 불황
12월 대통령선거

1837년 [제8대 마틴 밴 뷰런(민주당)]

3월 텍사스 공화국을 승인

1838년

체로키족, 인디언 영지로 강제 이주

1839년

11월 노예제 반대를 제창하는 자유당 결성

1840년

12월 대통령선거

1841년 [제9대 윌리엄 해리슨(휘그당)] [제10대 존 타일러(휘그당)]

4월 윌리엄 해리슨 사망, 부통령 존 타일러가 대통령으로 승격
9월 공유지 선매권법 제정

1842년

4월 로드아일랜드주에서 도어 반란 발생(~5월)

1844년

7월	미국·청나라 양국 간에 왕샤조약 체결
11월	대통령선거

1845년 [제11대 제임스 포크(민주당)]

3월	멕시코, 미국과 국교 단절
7월	존 오설리번, 미국의 팽창을 '명백한 운명'이라고 주장
12월	텍사스 합병; 프레더릭 더글러스, 자서전 간행

1846년

4월	미국-멕시코 전쟁 발발(~1848년 2월)
6월	조약에 의해 영국과 오리건을 분할
8월	윌못 조항이 하원에서 제안됨

1847년

9월	미군, 멕시코시티를 점령

1848년

2월	과달루페 이달고 조약 체결
7월	세네카 폴스 집회
8월	자유토지당, 뉴욕주 버팔로에서 당대회 개최
11월	대통령선거

1849년 [제12대 재커리 테일러(휘그당)]

캘리포니아에서 골드러시 발생

1850년 [제13대 밀러드 필모어(휘그당)]

7월	테일러 사망
9월	1850년의 타협 체결

1851년

8월	남부 팽창주의자의 쿠바 간섭 실패

1852년

해리엇 스토, 『톰 아저씨의 통나무집』 출간

12월	대통령선거

1853년 [제14대 프랭클린 피어스(민주당)]

7월	매슈 페리 제독이 이끄는 미국 함대가 일본 우라가항 상륙
12월	멕시코로부터 캔자스 지방을 구입

1854년

3월   미일 화친조약 조인
5월   '캔자스-네브래스카법' 제정
7월   공화당 탄생; 무지당, 세력 확대

1856년

5월   유혈의 캔자스 사건
11월   대통령선거

1857년 [제15대 제임스 뷰캐넌(민주당)]

3월   드레드 스콧 판결

1858년

7월   미일 수호통상조약 조인
8월   링컨-더글러스 논쟁

1859년

10월   존 브라운, 하퍼스 페리 무기고 습격

1860년

11월   대통령선거
12월   사우스캐롤라이나주, 연방 탈퇴

1861년 [제16대 에이브러햄 링컨(공화당)]

남부 여러 주의 연방 탈퇴(~2월)
4월   남북전쟁 발발(~1865년 4월)
7월   불런 전투에서 남부연합 승리

1862년

4월   남부연합, 징병제 실시
5월   '홈스테드 법' 제정
7월   '제2차 몰수법' 제정
9월   노예해방 예비선언

1863년

1월   노예해방선언
3월   연방의회, '연방 징병법' 제정
7월   게티즈버그 전투; 뉴욕에서 징병 폭동
11월   링컨의 게티즈버그 연설

1864년

6월   '도망 노예법' 폐지

9월   애틀랜타 함락
11월   대통령선거에서 링컨 재선

1865년 [제17대 앤드루 존슨(민주당, 연방주의자)]

3월   해방노예국 설치
4월   남부군의 로버트 리 장군 투항, 남북전쟁 종결; 링컨 저격당해 이튿날 사망
12월   수정헌법 제13조 발효; 제1차 수족 전쟁(~1867년)

1866년

4월   '시민권법' 제정
5월   KKK 결성
남부에서 소작인 제도 개시

1867년

3월   제1차 '재건법' 가결, 남부를 5개의 군관구로 분할해 군정 실시
10월   러시아로부터 알래스카를 구입
12월   농업공제조합 설립
호레이쇼 앨저, 『누더기 소년 딕』 출간

1868년

3월   존슨의 탄핵 재판(~5월)
7월   수정헌법 제14조 발효
11월   대통령선거

1869년 [제18대 율리시스 그랜트(공화당)]

5월   대륙횡단 철도 개통; 전국여성참정권협회와 미국여성참정권협회 설립
12월   노동기사단 결성

1870년

1월   록펠러, 스탠더드오일 회사 설립
3월   수정헌법 제15조 발효
7월   '1870년 관세법' 제정

1871년

10월   윌리엄 트위드 부패 사건

1872년

3월   옐로스톤, 세계 최초의 국립공원으로 지정됨
5월   남부 옛 지도자에 대한 대사면령
9월   크레디 모빌리에 사건
11월   대통령선거에서 그랜트 재선

1873년

전국적인 불황(~1876년)

2월 　‘화폐 주조법’ 제정(은화 주조 중단)

3월 　‘컴스톡 법’ 제정; 마크 트웨인 외, 『도금 시대』 출간

1874년

12월 　여성기독교금주연맹(WCTU) 결성; 그린백당 결성

1875년

1월 　하와이와 호혜통상조약 체결

3월 　포괄적인 ‘시민권법’ 제정

제2차 수족 전쟁(~1876년)

1876년

5월 　필라델피아 만국박람회 개최(~11월)

6월 　리틀빅혼 전투; 알렉산더 벨, 전화기 발명

1877년 [제19대 러더퍼드 헤이스(공화당)]

3월 　대통령선거 심사 결과 헤이스 당선

4월 　연방군, 남부에서 철수 완료; 재건 정책의 종결

1879년

헨리 조지, 『진보와 빈곤』 출간; 토머스 에디슨, 백열전구 발명

1880년

11월 　대통령선거

미국·청나라 양국 간에 앙겔 조약 체결

1881년 [제20대 제임스 가필드(공화당)] [제21대 체스터 아서(공화당)]

7월 　가필드, 저격당해 부상(9월 사망)

9월 　부통령 체스터 아서가 대통령으로 승격

12월 　서던 퍼시픽 철도, 엘파소까지 완성; 헬렌 헌트 잭슨, 『부끄러운 한 세기』 출간

1882년

1월 　스탠더드오일, 트러스트를 조직

5월 　‘중국인 배척법’ 제정

8월 　범죄자, 부랑자, 정신 장애자의 입국을 금지하는 최초의 ‘일반 이민법’ 제정

1883년

1월 　‘펜들턴 공무원법’ 제정

9월 　노던 퍼시픽 철도 완성;《레이디스 홈 저널》창간; 1875년 ‘시민권법’ 위헌 판결

1884년

11월   대통령선거

1885년 [제22대 그로버 클리블랜드(민주당)]

2월   '계약 노동자 입국 금지법' 제정

1886년

5월   헤이마켓 사건
9월   제로니모 체포로 아파치 전쟁 종결
12월   미국노동총연맹(AFL) 결성

1887년

2월   '주제통상법'; '도스 법' 제정

1888년

11월   대통령선거; 에드워드 벨러미, 『돌이켜보면』 출간

1889년 [제23대 벤저민 해리슨(공화당)]

10월   제1차 범미주회의 개최; 제인 애덤스, 헐 하우스 설립; 앤드루 카네기, '부의 복음' 제창

1890년

5월   전미여성참정권협회 결성
7월   '셔먼 반독점법' 제정
11월   미시시피 플랜(흑인 선거권 박탈)
12월   운디드니 학살; 인구조사국, 프런티어의 소멸을 발표; 제이콥 리스, 『나머지 절반의 사람들이 사는 법』 출간

1892년

2월   인민당 결성
7월   홈스테드 논쟁(~11월)
11월   대통령선거

1893년 [제24대 크로버 클리블랜드(민주당)]

1월   하와이에서 군주제 폐지
헨리 포드, 자동차 제작

1894년

3월   콕시의 군대, 워싱턴으로 행진(~5월)
5월   풀먼 파업(~7월)

1895년

9월   부커 워싱턴, 애틀랜타 박람회에서 연설

1896년

5월   '플레시 대 퍼거슨 재판' 판결
11월   대통령선거

1897년 [제25대 윌리엄 매킨리(공화당)]

1898년

2월   쿠바에서 메인호 폭침 사건
4월   미국-스페인 전쟁 발발(~12월)
5월   루이지애나주, 주헌법에 조부 조항 도입
7월   하와이 병합
12월   파리 강화조약을 통해 미국이 필리핀, 푸에르토리코, 괌 영유; 반제국주의연맹 결성

1899년

2월   미국-필리핀 전쟁 발발(1902년 7월)
9월   존 제이, 문호개방 통첩을 관계국에 송부

1901년 [제26대 시어도어 루스벨트(공화당)]

9월   매킨리, 암살자에게 저격되어 중태, 부통령 시어도어 루스벨트가 대통령으로 승격; 미
        국사회당 결성; 부커 워싱턴, 자서전 『노예 제도로부터 몸을 일으켜』 출간

찾아보기

지은이 기도 요시유키(貴堂嘉之)

도쿄도(東京都) 출생(1966)

도쿄대학(東京大學) 대학원 총합문화연구과 박사학위(2012)

미국 샌프란시스코주립대학(SFSU) 객원연구원, 도쿄대학 대학원 총합문화연구과 교수 역임

현재 히토쓰바시대학(一橋大學) 대학원 사회학연구과 교수

(전문 분야: 미국사, 인종·에스니티·젠더 연구, 이민 연구)

저서:『미국의 역사(アメリカの歷史)』(공저, 2002), 『역사 속의 '미국'(歷史のなかの'アメリカ')』(공저, 2006), 『미국사 연구 입문(アメリカ史研究入門)』(공저, 2009), 『미합중국과 중국인 이민: 역사 속의 '이민국가' 미국(アメリカ合衆國と中國人移民: 歷史のなかの'移民國家'アメリカ)』(2012), 『대학에서 배우는 미국사(大學で學ぶアメリカ史)』(공저, 2014), 『'증오' 시대의 미국사('ヘイト'の時代のアメリカ史)』(공편저, 2017), 『이민국가 미국의 역사(移民國家アメリカの歷史)』(2018), 『사회경제학사 사전(社會經濟史學事典)』(공저, 2021), 『세계사의 사고방식(世界史の考え方)』(공저, 2022), 『이어지는 세계사3(つなぐ世界史3) 근현대/SDGs의 역사적 문맥을 탐색하기(近現代/SDGsの歷史的文脈を探る)』(공저, 2023) 외

옮긴이 이용빈

인도 국방연구원(IDSA) 객원연구원 역임

미국 하버드대학 HPAIR 연례학술회의 참석(안보 분과)

미국 연방의회 상원 외교위원회, 연방의회 하원 군사위원회 참석

이스라엘 크네세트(국회), 미국 국무부, 미국 해군사관학교 초청 방문

이스라엘 히브리대학, 미국 샌프란시스코주립대학, 미국 하와이대학 학술 방문

홍콩국제문제연구소 연구원

저서: *East by Mid-East*(공저, 2013) 외

역서:『슈퍼리치 패밀리: 로스차일드 250년 부의 비밀』(2011), 『시리아: 아사드 정권의 40년사』(2012), 『러시아의 논리』(2013), 『이란과 미국』(2014), 『북한과 중국』(공역, 2014), 『망국의 일본 안보정책』(2015), 『현대 중국의 정치와 관료제』(2016), 『이슬람의 비극』(2017), 『홍콩의 정치와 민주주의』(2019), 『푸틴과 G8의 종언』(2019), 『미국의 제재 외교』(2021), 『美中 신냉전?: 코로나19 이후의 국제관계』(2021), 『벼랑 끝에 선 타이완: 미중 경쟁과 양안 관계의 국제정치』(공역, 2023), 『미국과 중국』(근간) 외

한울아카데미 2539
새 미국사 시리즈 제2권

남북전쟁의 시대: 19세기

지은이 기도 요시유키
옮긴이 이용빈
펴낸이 김종수
펴낸곳 한울엠플러스(주)
편집 신순남

초판 1쇄 인쇄 2024년 10월 2일
초판 1쇄 발행 2024년 10월 15일

주소 10881 경기도 파주시 광인사길 153 한울시소빌딩 3층
전화 031-955-0655
팩스 031-955-0656
홈페이지 www.hanulmplus.kr
등록번호 제406-2015-000143호

Printed in Korea.
ISBN 978-89-460-7539-9 93940